NOUVELLES RECHERCHES

SUR

LES ANIMAUX FOSSILES

DU

TERRAIN CARBONIFÈRE DE LA BELGIQUE,

COMPRENANT LA CLASSIFICATION MÉTHODIQUE
ET LA SYNONYMIE DE TOUTES LES ESPÈCES CONNUES, AINSI QUE LA DESCRIPTION
ET LES FIGURES DES ESPÈCES NOUVELLES OU MAL DÉFINIES;

PAR

L. G. DE KONINCK (M. D.),

Docteur ès-sciences, professeur ordinaire à l'Université de Liége, membre de l'Académie royale des sciences,
des lettres et des beaux-arts de Belgique, membre honoraire de l'Académie royale de médecine de Belgique,
membre des Académies royales de Munich et de Turin, des Sociétés royales de géologie de Londres et de
Dublin, de l'Association britannique pour l'avancement des sciences, de la Société des sciences de Harlem,
des Sociétés impériales des naturalistes de Moscou et minéralogique de S²-Pétersbourg, de la Société philo-
sophique américaine de Philadelphie, officier de l'Ordre de Léopold et de l'Aigle rouge, chevalier de la Légion
d'honneur, etc., etc.

PREMIÈRE PARTIE.

BRUXELLES,

F. HAYEZ, IMPRIMEUR DE L'ACADÉMIE ROYALE DE BELGIQUE.

—

1872

NOUVELLES RECHERCHES

SUR

LES ANIMAUX FOSSILES

DU

TERRAIN CARBONIFÈRE DE LA BELGIQUE.

(Extrait du tome **XXXIX** des *Mémoires de l'Académie royale des sciences, des lettres et des beaux-arts de Belgique.* — 1872.) [art. 1]

PRÉFACE.

———

A la demande de mon confrère M. Édouard Dupont, j'ai repris l'étude des nombreux fossiles carbonifères qu'il a découverts et recueillis aux environs de Dinant, et que, depuis peu, il a déposés dans les galeries du Musée d'histoire naturelle de Bruxelles, dont il est actuellement le directeur.

J'ai saisi cette occasion pour revoir, en même temps, toutes les espèces carbonifères que j'ai décrites depuis 1842, et pour rectifier les erreurs qui ont pu se glisser dans des travaux publiés à une époque déjà assez reculée et à laquelle on ne connaissait encore qu'un petit nombre de ces espèces. Les notions que l'on possédait alors sur leurs caractères spécifiques, leur distribution géologique et leur classification méthodique, étaient encore très-vagues et souvent erronées.

Mais depuis ce temps, la science a marché à grands pas, et grâce au talent de quelques hommes distingués, parmi lesquels je citerai spécialement MM. de Verneuil, Milne Edwards, J. Haime, Barrande, Dana, Meek, Worthen, J. Hall, Martin Duncan, et, avant tout, mon savant et estimable ami M. Davidson, l'étude des animaux paléozoïques a fait des progrès remarquables.

Par leurs travaux, qui tous sont postérieurs à l'époque que je viens de rappeler, la classification des Polypes, des Crustacés, des Céphalopodes et des Brachiopodes des anciennes périodes géologiques, est devenue rationnelle et méthodique.

Moi-même, par des ouvrages qu'il est inutile d'indiquer ici, j'ai cherché à contribuer à ce développement scientifique, en essayant de simplifier la nomenclature et la classification des Crinoïdes et de quelques Brachiopodes. Il n'est donc pas étonnant que certaines parties de mon premier travail sur les animaux carbonifères aient laissé à désirer et aient donné lieu à des observations critiques fondées, que j'aurais probablement évitées, si, comme mes successeurs, j'avais trouvé déblayée la voie dans laquelle je suis résolûment entré à mon début, quoique dans ce moment elle formât encore un véritable labyrinthe.

Dans une revue consciencieuse générale et méthodique des espèces belges, décrites soit par moi, soit par d'autres, que je me propose de faire, je rectifierai tout ce que je croirai être inexact ou erroné; je compléterai ou je modifierai la synonymie tant des genres que des espèces; j'intercalerai les espèces nouvelles pour la science ou pour le pays et j'en donnerai les figures d'après les échantillons les mieux caractérisés et les plus complets; en sorte que le travail dont j'ai l'honneur de présenter la première partie à l'Académie contiendra la liste complète des espèces animales du terrain carbonifère belge actuellement connues, et servira en même temps de complément à l'ouvrage que j'ai publié pendant les années 1842-1852.

Je suivrai dans cette revue l'ordre auquel j'ai donné anciennement la préférence, c'est-à-dire, l'ordre du développement progressif, par lequel, en commençant par l'étude des êtres appartenant aux divisions inférieures du règne animal, on arrive successivement à celle des êtres d'une organisation plus complète.

Il m'a paru que cette méthode, qui est aussi celle qui a été suivie par

M. Richard Owen [1], s'applique mieux aux recherches paléontologiques que la méthode opposée, parce qu'elle est plus conforme à l'ordre suivi par la nature dans la création des animaux qui se sont successivement développés à la surface de notre globe.

Cette revue eût été beaucoup moins complète, si je n'avais trouvé auprès de la plupart de mes compatriotes qui possèdent des suites plus ou moins nombreuses de fossiles carbonifères du pays, un concours empressé. Je citerai surtout avec reconnaissance MM. Van Beneden, Nyst, le comte de Looz, Strail, Thielens, Malaise, les capitaines Henne et Dujardin et tout spéciale- ment le major Le Hon, qui ont bien voulu mettre à ma disposition tous les fossiles carbonifères de leurs collections ou de celles dont ils ont la direction.

Néanmoins la plus grande partie de ma gratitude s'adresse à M. Dupont, qui, ainsi que je viens de le faire observer, m'a abandonné, avec la plus rare abnégation et le plus vif empressement, l'étude de l'une des plus belles séries de fossiles carbonifères qui aient été recueillies dans le pays. Après que j'en aurai terminé la description méthodique, je compte répartir toutes les espèces dans les diverses assises que M. Dupont croit avoir observées dans le calcaire carbonifère de Belgique, tout en lui laissant la responsabilité entière des divisions établies par lui et qui, sous le rapport des faunes, ne me paraissent pas être applicables au calcaire d'autres pays, et surtout à ceux des environs de Bristol et de Moscou, comme j'ai pu m'en assurer directement moi-même pendant mes voyages en Angleterre et en Russie.

Mais si j'ai eu lieu de m'applaudir d'avoir trouvé dans mon propre pays assez généralement l'assistance sur laquelle j'avais compté pour rendre mon travail aussi complet que possible, je suis heureux de pouvoir déclarer qu'à l'étranger l'empressement n'a été ni moins complet, ni moins bienveillant.

Je constate avec bonheur que tous les savants avec qui j'ai l'avantage d'être

---

[1] *Palaeontology, or a systematic summary of extinct animals*, in-8°. Edinburg, 1861.

en relation, ont bien voulu m'encourager de la manière la plus affectueuse, soit en me gratifiant de leurs propres publications, soit en m'expédiant un grand nombre de fossiles, dont la communication, jointe aux observations de mes généreux donateurs, m'a été déjà et me sera encore d'un secours inappréciable dans les nombreuses déterminations que j'ai eu et que j'aurai à faire.

Je ne fais que remplir un devoir dicté par la reconnaissance, en adressant surtout mes vifs et sincères remercîments à MM. Milne Edwards, J. Barrande et Ed. de Verneuil, à Paris; M. Th. Davidson, à Brighton; MM. Bigsby, Duncan, Etheridge, J. Morris, Ramsay, Henri Woodward, sir Charles Lyell et sir Roderick Murchison, à Londres; M. Sedgwick, à Cambridge; MM. Thomson, Armstrong, Craig et Young, à Glasgow; MM. Kirkby et Ed. Wood, à Richmond; M. Tate, à Alnwick; M. Rupert Jones à Yorktown; MM. Hellier Baily et Ramsay H. Traquair, à Dublin; M. F. Roemer, à Breslau; M. Beyrich, à Berlin; MM. de Möller, Dittmar, d'Eichwald et Jerofeïew, à Saint-Pétersbourg; MM. Renard et Trautschold, à Moscou; M. Lindström, à Stockholm; M. Lütken, à Copenhague; M. Tietze, à Vienne; M. Geinitz, à Dresde; MM. Hall, Meek, Worthen, Whitney, Jules Marcou, Billings et L. et A. Agassiz, en Amérique.

J'ai trouvé par le crayon de mon fils Lucien et celui de M. Rutot, l'un de mes anciens élèves, les interprètes consciencieux des espèces que j'avais à reproduire, et il est juste que je n'oublie pas de reconnaître le service éminent que ces jeunes ingénieurs ont bien voulu me rendre en dessinant les planches qui accompagnent ce travail.

NOUVELLES RECHERCHES

SUR

LES ANIMAUX FOSSILES

DU

TERRAIN CARBONIFÈRE DE LA BELGIQUE.

INTRODUCTION.

En présence des magnifiques travaux de MM. Johnston [1], Dana [2] Milne
Edwards et J. Haime [3] sur les *Coralliaires*, il est tout à fait superflu de
m'étendre longuement sur l'organisation, le mode de développement, la
nomenclature, etc., de ces animaux. Je me suis contenté d'en indiquer un
peu plus loin les caractères qui servent à les distinguer de tous les autres
êtres organisés avec lesquels on les a trop souvent et trop longtemps confondus. On trouvera dans l'*Introduction historique* faite par les deux savants

---

[1] *History of the British Zoophytes*, 2ᵈ edit., 2 vol. in-8°. London, 1847.

[2] DANA, *United States, exploring expedition of captain Wilkes*. ZOOPHYTES, vol. in-4°, 1846,
et atlas in-fol., 1849.

[3] MILNE EDWARDS et JULES HAIME, *Monographie des polypiers fossiles des terrains paléozoïques* (ARCHIVES DU MUSEUM, t. V, 1851); id., *Fossil Corals of Great Britain* (PALAEONTOGRAPHICAL
SOCIETY, 1850-1855); MILNE EDWARDS, *Histoire naturelle des Coralliaires*, 3 vol. in-8°, 1857-
1860.

NOTA. Ces derniers ouvrages ont été précédés d'un grand nombre de mémoires insérés dans les *Annales des
sciences naturelles*, années 1848-1851.

naturalistes français que je viens de citer, tout ce qui est relatif aux auteurs qui les ont précédés et dont ils font connaître avec soin les recherches et les découvertes.

Je me bornerai, pour ma part, à indiquer les travaux des auteurs qui, depuis les quinze dernières années, ont contribué le plus à étendre nos connaissances relativement à l'embryogénie, au développement, à la structure et à la classification des Polypes en général, et en particulier, à celles des espèces carbonifères.

Parmi ces derniers, l'un des plus importants est, sans contredit, celui que M. Mc Coy a terminé en 1855 [1] et dont plusieurs planches représentent un grand nombre de Polypes et des sections de la plupart des espèces parfaitement exécutées et d'une rare exactitude; il laisse malheureusement à désirer sous le rapport de la détermination de ces espèces. MM. J. Marcou [2], J. Hall et Whitney [3], Meek [4] et Meek et Worthen [5], ont décrit et figuré quelques espèces provenant du terrain carbonifère des États-Unis; moi-même j'en ai fait connaître quelques autres découvertes dans l'Inde par M. le docteur A. Fleming [6]; en 1862, M. le docteur Ludwig a publié un grand mémoire sur les *Actinozoaires et les Bryozoaires carbonifères du gouvernement de Perm* [7]. En 1865, le même auteur a poursuivi ses études actinologiques sur une série de Polypes fossiles recueillis dans les divers terrains paléozoïques de l'Allemagne et des pays environnants [8]; à cette occasion, l'auteur a fait

[1] *Description of the british palaeozoïc fossils in the geological museum of the University of Cambridge,* in-4° pl., 1851-1855.

[2] *Geology of North America,* in-4° pl., 1858.

[3] *Report on the geological survey of the State of Jowa,* 2 vol. gr. in-8° pl., 1858.

[4] *Geological survey of California; Palaeontology,* t. I, gr. in-8° pl., 1864.

[5] *Geological survey of Illinois; Palaeontology,* t. II, in-4° pl., 1866.

[6] *Description of some fossils from India, discovered by Dr A. Fleming.* (QUARTERLY JOURNAL OF THE GEOL. SOC. OF LONDON, vol. XIX, p. 1.)

[7] *Zur Palaeontologie des Urals* (PALAEONTOGRAPHICA, t. X). La publication de ce mémoire a été précédée de celle d'une notice assez étendue sur le même sujet dans le *Bulletin de la Soc. imp. des Natur. de Moscou,* année 1861, et intitulée : *Die in der Umgebung von Lithwinsk (östlich von Perm und Solikamsk) in den Kalksteinen der Steinkohlenformation vorkommenden Korallen und Bryozoënstökke.*

[8] *Corallen aus Palaeolithischen Formationen.* (PALAEONTOGRAPHICA, t. XIV, 1865-1866, et t. XVII, p. 129.)

connaître ses idées sur la structure de ces Polypes. Ses observations l'ont conduit à admettre la prédominance du nombre *six* et de ses multiples dans celui des organes qui ont servi à la sécrétion des cloisons, à proposer tout un nouveau système de classification des Polypes et à créer un assez grand nombre de noms génériques nouveaux, souvent assez longs et peu harmonieux, mais heureusement faisant, pour la plupart, double emploi avec des noms depuis longtemps reçus dans la science, ce qui les rend complétement inutiles. M. le Dr G. Lindström a communiqué, en 1865 et en 1868, à l'Académie royale des sciences de Stockholm, deux notices qui, sans être très-étendues, offrent un grand intérêt scientifique et servent à élucider l'organisation de certains genres de Polypes et surtout celle des genres voisins des *Calceola* [1]. Il est heureux que ces travaux aient été traduits en une langue plus répandue dans le monde scientifique que ne l'est la langue suédoise, et que l'on puisse ainsi plus facilement en apprécier toute l'importance [2].

Tout récemment encore, le même auteur a publié sur le même sujet une nouvelle note [3] qui a été suivie d'un mémoire fort intéressant, ayant pour objet la description des Anthozoaires perforés de Gothland [4].

Pendant les années 1862-1866, M. A. Hellmann a fait imprimer la liste des fossiles de la Thuringe que renferme le Musée d'histoire naturelle de Gotha et en a fait représenter les principales espèces (parmi lesquelles on observe quelques Polypes) sur un grand nombre de planches dont son travail est enrichi [5].

En 1866, M. von Seebach a publié à Göttingue [6] d'abord et à Berlin [7] ensuite, une notice sur les *Zoanthaires perforés* de la période paléozoïque.

---

[1] *Nàgra jaktagelser öfver Zoantharia rugosa* (ÖFVERS. AF KONGL. VETENSK. AKAD. FÖRHANDL., 1865, p. 271), et *Om tvenne nya öfversiluriska Koraller fràn Gothland.* (*Ibid.*, 1868, p. 419.)

[2] *Geological Magasine*, 1866, p. 356.

[3] *On some operculated Corals, silurian and recent.* Wisby, 1870.

[4] *A. description of the Anthozoa perforata of Gothland.* (KONGL. SVENSKA VETENSK. AKAD. HANDLINGAR, B. 9, n° 6. 1870.)

[5] *Die Petrefakten Thuringens nach dem Material des Herzoglichen Naturalien-Kabinets in Gotha*, in-4° pl., 1862-1866.

[6] *Die Zoantharia perforata des palaeozoïschen Periode.* (NACHRICHTEN DER K. GESELLS. DER WISSENS. ZU GÖTTINGEN, 1866, p. 235.)

[7] *Zeitschrift der deutschen geolog. Gesells.*, 1866, p. 304.

Un travail très-important sur quelques genres de Polypes paléozoïques, l'anatomie de leurs espèces et leur classification, a été communiqué, en 1867, par M. Duncan, à la Société royale de Londres et publié dans les *Transactions philosophiques* de cette société [1]. Le même savant, qui est certainement l'un des actinologistes les plus distingués de notre époque, s'est joint à M. J. Thomson, en 1867 [2], et à M. Jenkins, en 1869 [3], pour faire connaître deux nouveaux genres et la structure exacte du genre *Aulophyllum;* il s'est en outre occupé de la révision des Polypes cités ou décrits dans la quatrième édition du *Siluria* de sir Roderick Murchison [4].

Il forme avec MM. J. Thomson, Henry Woodward et R. Harkness, un comité auquel l'Association britannique pour l'avancement des sciences a confié le soin de recueillir des Polypes carbonifères, afin d'en préparer des sections destinées à être reproduites à l'aide de la photographie. On ne pouvait confier à de meilleures mains une mission aussi importante et aussi délicate. Il n'y a aucun doute que le dévouement à la science et l'ardeur avec laquelle ce comité s'est mis à l'œuvre, ne parviennent à le faire triompher des sérieuses difficultés qu'il a rencontrées dès le principe. Déjà il est en bonne voie et des préparations des genres *Cyathophyllum, Cyclophyllum, Clisiophyllum, Lonsdaleia, Zaphrentis, Amplexus, Michelinia, Syringopora* et *Lithostrotion* paraissent avoir donné des résultats favorables.

J'ai été assez heureux pour être gratifié par M. Thomson de quelques-unes des planches obtenues et qui laissent bien peu de chose à désirer.

Elles sont destinées à élucider un grand nombre de points encore obscurs aujourd'hui, malgré les énormes travaux de ces derniers temps, et à rendre un immense service à la science.

Je regrette vivement que le travail de ce comité ne soit pas déjà connu et

[1] *On the genera* HETEROPHYLLIA, BATTERSBYIA, PALAEOCYCLUS *and* ASTEROSMILIA; *the anatomy of their species, and their position in the classification of the* SCLERODERMIC ZOANTHARIA. (PHIL. TRANSACT. OF THE ROYAL SOC., t. CLIX, p. 643.)

[2] *On Cyclophyllum, a new genus of the Cyathophyllidae with remarks on the genus Aulophyllum.* (QUART. JOURNAL OF THE GEOL. SOC. OF LONDON, 1867, p. 327.)

[3] *On Palaeocoryne, a genus of tubularine Hydrozoa from the carboniferous formation.* (PHILOS. TRANS., 1869, p. 693.)

[4] SILURIA, *The history of the oldest fossiliferous rocks*, 4th edit., 1867.

qu'il ne me soit pas donné d'en profiter, afin d'éviter ainsi la lacune que mes recherches ne manqueront pas de présenter dans quelque temps.

Au commencement de l'année dernière, le Dʳ Kunth a lu à la Société géologique de Berlin la première partie d'un travail remarquable sur les Polypes fossiles et comprenant ses recherches sur les Polypes provenant du calcaire carbonifère de Silésie [1]. Dans ce premier mémoire, il ne se contente pas de décrire les diverses espèces qu'il a trouvées; à l'aide de nombreuses sections, il étudie leur organisation interne, discute la place qu'elles doivent occuper dans la méthode et fournit de nouveaux éléments à leur détermination.

Dans une seconde partie, il traite de la loi d'après laquelle l'accroissement se fait chez les *Zoanthaires rugueux* et de la structure de la *Calceola sandalina* [2]. J'aurai l'occasion de revenir sur cette partie et de profiter des nombreuses observations intéressantes qu'elle renferme, lorsque je décrirai les espèces appartenant au groupe dont il est question.

Il est fâcheux que la mort de ce jeune savant, occasionnée à la suite d'une blessure bravement reçue au combat de Spikerenberg, soit venue interrompre d'une façon déplorable la carrière scientifique qu'il avait embrassée avec ardeur et dans laquelle il était destiné à occuper un rang très-distingué.

Pour compléter l'indication des travaux qui comprennent, soit spécialement, soit indirectement, l'étude des Polypes carbonifères, je ne dois pas oublier le grand travail sur les fossiles de la Russie auquel M. d'Eichwald a consacré plusieurs années de recherches et qui n'a été achevé que l'année dernière [3], ni les observations du même auteur sur la distribution géographique des animaux fossiles en Russie [4], ni les dernières éditions des ouvrages de Bronn et de Goldfuss, faites avec le concours scientifique de M. F. Roemer [5].

Ce dernier savant, dont l'activité ne se ralentit pas, a publié, en outre,

[1] *Beiträge zur Kenntniss fossiler Korallen. I. Korallen des schlesischen Kohlenkalkes.* (Zeitschrift der deutschen geologischen Gesellschaft, t. XXI, p. 183.)

[2] II. *Das Wachsthumsgesetz der Zoantharia rugosa und über Calceola sandalina* (ib., p. 647).

[3] *Lethaea rossica, ou Paléontologie de la Russie décrite et figurée*, 3 vol. in-8° avec atlas in-fol., 1852-69.

[4] *Bulletin de la Soc. des nat. de Moscou*, t. XXVIII et XXIX, 1855-56.

[5] Bronn u. F. Roemer, *Lethaea geognostica*, 3ᵉ édit., 1851-56, 3 vol. in-8° et atlas in-fol., et Goldfuss, *Petrefakta Germaniae*, texte nouveau par F. Roemer.

deux grands mémoires sur les fossiles siluriens du Tennessee [1] et de Sadowitz [2], dans lesquels on trouvera quelques bonnes observations relativement
aux Polypes de cette époque géologique. Tout récemment encore, il a publié
un travail très-important sur la géologie de la Silésie supérieure, dont la paléontologie renferme la description et la figure de quelques espèces de Polypes [3].

Vers la même époque MM. Mc Coy et Salter ont fait paraître un résumé des
espèces fossiles du terrain silurien de l'Irlande [4] dans lequel on trouve un
certain nombre de Polypes.

Un autre travail remarquable, qui, bien qu'ayant pour objet l'étude générale des fossiles devoniens du Nassau, peut être utile à consulter pour celle
des Polypes paléozoïques en particulier, est celui que G. et F. Sandberger
ont achevé en 1856, quelques années avant la mort du premier, et dont les
planches sont supérieurement exécutées [5].

Enfin MM. Meek [6] et A. Winchel [7] ont publié, l'un une notice sur un genre
nouveau de Polype silurien d'Amérique, et l'autre un mémoire sur les STRO-
MATOPORIDAE.

Parmi les auteurs dont les recherches ont été de préférence dirigées vers
l'étude des Polypes généralement plus récents que ceux dont je m'occupe
en ce moment, j'ai à citer en premier lieu M. le professeur Duncan qui, par
une série de monographies, a fait successivement connaître les Polypes fossiles du Sinde [8] et de l'Australie méridionale [9], de l'île de Malte [10], des îles

---

[1] *Die silurische Fauna des westlichen Tennessee*, in-4° pl., 1860.

[2] *Die fossile Fauna der silurischen Diluvial-Geschiebe von Sadowitz bei Oels*, in-4° pl., 1861.

[3] *Geologie von Oberschlesien*, vol. in-8°, mit einem Atlas und einer Mappe. Breslau, 1870.

[4] *Synopsis of the silurian fossils in Ireland*, in-4° pl., 1862.

[5] *Beschreibung und Abbildung der Versteinerungen des Rheinischen Schichtensystem's in Nassau*, vol. in-4° avec atlas, 1850-1856.

[6] *Notice of a remarkable new genus of Corals, probably typical of a new family.* (SILLIM. AMER. JOURNAL, Jan. 1868, et ANN. AND MAG. OF NAT. HIST., 4th ser., t. I, p. 225, 1868.)

[7] STROMATOPORIDAE: *their structure and zoological affinities.* (PROCEED. OF THE AMER. ASSOC. FOR THE ADVANC. OF SCIENCE, 15th Meeting, 1866, p. 91.)

[8] *A Description of, and remarks upon some fossil Corals from Sinde.* (ANN. AND MAG. OF NAT. HIST., ser. 3, t. XIII, p. 295, 1864.)

[9] *A Description of some fossil Corals and Echinoderms from the South Australian tertiaries.* (ANN. AND MAG. OF NAT. HIST., ser. 3, t. XIV, p. 161, 1864, et *ibid.*, t. XVI, p. 182, 1865.)

[10] *On the Corals of the Maltese Miocene* (*ibid.*, ser. 3, t. XV, p. 273, 1865).

de l'Inde occidentale [1], de Victoria en Australie [2], de la Nouvelle-Galles du Sud [3], et qui récemment, par de savantes considérations déduites de l'étude des Polypes, a donné une excellente idée de la géographie physique de l'Europe occidentale, pendant les périodes mésozoïque et caïnozoïque [4]. Ce dernier travail a été précédé de deux rapports extrêmement importants sur les Polypes fossiles des îles Britanniques, constatant la découverte d'un nombre considérable de ces fossiles, faite principalement dans les terrains secondaires, depuis la publication des monographies de MM. Milne Edwards et J. Haime [5] et de quatre suppléments à ces monographies [6].

M. de Fromentel, qui travaille avec ardeur et talent à la continuation de la *Paléontologie française* de d'Orbigny, si malheureusement interrompue par la mort de son auteur, mérite aussi une mention spéciale, pour ses importants travaux sur les Polypes secondaires de la France [7].

M. Reuss a publié de très-belles recherches sur les Polypes fossiles d'Oberburg, en Styrie [8]; de l'argile à septaires de l'Allemagne [9]; de Balin près Cracovie [10]; de Castel-Gomberto, dans le Vicentin [11]; de Saint-Cassian, dans

[1] *On the fossil Corals of the West Indian Islands.* (QUARTERLY JOURNAL OF THE GEOL. SOC. OF LONDON, vol. XIX, p. 406; vol. XX, pp. 20 et 358; vol. XXIV, p. 9.)

[2] *On some tertiary deposits in the Colony of Victoria, Australia, by I. E. T. Woods, with a note on the Corals by P. M. Duncan* (ibid., vol. II, p. 389).

[3] *On the western limits of the rhoetic beds, by Tawney, with a note on the Corals by P. M. Duncan* (ibid., vol. XXII, p. 69, et vol. XXIII, p. 12).

[4] *The physical geography of Western Europe during the Mesozoïc and Cainozoïc periods, elucidated by their Coral faunas* (ibid., vol. XXVI, p. 51).

[5] *Reports of the 38 and 39 meeting of the british Assoc. for the adv. of sc.*, 1868, p. 75, and 1869, p. 150.

[6] *Paleontographical Society*, vol. XIX, XX, XXI and XXII, in-4°, 1865, 66, 67 and 68.

[7] *Description des polypiers fossiles de l'étage néocomien*, in-4°, 1857; *Monographie des polyp. jurassiques supérieurs*, in-4°, 1862, et *Polyp. coralliens des environs de Gray*, in-4°, 1864.

[8] *Die fossile Foraminiferen, Anthozoen u. Bryozoen von Oberburg in Steiermark.* (DENKS. DER WIENER AKAD. DER WISS., 1864.)

[9] *Foraminiferen, Anthozoen u. Bryozoen des deutschen Septarienthones* (ibid., 1866).

[10] *Die Bryozoen, Anthozoen u. Spongiarien des braunen Jura v. Balin, bei Krakau* (ibid., 1867).

[11] *Paloeontologische Studien über die ältere Tertiärschichten der Alpen. I. Fossile Anthozoen von Castelgomberto* (ibid., 1868).

le Tyrol [1]; du bassin de Mayence [2]; des environs de Cassel, en Hesse [3]; de Hallstadt [4], de l'oligocène supérieure de Hongrie [5] et des couches tertiaires inférieures des Alpes [6].

J'appellerai encore l'attention des naturalistes sur les mémoires de MM. W. Keferstein [7] et F.-A. Roemer [8], comprenant la description des Polypes tertiaires du nord de l'Allemagne; sur celui de M. Catullo [9] qui passe en revue les Polypes et autres animaux fossiles de la Vénétie; sur ceux de MM. G. Michelotti [10], G. Seguenza [11] et A. d'Achiardi, qui ont pour objet la description des Polypes fossiles du nord de l'Italie [12], et enfin sur celui de M. Pomel qui a pour objet la découverte du corail rouge dans les couches miocènes de l'Algérie [13].

M. le Dr Giebel a rendu service aux paléontologistes en publiant un répertoire comprenant la synonymie des fossiles décrits par Goldfuss, et a pour ainsi dire rajeuni le texte du magnifique atlas qui accompagne l'ouvrage de cet auteur. [14]

---

[1] *Ueber einige Anthozoen aus den Tertiärschichten des Mainzer Beckens; Ueber fossile Anthozoen u. Bryozoen des Mainzer Tertiärbeckens.* (SITZUNGSB. DER KK. AKAD. DER WISS., Bd. 45, 1859 u., Bd. 50, p. 197, 1864.)

[2] *Uber einige Anthozoen der Kössener Schichten u. d. Alpinen Trias.* (SITZUNGSB. DER KK. AKAD. DER WISS., Bd. 50, p. 153, 1864.)

[3] *Zur Fauna des deutschen Oberoligocäns* (ANTHOZOEN). (*Ibid.*, Bd. 50, p. 614, 1864.)

[4] *Ueber zwei neue Anthozoen aus Hallstatter Schichten.* (*Ibid.*, Bd. 51, p. 380, 1865.)

[5] *Oberoligocäne Korallen aus Ungarn,* in-8° pl. (*Ibid.*, Bd. 61, p. 37, 1870.)

[6] *Paleontologische Studien über die älteren Tertiärschichten der Alpen.* (DENKS. DER WINER AKAD. DER WISS., t. XXVIII, p. 129, et t. XXIX, p. 215, 1868 et 1869.)

[7] *Die Korallen der Norddeutschen Tertiärgebilde.* (ZEITS. DER DEUTS. GEOL. GESELL., t. XI, p. 354, 1859.)

[8] *Die Polyparien des Nordd. Tertiärgebirges.* (PALAEONTOGRAPHICA, t. IX, p. 199, in-4°, 1863.)

[9] C.-A. CATULLO, *Dei terreni di sedimento superiore delle Venetie e dei fossile Bryozoari, Antozoari e Spongiari ai quale danno icetto,* in-4°, 1856.

[10] *Études sur le miocène inférieur de l'Italie septentrionale.* (NATUURK. VERH. VAN DE HOLLANDSCHE MAATS. DER WETENSCH. TE HAARLEM, 2me sér., t. XV, 1861.)

[11] *Disquisitioni paleontologiche intorno ai Corallarii fossili delle rocce tertiarie dell distritto di Messina,* 2e part., in-fol., 1863-64.

[12] *Catalogo dei Coralli fossili del terreno nummulitico dell' Alpi venete,* in-4°, 1867; *Corallarii del terreno nummulitico dell' Alpi venete,* 2e part., in-4°, 1866-68; *Studio comparat. frai Coralli dei terreni tertiari del Piemonte e dell' Alpi venete,* in-4°, 1869.

[13] *Comptes rendus de l'Académie des sciences,* p. 963, nov. 1868.

[14] *Repertorium zu Goldfuss' Petrefakten Deutschlands,* in-4°, 1866.

Je ne puis mieux terminer cette revue rétrospective qu'en mentionnant deux ouvrages qui peuvent rendre de grands services dans l'étude générale des Polypes fossiles et qui sont, l'un le *Traité de paléontologie* de M. Pictet [1] dont tous les naturalistes apprécient la valeur scientifique, et l'autre, l'*Introduction à l'étude des polypiers fossiles* de M. de Fromentel [2]. Ce dernier auteur semble s'efforcer de remplir en France la place si dignement occupée par mon bien regretté et savant ami Jules Haime, qu'une mort prématurée a enlevé à la science et à l'affection de tous ceux qui l'ont connu. Ces deux paléontologistes ont donné l'un et l'autre un fort bon résumé de la nomenclature actuellement usitée dans la description des Polypes fossiles, de leur classification générale et de leur distribution en familles et en genres, auquel les recherches de MM. Milne Edwards et Haime ont servi de base essentielle.

Ce dernier travail étant spécialement composé dans le but de faciliter l'étude des Polypes aux géologues et aux paléontologistes, qui, en général, les ont un peu trop négligés, ne peut manquer de rendre service, en leur fournissant de nouveaux moyens d'arriver à la détermination exacte des terrains soumis à leurs investigations. Ce motif, auquel venait se joindre celui de la méthode ascendante suivie par l'auteur dans sa classification, m'aurait engagé à adopter l'ordre dans lequel il a distribué les familles et les genres, si cette distribution ne m'avait paru être un peu trop systématique et, par conséquent, moins naturelle que celle suivie par MM. Milne Edwards et J. Haime à laquelle je donne la préférence; je me bornerai à introduire dans celle-ci les modifications nécessitées par les découvertes les plus récentes.

Afin de compléter ce résumé historique, il m'a semblé qu'il serait utile de faire connaître brièvement les travaux qui, depuis la publication de l'ouvrage classique de M. Milne Edwards, ont le plus contribué à étendre nos connaissances sur l'embryogénie, le développement et la classification des Polypes vivants.

---

[1] *Traité de paléontologie*, 2ᵉ édit., 4 vol. in-8° et atlas in-4°. Paris, 1853-1857.

[2] *Introduction à l'étude des polypiers fossiles, comprenant leur histoire, leur anatomie, leur mode de production et de multiplication, leurs habitudes extérieures, leur classification d'après la méthode dichotomique, la description des ordres, des familles, des genres, la synonymie et la description succincte de toutes les espèces connues,* vol. in-8°. Paris, 1858-1861.

Parmi ceux-ci, je citerai en premier lieu le *Synopsis* dans lequel M. Dana a décrit les diverses espèces de Polypes dont il a fait mention dans son magnifique rapport publié en 1846 [1] que j'ai déjà eu occasion de citer et dont il forme en quelque sorte le complément.

M. Jos. Reay Greene a fait paraître un très-bon résumé de nos connaissances relatives aux COELANTÉRÉS [2], et M. Gosse, un des meilleurs actinologues anglais, a publié en 1860 une monographie très-intéressante des Anthozoaires qui vivent sur les côtes des îles Britanniques [3].

MM. Lütken [4], Fr. Müller [5], Wright [6], Valenciennes [7] et Steenstrup [8] sont les principaux auteurs qui, en 1860, ont publié des observations sur les Anthozoaires vivants. Un peu plus tard, on rencontre successivement les travaux de MM. Macdonald [9], Meyer et Möbius [10], Semper [11] et Rensonnet [12].

En 1864, MM. Duchassaing et Michelotti ont terminé un travail considérable, qu'ils avaient commencé en 1859, sur les *Coralliaires des Antilles* [13] comprenant un grand nombre d'espèces et de genres nouveaux appartenant à la plupart des familles naturelles connues et fournissant un grand nombre d'observations nouvelles sur les rapports et la classification de ces animaux.

Les publications de MM. L. et A. Agassiz renferment des observations extrêmement importantes sur l'organisation et la classification des animaux inférieurs en général et seront consultées avec fruit par tous ceux qui s'occupent de l'étude de ces animaux [14].

[1] *Synopsis of the report on Zoophytes.* New-Haven, in-8°, 1859.

[2] *A Manual of the sub-kingdom Coelenterata*, in-12, avec fig. dans le texte, 1861.

[3] *Actinologia britannica*, in-8° pl., 1860.

[4] *Naturh. Foren. Videnskaberne Meddelelser*, 1860, p. 184.

[5] *Archiv für Naturges.*, 1860, vol. I, p. 57.

[6] *New Edinb. phil. Journ.*, t. XII, p. 156.

[7] *Comptes rendus de l'Acad. des sc.*, t. L, p. 1008.

[8] *Overs. kongl. danske Videnskaberne Selsk.*, 1860, p. 126.

[9] *Natur. History Rev.*, 1862, p. 78.

[10] *Archiv für Naturges.*, 1863, t. I, p. 70.

[11] *Zeits. für Wissens. Zool.*, Bd. 13, p. 563.

[12] *Verhandl. der K. K. zool. Gesells. zu Wien*, 1863, p. 1863.

[13] *Memorie della reale Academia di Torino*, t. XIX, p. 279.

[14] Voir surtout: L. AGASSIZ, *Contributions to the natural Hist. of the United States*, t. I-IV, et *Silliman Jour.*, t. XXVI, p. 140, 1858; A. AGASSIZ, *North American Acalephae*, in-fol., 1865, etc.

C'est depuis ce moment surtout que les études actinologiques prennent un développement extraordinaire, et l'on voit entrer dans la lice un grand nombre de naturalistes très-distingués. Parmi ceux-ci j'ai à citer, en premier lieu, M. Lacaze-Duthiers, qui, après avoir traité de main de maître tout ce qui concerne l'organisation, la pêche et le commerce du *Corail* [1], a étendu ses savantes recherches à d'autres animaux de la même classe [2].

MM. Kölliker [3], Semper [4], Genth [5], Gräffe [6], Fr. Müller [7], de Pourtalès [8], Stoliczka [9], Kowalewsky [10], Pouchet et Myèvre [11], P. Wright [12], Gray [13] suivent de près.

Mais au milieu de cette pléiade d'observateurs se font surtout remarquer M. Verrill et mon savant et excellent ami Van Beneden.

Les nombreux travaux du premier ont acquis une importance réelle par le grand nombre d'espèces nouvelles qui y sont signalées et par les modifications qui y sont proposées dans la classification générale, basées sur l'étude de l'organisation des animaux [14].

---

[1] *Histoire naturelle du Corail*, in-8°, avec 20 pl. 1864.

[2] *Mém. sur les Antipathaires* (ANN. DES SC. NAT., 1864 et 1865); *Histologie du polyp. des Gorgones (ibid.*, 1865); voyez encore : *Comptes rendus*, 1864, pp. 88, 192 et 252, et 1865, p. 840.

[3] *Actes de la Soc. helvétique des sc. nat. de Genève*, 1865, p. 92; *Verhandlungen der phys.-med. Gesells. zu Würzburg*, 1867, et *Icones Histiologicae, oder Atlas der vergleichende Gewebelehre*, 1864-66, in-fol. pl.

[4] *Zeitschr. für wissensch. Zool.*, t. XIV, p. 422, 1864, et t. XVII, p. 407, 1867; *Verhandl. der phys. medic. Gesells. in Würzburg, Neue Folge*, t. I, 1868.

[5] *Zeits. für wissens. Zoolog.*, t. XVII, p. 429, 1867.

[6] *Verhandl. der K. K. zool. bot. Gesells. in Wien*, t. XVI, p. 585.

[7] *Archiv für Naturges.*, 1864, t. I, p. 352, et 1867, t. I, p. 330.

[8] *Contrib. to the Fauna of the Golfstream.* (BULL. OF THE MUS. OF COMP. ZOOL., n° 9, 7, 1867-68.)

[9] *Proceedings of the Asiat. Soc. of Bengal*, july 1868.

[10] *Nachrichten von der K. Gesells. der Wissens. in Göttingen*, p. 157, 1868.

[11] *Comptes rendus de l'Institut de France*, t. LXIX, p. 1097, 1869.

[12] *Notes on the animal of the Organ-pipe Coral.* (MAG. OF NAT. HIST., 4th ser., t. III, p. 377.)

[13] *Proceedings of the zool. Soc. of London*, p. 255, 1867, et *Ann. and mag. of nat. Hist.*, 4th ser., t. II, p. 441, et t. III, p. 117.

[14] *Illustr. cat. of the Museum of comp. zool. at Harvard Coll.*, n° 9; *Syn. of the Polypi of the North Pacific exploring expedition under captains Ringgold and Rodgers* (PROC. OF THE ESSEX INSTITUTE, vol. IV, pp. 145 et 181, vol. V, pp. 17 et 315, et t. VI, p. 51); *Revision of the Polypi of the Eastern Coast of the U. S.* (MEM. OF THE BOSTON SOC. OF NAT. HIST., t. I, p. 1, 1866); *On the Polyps and Corals of Panama, with description of new species* (PROCEED. OF THE BOSTON

Les recherches du second ont eu pour objectif les POLYPES de la côte d'Ostende. Dans une introduction remarquable, qui, jointe au § IV de son mémoire, forme une véritable dissertation sur la matière, il passe en revue les travaux des auteurs principaux qui se sont occupés des mêmes animaux avant lui et il trace les limites dans lesquelles doivent être circonscrits ces animaux, lesquels sont pour lui les équivalents de ceux que M. Leuckart a désignés sous le nom de COELENTÉRÉS. Le mémoire comprend, en outre, la description détaillée et les figures des espèces rencontrées et des observations embryogéniques d'un grand intérêt [1]. Enfin je signalerai encore, comme pouvant rendre de grands services, le *Manuel de Zoologie* de MM. W. Peters, V. Carus et C.-E. Gerstäcker [2], dans le second volume duquel on trouvera un résumé fort complet de la classification des animaux inférieurs, basée sur les découvertes les plus récentes et élaborée avec talent par M. Victor Carus.

SOC. OF NAT. HIST., t. X, 1866, pp. 323 et 333); *List of the Polypes and Corals sent by the Museum of compar. zool. in exchange, with annotations*, in-8°, 1864. *Notes on the Radiata in the Museum of Yale college, with descriptions of new genera and species*, read january 1867 (TRANS. OF THE CONNECTICUT ACADEMY, t. I, part. 2, p. 247); *on the zoological affinities of the tabulate Corals*. (PROC. OF THE AMERIC. ASSOCIAT. FOR THE ADVANCEM. OF SCIENCE, 1868, p. 148.)

[1] *Recherches sur la faune littorale de Belgique*, POLYPES. (MÉM. DE L'ACAD. ROY. DES SC. DE BELGIQUE, t. XXXVI, 1866.)

[2] *Handbuch der Zoologie*, t. II, in-8°, 1863.

I. — DIVISION.

COELENTERATA, *Leuckart.*

Suivant M. J. V. Carus, cette division comprend : les animaux à structure bilatérale ou radiaire et, dans ce dernier cas, avec prédominance du nombre quatre ou de ses multiples. Le corps est creusé d'une cavité ordinairement luisante, présentant, soit la forme d'un canal passant à travers le parenchyme, soit celle d'une cavité que la présence de lames membraneuses fait paraître cloisonnée. Les parties voisines de la bouche fonctionnent comme cavité digestive, soit par elles-mêmes, soit par l'insertion d'un tube stomacal avec lequel elles sont directement en communication. Les autres parties de la cavité servent de réservoir aux fluides nourriciers. La bouche est généralement entourée de tentacules creux communiquant directement avec la cavité viscérale [1].

On partage généralement cette division en trois classes, dont il me paraît inutile de donner ici les caractères et qui sont :

I. POLYPI, Lamk. (*Anthozoa*), Ehrenberg.
II. HYDRASMEDUSAE, Vogt.
III. CTENOPHORAE, Eschscholz.

De ces trois classes, il n'y a que les deux premières qui soient représentées dans le terrain carbonifère.

Depuis la découverte faite par M. L. Agassiz des animaux des *Millepora* et de leur ressemblance avec ceux des *Halocharis* [2] qui sont de vraies *Acalèphes,* la plupart des auteurs qui en ont parlé, les ont rangés parmi les *Hydrasméduses,* tandis que, jusque dans ces derniers temps, on les avait maintenus parmi les *Polypes* ou *Anthozoaires.* Cependant le professeur Verrill, qui est

---

[1] *Handb. der Zool.,* t. II, p. 518.
[2] ALEXANDRE AGASSIZ, *North American Acalephae,* p. 219 (1865).

sans contredit un observateur de grand talent, ne partage pas l'opinion émise par M. Agassiz[1] relativement aux rapports des Madréporaires rugueux avec les autres classes d'animaux inférieurs. Il ne considère pas ces derniers comme étant des Méduses ayant la faculté de sécréter un dépôt calcareux, mais comme des *Polypes* véritables, qui, en un sens déterminé, devraient être placés à côté des jeunes *Fungies* et *Oculines*[2]. Si l'opinion de M. Agassiz venait à se confirmer par de nouvelles observations, le transport du genre *Millepora* d'une classe dans une autre, entraînerait après lui celui des sections des *Madréporaires tubulés et rugueux* établies par MM. Milne Edwards et J. Haime, avant la publication des résultats obtenus par l'éminent zoologiste que je viens de citer. Cette modification dans la classification, pressentie et indiquée même par M. Milne Edwards, en 1860[3], aurait pour conséquence de faire entrer le plus grand nombre des Polypes paléozoïques dans une classe supérieure à celle qui, au contraire, renferme presque tous les polypes des terrains jurassiques, crétacés et tertiaires. Ce serait une preuve que le développement progressif de l'échelle animale aux diverses époques de la formation de notre globe n'aurait pas suivi une marche constante et régulière.

En attendant que cette importante question soit mieux élucidée, et que le doute exprimé par M. Verrill ait complétement disparu, je continuerai à suivre l'exemple de mes prédécesseurs, en conservant provisoirement les Madréporaires tubulés et rugueux parmi les *Polypes* proprement dits ou *Anthozoaires*.

[1] L. Agassiz, *Contributions to the nat. Hist. of the Unit. States of Amer.*, t. III, p. 40.
[2] Milne Edwards, *Hist. natur. des Coralliaires*, t. III, p. 224.
[3] *Proceed. of the Essex Institute*, vol. V, pp. 17-50.

Classe I. — POLYPI, *Lamk.*

Ordre I. — ZOANTHARIA.

Section I. — RUGOSA, *Milne Edwards* et *J. Haime.*

Le Dr A. Kunth, de Berlin, a publié dernièrement quelques observations très-intéressantes sur la loi qui préside à l'accroissement des *Rugosa* [1].

Par une étude approfondie, à laquelle ont servi des échantillons bien conservés et surtout bien préparés, de deux espèces d'*Omphyma*, d'un *Streptelasma* et de quelques autres espèces siluriennes, il a démontré que cet accroissement est bilatéral et qu'à l'origine le polypiérite n'est garni que de quatre cloisons. Ces cloisons sont opposées l'une à l'autre et disposées en croix, de manière à diviser le calice en quatre quarts de cercle, ou systèmes selon MM. Milne Edwards et J. Haime.

L'une de ces cloisons, c'est-à-dire celle qui correspond ordinairement à la partie convexe du polypiérite, est située dans le plan vertical, qui, passant par l'axe de ce polypiérite, le partage en deux parties égales [2]. Cette cloison a été désignée sous le nom de *cloison primaire principale* (Hauptseptum); c'est ordinairement celle qui, dans les genres dont les calices sont munis d'une fossette septale, se trouve au milieu de cette fossette. Vis-à-vis de celle-ci et dans le même plan existe une autre cloison, généralement un peu moins apparente que la première, qui prend le nom de *cloison primaire opposée* (Gegenseptum); tandis que les cloisons intermédiaires entre

---

[1] *Zeitschrift der Deutschen geologischen Gesellschaft*, t. XXI, p. 647.

[2] Il existe néanmoins des exceptions à cette règle générale, et l'on en aura un exemple frappant dans l'espèce que MM. Milne Edwards et Haime ont désignée sous le nom de *Zophrentis Delanouei* et dont on trouvera la description plus loin. Dans cette espèce la cloison primaire et la fossette septale sont placées du côté concave, mais la courbure du polypiérite est peu prononcée.

ces deux et également opposées l'une à l'autre, sont indiquées sous le nom de *cloisons primaires latérales* (Seitensepta). Les quatre quarts de cercle ou systèmes produits par la disposition de ces cloisons sont distingués par des appellations différentes, à savoir, les deux quarts adjacents à la cloison primaire principale, par celle de : *quarts de cercle* (systèmes) *principaux* (Hauptquadranten), et les deux autres, par celle de : *quarts de cercle* (systèmes) *opposés* (Gegenquadranten).

De ces quatre cloisons primaires, c'est la *cloison opposée* qui, dans le jeune âge, est la plus difficile à distinguer.

Suivant le Dr Kunth, aucune des cinq règles établies par MM. Milne Edwards et J. Haime sur le développement des cloisons n'est applicable à cet ordre. Il existe ici quatre cloisons et quatre loges primaires. Dans chaque loge *hs*, il se forme une cloison secondaire qui, à l'origine, la partage à peu près en deux parties égales, mais qui bientôt se recourbe vers la cloison primaire *s* et se prolonge parallèlement à celle-ci. De cette façon, chacune des deux loges est partagée en deux parties fort inégales; la plus petite *1s* reste ultérieurement indivise, tandis que dans la grande il se développe, au contraire, un grand nombre de nouvelles cloisons suivant le même principe d'après lequel s'est produit la cloison de la première loge; cette disposition se com-

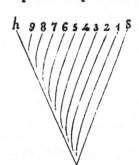

prend facilement par l'inspection de la figure théorique ci-contre, dans laquelle *h* représente la cloison principale et *s* une des cloisons latérales; les chiffres correspondent aux cloisons secondaires, tertiaires, etc. Il en résulte que dans chaque loge les cloisons les plus récentes sont disposées en forme de barbe de plume par rapport à l'une des cloisons primaires et parallèlement à l'autre. Cet arrangement des cloisons, ne se rencontrant dans aucun autre ordre, pourrait suffire à lui seul pour distinguer les Polypes qui y appartiennent, de tous les autres tant vivants que fossiles.

Malheureusement il n'est pas toujours facile à observer, parce que les apparences de bilatéralité ne se manifestent pas indistinctement chez tous les Polypes rugueux, soit dans le calice, soit dans leur conformation générale.

Néanmoins le Dr Kunth a pu le constater directement dans vingt genres; il a pu conclure également avec certitude à son existence chez neuf autres genres, tandis qu'il n'est resté que dix genres, sur les trente-neuf bien définis entre lesquels les *Rugosa* étaient partagés, à l'époque de son observation, sur lesquels il n'a pu découvrir le développement bilatéral, sans toutefois en rencontrer un autre qui y fût opposé.

Ces dix genres sont les suivants : *Philipsastraea, Lithostrotion, Chonaxis, Smithia, Spongophyllum, Eudophyllum, Pachyphyllum, Strombodes, Petalaxis* et *Stauria*. Le Dr Kunth a fait encore une autre observation intéressante relativement à la structure des *Rugosa*. Il a trouvé que lorsque l'on examine avec attention le calice, bien dépouillé de sa roche, d'une espèce dont les cloisons sont peu développées, comme c'est le cas, par exemple, chez certaines espèces de *Zaphrentis*, on remarque, sur la paroi murale des loges intercloisonnaires, l'existence d'une série de petites fossettes. Ces fossettes ont été produites par de petites lamelles transverses disposées dans les loges à la manière des consoles superposées, placées dans l'angle d'un appartement. Ces lamelles transverses sont parallèles et équidistantes entre elles, et les fossettes représentent l'espace libre par lequel elles étaient séparées les unes des autres.

Quoique cette disposition soit générale, on parvient assez rarement à la constater d'une manière convenable, par la raison qu'il est très-difficile d'enlever aux fossettes la roche qui les remplit. En cherchant à attaquer les échantillons à l'aide d'acides, on emporte généralement les lamelles. Les espèces silicifiées, comme il s'en trouve aux environs de Tournai et Ath, sont celles qui peuvent le mieux servir à cette démonstration (voir pl. X, fig. 6*b* et 6*c*). Certains moules internes, semblables à ceux dont M. Ludwig en a figuré quelques-uns [1], peuvent également en donner une assez bonne idée. Il est à remarquer que le développement des cloisons n'est en général pas en rapport avec leur âge, et que les cloisons primaires sont quelquefois si peu apparentes qu'on les distinguerait à peine des autres, si leur place n'était pas marquée par l'existence de 1, de 3 ou de 4 dépressions ou fos-

---

[1] *Palaeontographica*, t. XIV, pl. 40, fig. 1*a* et 1*b*.

settes septales qui occupent le fond du calice. Dans le premier cas, la fossette unique correspond à la cloison principale; dans les deux derniers cas, deux de ces fossettes sont situées au-devant des cloisons latérales. Toutes les cloisons sont composées de deux lamelles adjacentes, et à chacune de ces cloisons correspond à l'extérieur une rainure, ordinairement recouverte par l'épithèque et ne devenant perceptible que par l'enlèvement de celle-ci. La structure des cloisons est toujours compacte. Leurs surfaces latérales ne sont jamais garnies de synapticules proprement dites et sont rarement granulées. L'intérieur de la loge est ordinairement occupée par une série de planchers ou par un tissu vésiculaire; quelquefois il s'y dépose, par suite de l'accroissement successif, un sclérenchyme compacte et pierreux, comme cela a lieu chez les *Lophophyllum* et les *Calceola*. On observe une très-grande variété dans la disposition de ces formations endothécales; tantôt les cloisons ont un tel développement qu'on n'aperçoit pour ainsi dire qu'elles, tantôt elles sont peu apparentes. Quelques espèces sont munies d'une valve qui s'articule avec la *cloison primaire opposée* et dont le bord correspond à ceux des *quarts de cercle* ou *systèmes opposés*. Les loges sont toujours parfaitement distinctes l'une de l'autre et ne sont jamais unies par du coenanchyme. La multiplication se fait par oviparité ou par bourgeonnement et jamais par fissiparité. Les bourgeons se développent généralement à la surface du calice principal. Par cette insertion, le développement du polypiérite s'arrête et il se produit des rangées successives de diverses générations.

Comme on vient de le voir, la *Calceola sandalina* est comprise parmi les *Rugosa*. Les recherches faites par le Dr Kunth prouvent à l'évidence que cette espèce ne diffère en rien, par son organisation, des *Goniophyllum*, des *Rhizophyllum* et des *Hallia* dont M. Lindström a si bien fait connaître la structure [1], et ne peut plus être conservée parmi les Brachiopodes où elle avait été placée par Lamarck et où elle avait été maintenue jusqu'ici.

La plupart des Polypes rugueux appartiennent au terrain paléozoïque. Ce n'est qu'avec doute que l'on en cite un petit nombre d'espèces provenant du terrain liasique. On devait donc croire que n'ayant aucun représentant,

---

[1] *Ofvers. of K. Vet.-Akad. Förh.*, 1865, p. 271.

ni dans les étages supérieurs et moyens du terrain jurassique, ni dans les terrains crétacés et tertiaires, nos mers actuelles ne devaient pas en recéler non plus. Néanmoins M. de Pourtalès, du muséum Harvard, à Cambridge près Boston, en triant les objets obtenus par un draguage fait à la Floride, à 324 brasses de profondeur, a découvert un spécimen unique d'une espèce de Polype, pour laquelle il a créé le genre *Haplophyllia*, et qui, selon lui, possède tous les caractères des *Rugosa* [1].

Famille I. — CYATHOPHYLLIDAE, *Milne Edw.* et *J. Haime.*

—

A. — AXOPHYLLINAE, *Milne Edw.* et *J. Haime.*

Genre LONSDALEIA, *Mc Coy.*

Erismatholithus madreporites.	Martin, 1809. *Petrif. Derb.*, p. 19.
Stylina (pars).	Parkinson, 1822. *Introd. to the study of org. rem.*
Astraea (pars).	Defr., 1826. *Dict. des sc. nat.*, t. XLII, p. 383.
Lithostrotion (pars).	Flem., 1828. *Brit. anim.*, p. 508.
Columnaria (pars).	de Blainv., 1830. *Dict. des sc. nat.*, t. LX, p. 316.
Caryophyllia (pars).	*Id.* *Ibid.*, p. 311.
Cyathophyllum (pars).	Phill., 1836. *Geol. of Yorks*, t. II, p. 202.
Lithostrotion (pars).	Lonsdale, 1845. *Murch., de Vern. et de Keis., Russia and the Ural Mount.*, t. I, p. 602.
Stylastraea.	Lonsdale, 1845. *Murch., de Vern. et de Keis., Russia and the Ural Mount.*, t. I, p. 619.
Strombodes.	Mc Coy, 1849. *Ann. and magaz. of nat. Hist.*, 2d ser., t. III, p. 10 (non Schweigger).
Lonsdaleia.	Mc Coy, 1849. *Ann. and magaz. of nat. Hist.*, 2d ser., t. III, p. 11.
Lithostrocion (pars).	A. d'Orb., 1850. *Prod. de paléont.*, t. I, p. 159.
Lonsdalia.	Milne Edw. et J. Haime, 1851. *Polyp. foss. des terr. paléoz.*, p. 457 (non A. d'Orbigny).
Lonsdalea.	d'Eichwald, 1860. *Lethaea rossica*, t. I, p. 565.
Stylidophyllum.	de Fromentel, 1861. *Introd. à l'étude des polyp. foss.*, p. 316.

Polypier composé, fasciculé ou astréiforme, se multipliant par bourgeonnement latéral et submarginal; deux murailles distinctes, entre lesquelles il

---

[1] *Bulletin of the Museum of comparative Zoology of Cambridge* (Mass.), n° 7, p. 139.

existe un tissu vésiculaire bien prononcé; cloisons lamellaires bien développées; columelle très-épaisse, cylindroïde et formée de lamelles tordues se recouvrant les unes les autres.

MM. Milne Edwards et Jules Haime font remarquer que la plupart des auteurs récents ont considéré les espèces douées des caractères précédents, comme devant former le genre *Lithostrotion* de Fleming; mais, à leur avis, auquel je me range, la figure de Lwyd, citée par ce dernier naturaliste, ne peut laisser aucun doute sur la signification de ce nom, qui doit évidemment appartenir aux espèces de Polypes que je décrirai plus loin.

C'est à M. Mᶜ Coy que l'on doit la première définition du genre *Lonsdaleia*, qu'il a créé pour des espèces fasciculées, mais dont tous les caractères internes se confondent avec ceux des espèces astréiformes que le même auteur a désignées sous le nom de *Strombodes*, en donnant à ce nom une autre signification que celle qu'il avait reçue de Goldfuss et de Schweigger, et en le substituant simplement au genre *Lithostrotion* de Lonsdale.

M. de Fromentel est du même avis que M. Mᶜ Coy et pense qu'il est nécessaire de séparer génériquement les espèces fasciculées des espèces astréiformes, bien qu'il avoue lui-même qu'il n'y a aucune différence dans leur structure. Il a créé à cet effet le genre *Stylidophyllum*, qu'il classe dans sa famille des STYLAXINIENS, tandis que les *Lonsdaleia* se trouvent dans la famille des LONSDALIENS. On verra plus loin que le même auteur fait une séparation analogue pour les *Lithostrotion*. Il me semble qu'il est plus rationnel de suivre, dans les deux cas, l'opinion des savants auteurs qui nous ont précédé.

Toutes les espèces appartiennent au terrain carbonifère, et la plupart ont été trouvées en Russie et en Angleterre. Parmi les fossiles carbonifères de Belgique, je ne connais qu'une espèce qui puisse se rapporter à ce genre.

LONSDALEIA RUGOSA.

(Pl. I, fig. 1.)

CARYOPHYLLIA DUPLICATA. de Kon., 1842. *Desc. des anim. foss. du terr. carb. de Belg.*, p. 19, pl. D, fig. 3
(T, G, fig. 10, *exclusd*) (non *E. duplicatus*, Martin).

LONSDALEIA RUGOSA.   Mᶜ Coy, 1849. *Ann. and magaz. of nat. Hist.*, 2ᵈ ser., t. III, p. 13.

LONSDALIA RUGOSA.   Milne Edw. et J. Haime, 1851. *Polyp. foss. des terr. paléoz.*, p. 461.

CYATHOPHYLLUM? BORTINI.   Milne Edw. et J. Haime, 1851. *Polyp. foss. des terr. paléoz.*, p. 391.
LONSDALEIA RUGOSA.   Mc Coy, 1851. *Brit. pal. foss.*, p. 105, pl. 3B, fig. 6.
—   —   Milne Edw. et J. Haime. *Brit. foss. Cor.*, p. 208, pl. 38, fig. 5.
—   —   J. Morris, 1854. *Cat. of brit. foss.*, p. 59.
—   —   Milne Edw., 1860. *Hist. nat. des Corall.*, t. III, p. 446.
—   —   de Fromentel, 1861. *Introd. à l'étude des polyp. foss.*, p. 306.
LITHOSTROTION? CALIFORNIENSE.   Meek. *Palaeontology of the geol. surv. of California*, t. I, p. 6, pl. 1, fig. 2.

Colonies composées de polypiérites généralement libres, d'un diamètre souvent très-inégal, subcylindriques ou en forme de cône très-allongé, munis de bourrelets d'accroissement très-prononcés, recouverts d'une épithèque assez mince et laissant facilement apercevoir les côtes cloisonnaires. Calices assez profonds, à columelle proéminente et un peu comprimée latéralement. Quarante à cinquante cloisons très-minces, rayonnant assez régulièrement vers le centre et s'étendant jusqu'à la rencontre de la columelle qui est assez épaisse; ces cloisons alternent avec des cloisons intermédiaires tout à fait rudimentaires et qui ne s'aperçoivent que sur des échantillons d'une excellente conservation, comme ceux dont les sections transversales sont représentées par les figures 1a, 1b de la planche I. Ces sections démontrent en outre que les loges intercloisonnaires sont remplies de vésicules très-petites et très-nombreuses. Les vésicules extérieures, placées entre les deux murailles, sont assez inégales et disposées obliquement de dehors en dedans et de haut en bas; les autres sont beaucoup plus allongées, suivent une direction opposée, et s'unissent à la columelle qui est épaisse et composée d'un nombre très-considérable de petites lamelles relevées et d'une grande délicatesse, prenant la forme d'une vraie toile d'araignée dans la section longitudinale d'un polypiérite de bonne conservation (pl. I, fig. 1c et 1d). Souvent cette columelle est terminée dans son centre par une lame très-mince d'une certaine étendue et dont la direction correspond à celle de la cloison primaire principale (dont elle semble être le prolongement), que l'on distingue par son moindre développement, et la place qu'elle occupe entre deux cloisons formant entre elles un angle plus aigu que celui produit par les autres cloisons adjacentes (pl. I, fig. 1a).

Les dimensions de ces polypiérites sont très-variables. Les uns sont longs et minces, les autres courts et assez épais; mais par les sections on s'assure facilement de leur identité spécifique ; j'en ai observé qui avaient une longueur de 10 à 12 centimètres, et une épaisseur de 1 ¹/₂ à 2 centimètres, et d'autres qui, n'ayant que 6-7 centimètres de longueur, avaient un diamètre de 2 ¹/₂ centimètres. J'ai compté sur ces derniers jusqu'à cinquante cloisons principales.

Lorsque j'ai décrit cette espèce en 1842, je l'ai confondue avec le *Lonsdaleia duplicata* (Erismatholithus duplicatus) Martin, avec lequel elle a les plus grands rapports ; extérieurement il serait difficile de distinguer l'un de l'autre, parce que la forme des polypiérites des deux espèces est assez variable. Les bourrelets d'accroissement de l'espèce de Martin sont en général moins prononcés que ceux du *L. rugosa*, qui s'en distingue surtout par sa structure interne. En comparant les sections, tant horizontale que longitudinale de l'une et de l'autre, on remarquera facilement que le nombre des cloisons du *L. duplicata* est beaucoup plus petit que celui du *L. rugosa*, et que dans celui-ci les vésicules sont beaucoup plus nombreuses et beaucoup plus petites que dans les autres. Ce dernier caractère suffit en outre pour le distinguer de toutes les autres espèces, dont il diffère d'ailleurs par l'isolement complet de ses polypiérites. Ce caractère peut encore servir à prouver son identité avec le *Lithostrotion? californiense* (Meek), dont la section longitudinale est identique à celle que j'ai fait représenter [1].

MM. Milne Edwards et J. Haime ont placé ce *Lonsdaleia* parmi leurs espèces douteuses du genre *Cyathophyllum* et lui ont donné le nom de *C. Burtini*. Il est probable que ces savants n'ont pas eu à leur disposition une section de ce polypier, sans cela il est impossible qu'ils eussent commis l'erreur que je viens de signaler.

Localités. — Un assez bon nombre d'échantillons de cette espèce ont été trouvés dans le calcaire carbonifère de Visé. En Angleterre, elle a été rencontrée à Mold et à Corwen (Mc Coy). M. Meek la signale dans le terrain carbonifère de la Californie.

Musées de Bruxelles, de Paris, de Londres et de Cambridge.

---

[1] Meek, *Palaeont. of the geol. survey of California*, t. I, pl. 4, fig. 2c.

Genre **AXOPHYLLUM**, *Milne Edw.* et *J. Haime.*

CYATHOPHYLLUM (pars). de Kon., 1849, Mss., *Musée de Paris.*
AXOPHYLLUM.   Milne Edw. et J. Haime, 1850. *Brit. foss. Cor.*, p. LXXII.
CYATHAXONIA (pars)?   Mᶜ Coy, 1854. *Brit. palaeoz. foss.*, p. 109.

Polypier simple, turbiné, entouré d'une épithèque complète; les parties voisines de l'épithèque subvésiculaire; une muraille intérieure bien distincte; cloisons lamellaires bien développées; columelle grosse, cylindrique, formée de lamelles tordues.

Ce genre a beaucoup de rapports avec les *Lonsdaleia* dont il a la structure, avec cette différence que ses rayons costaux sont plus développés et presque lamellaires.

J'ai découvert les échantillons des trois espèces de ce genre actuellement connues, et que possède le Muséum de Paris, dans le calcaire carbonifère de Visé.

Ces échantillons ont servi à MM. Milne Edwards et J. Haime à établir le genre et les espèces; je me borne à transcrire ici les diagnoses de ces auteurs. Je suis porté à croire que l'espèce que M. Mᶜ Coy a décrite sous le nom de *Cyathaxonia costata* [1] appartient à ce genre. En tout cas, sa structure vésiculaire suffit pour l'exclure du genre dans lequel elle a été placée.

1. AXOPHYLLUM EXPANSUM.
(Pl. I, fig. 2.)

AXOPHYLLUM EXPANSUM. Milne Edw. et J. Haime, 1851. *Polyp. foss. des terr. paléoz.*, p. 455, pl. 12, fig. 3.
   —   —   Milne Edw., 1860. *Hist. nat. des Corall.*, t. III, p. 441.
   —   —   de Fromentel, 1861. *Introd. à l'étude des polyp. foss.*, p. 283.

Polypier allongé, turbiné, entouré d'une épithèque assez mince et présentant des bourrelets d'accroissement bien marqués et ordinairement tranchants, calice circulaire à bords minces et quelquefois subfeuilletés, muni

[1] *Brit. pal. foss.*, p. 109, pl. III C, fig. 2.

d'une fossette centrale dans laquelle se trouve une columelle peu saillante, mais assez épaisse et très-faiblement elliptique. Environ soixante cloisons, alternativement un peu inégales en épaisseur et en étendue, droites, serrées, à bord libre, sensiblement horizontal dans ses deux tiers extérieurs, d'où la forme subplane du calice; ces cloisons sont épaisses et ne s'amincissent qu'en approchant de la columelle. Hauteur des grands échantillons, 3 centimètres; diamètre de leur calice, 2, 5 centimètres.

Localité. — Calcaire carbonifère de Visé.

Musée de Paris.

2. AXOPHYLLUM RADICATUM.

(Pl. I, fig. 3.)

CYATHOPHYLLUM RADICATUM. de Kon., 1849. Mss., *Muséum de Paris.*
AXOPHYLLUM RADICATUM. Milne Edw. et J. Haime, 1851. *Polyp. foss. des terr. paléoz.*, p. 456, pl. 12, fig. 4.
—   — Pictet, 1857. *Traité de paléont.*, t. IV, p. 462, pl. 108, fig. 5.
—   — Milne Edw., 1860. *Hist. nat. des Corall.*, t. III, p. 442.
—   — de Fromentel, 1861. *Introd. à l'étude des polyp. foss.*, p. 285.

Polypier subturbiné, légèrement courbé, présentant des bourrelets d'accroissement en général très-marqués et irréguliers. Épithèque très-développée et s'allongeant, principalement sur l'un des côtés du polypier, en tubercules verruqueux ou même subradiciformes. Calice subcirculaire ou un peu déformé, à bords assez minces, à fossette un peu profonde. Columelle très-grosse, saillante, subcylindrique. En général soixante-douze rayons, épais, serrés, droits, alternativement inégaux en étendue; leur bord supérieur est un peu concave dans les parties extérieures. Hauteur du polypier, 3 ou 4 centimètres; grand diamètre du calice à peu près de même dimension.

Une section verticale, faite suivant l'axe du polypier, montre une columelle très-grosse dans ses parties supérieures et formée par des lames repliées et tordues (pl. I, fig. 3a). Les cloisons proprement dites sont fort étroites, et les loges comprises entre elles sont fermées à des distances assez rapprochées par des traverses en général simples et légèrement inclinées en bas et en dedans. Les parties extérieures sont remplies par des vésicules allongées en travers, un peu inégales, deux fois aussi larges que hautes et inclinées en dedans. Les bords internes des vésicules les plus intérieures forment par leur union une muraille assez distincte. Les plus grandes vésicules ont jusqu'à 2 millimètres de largeur.

Cette espèce se distingue facilement de la précédente par l'épaisseur et les tubercules variqueux de son épithèque, ainsi que par la profondeur de son calice.

Localité. — Calcaire carbonifère de Visé.

Musées de Paris et de Bruxelles.

3. AXOPHYLLUM? KONINCKI.

(Pl. I, fig. 4.)

AXOPHYLLUM? KONINCKI. Milne Edw. et J. Haime, 1851. *Polyp. foss. des terr. paléoz.*, p. 456, pl. 13, fig. 2.
— — Milne Edw., 1860. *Hist. nat. des Corall.*, t. III, p. 442.
AXOPHYLLUM KONINCKI. de Fromentel, 1861. *Introd. à l'étude des polyp. foss.*, p. 283.

Polypier turbiné, droit, entouré d'une très-forte épithèque plissée transversalement et légèrement débordée par les rayons costaux. Calice circulaire, à bords en bourrelet et à fossette peu profonde. Columelle cylindrique saillante. Quarante-huit rayons septo-costaux, très-peu inégaux, alternativement épais en dehors et serrés, amincis en dedans. Hauteur du polypier, 1 centimètre; diamètre du calice, 6 ou 7 millimètres.

Une section verticale montre une columelle cannelée, rugueuse et qui parait formée d'un faisceau de lames tordues (pl. I, fig. 4b). Les cloisons proprement dites fort étroites; elles présentent des traverses très-serrées, simples, subhorizontales ou très-légèrement inclinées en dedans. La muraille intérieure est mince, mais bien marquée, et les côtes paraissent constituées par des lames bien développées dont les faces latérales offrent des stries subverticales radiées. Ces stries sont coupées transversalement par de grandes traverses convexes qui sont parallèles aux bords supérieurs de ces mêmes côtes.

Cette espèce que MM. Milne Edwards et Haime n'ont classée qu'avec doute dans le genre *Axophyllum*, parait en différer par la structure de sa columelle. Je suis très-porté à croire qu'elle doit entrer dans le genre *Diphyphyl-*

lum dont elle me semble posséder les principaux caractères, mais comme je n'ai pas sous les yeux l'unique échantillon que j'en ai trouvé et qui a été déposé dans les galeries du Muséum de Paris, je ne puis rien affirmer à cet égard.

On ne pourra se prononcer définitivement sur cette question que par l'étude de nouveaux individus de l'espèce; mais la rareté de ceux-ci reculera probablement encore assez loin le terme de sa solution.

Localité. — Calcaire carbonifère de Visé.

Musée de Paris.

B. — CYATHOPHYLLINAE, *Milne Edw.* et *J. Haime.*

Genre LITHOSTROTION, *Lwyd.*

Lithostrotion.	Lwyd, 1699. *Lithophyll. britann. iconogr.*
Madrepora.	Knorr et Walch, 1775. *Rec. des monum. des catastr.*
Erismatholithus madreporites.	Martin, 1809. *Petref. derb.*, p. 20.
Caryophyllaea (pars).	Conybeare et W. Phill., 1822. *Outl. of the geol. of Engl. and Wales*, p. 359.
Astraea (pars).	*Id.* *Ibid.*, *ibid.*
Columnaria (pars).	Goldfuss, 1826. *Petref. Germaniae*, t. I, p. 72.
Caryophyllia (pars).	Fleming, 1828. *Brit. anim.*, p. 509.
Lithodendron.	Keferstein, 1834. *Naturg. der Erdk.*, t. II, p. 785.
Cyathophyllum (pars).	J. Phillips, 1836. *Geol. of Yorksh.*, t. II, p. 202.
Axinura.	Castelnau, 1843. *Terr. silur. de l'Amér. du Nord.*
Cladocora (pars).	Morris, 1843. *Cat. of brit. foss.*, 1re édit., p. 33.
Lithostrotium (pars).	Bronn, 1848. *Ind. palaeont.*, p. 661.
Siphonodendron.	Mc Coy, 1849. *Ann. and magaz. of nat. Hist.*, 2d ser., t. III, p. 127.
Nematophyllum.	*Id.* *Ibid.*, p. 15.
Stylaxis (pars).	*Id.* *Ibid.*, p. 119.
Diphyphyllum (pars).	A. d'Orb., 1850. *Prodr. de paléont.*, t. I, p. 59.
Acrocyathus.	*Id.* *Ibid.*, p. 160.
Lasmocyathus.	*Id.* *Ibid.*, *Ibid.*
Taeniodendrocyclus.	Ludwig, 1866. *Palaeontographica von H. von Meyer*, t. XIV, p. 220.

Polypier composé, fasciculé, à gemmation latérale; polypiérites garnis d'une épithèque complète, tantôt cylindriques et complétement séparés les uns des autres par un espace plus ou moins grand, tantôt soudés entre eux par leurs murailles sur toute leur longueur. Cloisons nombreuses et assez bien développées; chambres viscérales remplies de vésicules du côté extérieur; planchers bien formés au centre du calice et traversés par une columelle centrale, styliforme.

Ce genre a été crée par Fleming, en 1828 [1] pour un certain nombre d'espèces analogues à celle que Lwyd avait uniquement désignée sous le nom de *Lithostrotion*. Cependant deux des quatre espèces qui y ont été comprises par le premier de ces auteurs, n'ont pu y être conservées. L'une fait partie du genre *Lonsdaleia* [2] et l'autre du genre *Isastraea* [3].

En 1836, M. J. Phillips caractérisa assez bien ce genre et le désigna sous le nom de *Lithodendron* [4] qui fut presque généralement reçu par les paléontologistes anglais.

En 1845, M. Lonsdale étudia avec beaucoup de soin un certain nombre d'espèces qui, à cette époque, étaient considérées comme appartenant à ce dernier genre, et il fut conduit à en séparer, sous le nom de *Lithostrotion*, quelques espèces d'une structure remarquable, dont l'*Erismatholithus madreporites floriformis* de Martin formait le type principal [5] et que Fleming avait déjà désignée sous le nom de *Lithostrotion floriformis* [6]. Ce sont précisément ces espèces que M. Mᶜ Coy a réunies en 1849 sous le nom de *Lonsdaleia*, en rendant ainsi hommage au savant qui le premier en avait bien fait connaître l'organisation [7].

Cependant le nom de *Lithodendron* a dû être abandonné pour être remplacé par celui actuellement en usage, parce que l'espèce unique figurée par Lwyd est comprise dans le genre *Lithostrotion* de Fleming et non dans celui défini sous le même nom par M. Lonsdale, et que les droits de priorité sont en faveur de Fleming. M. Mᶜ Coy, étant d'avis que les *Lithostrotion* sont identiques aux *Strombodes* de Schweigger, leur substitue ce dernier nom, tandis que M. Dana les désigne sous le nom de *Columnaria* créé par Gold-

---

[1] *Brit. anim.*, p. 508.
[2] *Lonsdaleia floriformis.*
[3] *Isastraea oblonga.*
[4] *Geol. of Yorksh.*, t. II, p. 202.
[5] *Russia and the Ural Mountains*, t. I, p. 602.
[6] *British anim.*, p. 508 (1828).
[7] *Ann. and mag. of nat. Hist.*, 2ᵈ ser., t. III, p. 11.

fuss, mais en lui donnant une signification toute différente. En même temps que M. Mᶜ Coy a émis l'opinion que je viens de relater, il a proposé le genre *Nematophyllum* pour un petit groupe détaché de ses *Strombodes*, mais qui n'en diffère par aucun caractère essentiel. Les *Lithostrotion* siluriens et devoniens de d'Orbigny sont des *Acervularia*. Les genres *Axinura* de Castelnau, *Siphonodendron* de Mᶜ Coy et *Acrocyathus* de d'Orbigny, dont les caractères sont identiques à ceux du genre *Lithodendron* et par suite synonymes entre eux, et qui tous ont été établis pour séparer les espèces à polypiérites cylindriques et libres latéralement des espèces prismatiques ou agrégées, ne différant par aucun caractère essentiel les uns des autres, doivent tous être réunis en un seul groupe et se confondre dans le genre *Lithostrotion*. Il en est de même du genre *Diphyphyllum* de A. d'Orbigny et de M. de Fromentel, genre qu'il faut distinguer de celui établi à bon droit par M. Lonsdale, comme on pourra s'en assurer un peu plus loin. Sous ce nom, les auteurs que je viens de citer comprennent les espèces fasciculées et arborescentes, tandis que, à leur avis, les véritables *Lithostrotion* forment des polypiers massifs à polypiérites polygonaux et intimement soudés par leurs murailles.

Il suffit de comparer les diagnoses données par M. de Fromentel, pour s'assurer que, à l'exception de la soudure des murailles, il ne fournit aucun autre caractère différentiel pour séparer les deux genres, dont le premier néanmoins fait partie de ses ÉRYDOPHYLLIENS et le second de ses STYLAXINIENS, deux familles assez éloignées l'une de l'autre, puisque la première forme la cinquantième et la seconde la cinquante-quatrième dans le système de l'auteur.

Il est assez remarquable que ce genre n'a qu'un seul représentant dans le terrain devonien et que toutes ses autres espèces appartiennent au terrain carbonifère. En revanche, celles-ci sont assez nombreuses et réparties sur toute la surface du globe.

A. — ESPÈCES FASCICULÉES.

1. LITHOSTROTION JUNCEUM.

(Pl. III, fig. 1.)

JUNCI LAPIDEI.	David Ure, 1793. *History of Rutherglen*, p. 337, pl. 19, fig. 12.
CARYOPHYLLIA JUNCEA.	Flem., 1828. *Brit. anim.*, p. 509.
— —	S. Woodw., 1830. *Tab. of brit. org. rem.*, p. 6.
LITHODENDRON JUNCEUM.	Keferst, 1834. *Naturges. der Erdk.*, t. II, p. 785.
LITHODENDRON SEXDECIMALE.	Phill., 1836. *Geol. of Yorks.*, t. II, p. 202, pl. 11, fig. 11, 12, 13.
CARYOPHYLLIA SEXDECIMALIS.	de Kon., 1842. *Descr. des anim. foss.*, p. 17, pl. D, fig. 4.
CLADOCORA SEXDECIMALIS.	Morris, 1843. *Cat. of brit. foss.*, p. 33.
LITHODENDRON COARCTATUM?	Portlock, 1843. *Report on the geol. of Londonderry*, p. 335, pl. 22, fig. 5.
— —	M⁰ Coy, 1844. *Syn. of the carb. foss. of Irel.*, p. 188.
LITHODENDRON SEXDECIMALE.	*Id. Ibid.*, p. 189.
CLADOCORA SEXDECIMALIS.	Geinitz, 1845. *Grundr. der Versteiner.*, p. 570.
CARYOPHYLLIA JUNCAEA.	Bronn, 1848. *Nomenclator palaeont.*, p. 242.
DIPHYPHYLLUM SEXDECIMALE.	A. d'Orb., 1850. *Prod. de paléont.*, t. I, p. 159.
SYPHONODENDRON JUNCEUM.	M⁰ Coy, 1851. *Brit. palaeoz. foss.*, p. 109.
LITHOSTROTION —	Milne Edw. et J. Haime, 1851. *Polyp. foss. des terr. paléoz.*, p. 435.
— —	*Id.*, 1852. *Brit. foss. Corals*, p. 197, pl. 40, fig. 1.
LITHODENDRON —	Morris, 1854. *Cat. of brit. foss.*, 2ᵈ edit., p. 58.
LITHOSTROTION —	Milne Edw., 1860. *Hist. nat. des Corall.*, t. III, p. 424.
— —	d'Eichwald, 1860. *Lethaea ross.*, t. I, p. 564.
DIPHYPHYLLUM —	de Fromentel, 1861. *Introd. à l'étude des polyp. foss.*, p. 304.
LITHODENDRON —	John Young, 1868. *Geol. of the Campsie district.* (TRANS. OF THE GEOL. SOC. OF GLASGOW, t. I, p. 56.)
LITHOSTROTION —	Kunth, 1869. *Zeitsch. der deuts. geolog. Gezells.*, p. 206, pl. 2, fig. 8.

Polypiérites minces, allongés, cylindriques, inégalement rapprochés, fortement courbés au-dessus de leur point d'origine, subparallèles entre eux, inégalement distants, recouverts d'une forte épithèque, dont les prolongements latéraux sont susceptibles d'attacher quelques polypiérites les uns aux autres, ce qui, en l'absence des cloisons, peut les faire confondre avec certaines espèces de *Syringopora.* Cette épithèque est finement plissée en travers; lorsqu'elle disparaît, on aperçoit les côtes cloisonnaires que j'ai remarquées sur un échantillon provenant du calcaire de Visé. Le calice, qui est assez profond, est orné de seize à dix-huit cloisons principales, alternant avec un égal nombre de plus petites et s'étendant jusqu'à la columelle; celle-ci, relativement forte, est comprimée latéralement; les planchers sont distants d'environ un millimètre les uns des autres.

Le *L. junceum* se distingue de tous ses congénères par la faible dimension de ses polypiérites (2 ou 3 millimètres). Il se rapproche, par la disposition de ceux-ci et par le nombre de ses cloisons, du *L. harmodites*, Milne Edw. et J. Haime, de l'Amérique du Nord.

Localités. — Cette espèce est assez rare dans le calcaire de Visé. J'ai pu vérifier tous les caractères que je viens d'indiquer, sur un magnifique échantillon provenant du calcaire blanc friable de Pakhra, près Podolsk, gouvernement de Moscou, dont je suis redevable à la munificence de l'École impériale des mines de Saint-Pétersbourg; on l'a trouvée encore en Russie à Ilinsk, sur la rivière Tchussovaya, et à Kaminsk, dans l'Oural (Milne Edwards et J. Haime); à Karova, gouvernement de Kalouga; à Alexine, gouvernement de Toula, et à Kamenskaja, près Jékatérinenbourg (d'Eichwald). Elle ne paraît pas être rare en Angleterre; on la trouve à Kendal, dans le Westmoreland (Mc Coy); à Kettlewell, à Alstone-Moor et à Lowick, dans le Northumberland (Phillips); à Mold, à Wellington, à Oswestry, à Allendale (Milne Edwards et J. Haime); à Rutherglen et à Lanark (Ure); elle existe en Irlande, à Derryloran et à Cookstown (Portlock); en Écosse, à Carrie-Burn et à Craigenglen (J. Young); en Allemagne, à Hausdorf et à Rothwaltersdorf (Kunth).

Musées du Jardin des Plantes et de l'École des mines de Paris; de Berlin; de l'École des mines de Saint-Pétersbourg; de géologie pratique et de la Société géologique de Londres, etc.

2. LITHOSTROTION IRREGULARE.

(Pl. I, fig. 5, et pl. II, fig. 1.)

SCREW STONE.	Robert Plot, 1686. *Nat. hist. of Staffordshire*, p. 195, pl. 12, fig. 5.
MADREPORA.	Parkinson, 1808. *Organ. remains*, t. II, pl. 6, fig. 8.
CARYOPHYLLAEA.	Conybeare and W. Phillips, 1822. *Outl. of the geol. of England and Wales*, p. 359.
CARYOPHYLLIA FASCICULATA.	Woodward, 1830. *Tab. of brit. org. remains*, p. 6.

LITHODENDRON IRREGULARE.	J. Phill. 1836. *Geol. of Yorksh.*, t. II, p. 202, pl. 2, fig. 14 et 15 (non Michelin).
CLADOCORA IRREGULARIS.	J. Morris, 1843. *Cat. of brit. org. foss.*, p. 35.
LITHODENDRON FASCICULATUM.	Portlock, 1843. *Report on the geol. of Londond.*, p. 335 (non J. Phillips).
— IRREGULARE.	*Id. Ibid.*, p. 336.
— PAUCIRADIALE.	Mc Coy, 1844. *Syn. of the carb. foss. of Irel.*, p. 189.
CLADOCORA IRREGULARIS.	Bronn, 1848. *Index palaeont.*, p. 304.
SIPHONODENDRON PAUCIRADIALE.	Mc Coy, 1849. *Ann. and magaz. of nat. Hist.*, 2d scr., t. III, p. 139.
DIPHYPHYLLUM IRREGULARE.	A. d'Orb., 1850. *Prodr. de paléont.*, t. I, p. 159.
— PAUCIRADIALE.	*Id. Ibid., ibid.*
LITHOSTROTION IRREGULARE.	Milne Edw. et J. Haime, 1851. *Polyp. foss. des terr. paléoz.*, p. 436.
— PAUCIRADIALE.	*Id. Ibid.*, p. 439.
SIPHONODENDRON AGGREGATUM.	Mc Coy, 1851. *Brit. palaeoz. foss.*, p. 108.
LITHOSTROTION IRREGULARE.	Milne Edw. et J. Haime, 1852. *Brit. fossil Corals*, p. 198, pl. 41, fig. 1.
LITHODENDRON —	J. Morris, 1854. *Cat. of brit. foss.*, 2d edit., p. 58.
LITHOSTROTION —	Milne Edw., 1860. *Hist. nat. des Corall.*, t. III, p. 425.
— —	d'Eichwald, 1860. *Lethaea ross.*, t. I, p. 563.
DIPHYPHYLLUM —	de Fromentel, 1861. *Introd. à l'étude des pol. foss.*, p. 305.
LITHOSTROTION —	Kunth, 1869. *Zeits. der deuts. geol. Gesells.*, p. 206, pl. 2, fig. 9.

Polypier en touffes dendroïdes très-considérables. Polypiérites très-longs, cylindriques, un peu flexueux, surtout vers la partie inférieure, sur laquelle on observe souvent des bourgeons en partie avortés et soudés aux polypiérites voisins. Leur diamètre est de 4 à 5 millimètres. La columelle est assez peu saillante et peu comprimée. Le nombre des cloisons varie de seize à vingt-quatre, suivant l'âge; elles sont minces, assez écartées les unes des autres et s'étendent presque jusqu'au centre; les tertiaires se rapprochent beaucoup des secondaires au voisinage de la columelle, tandis que les autres sont presque rudimentaires. Une ou deux rangées de traverses vésiculaires. Planchers distants de 3/4 à 1 millimètre l'un de l'autre et ayant eu généralement pour origine marginale deux lamelles convergentes, qui, après s'être réuniès sous un angle assez aigu, n'en forment plus qu'une seule un peu bombée au centre, et dont la partie lisse n'a pas plus de 2 millimètres de diamètre (pl. I, fig. 5a et 5b).

Cette espèce se distingue facilement de la précédente par l'épaisseur de ses polypiérites, dont le diamètre est à peu près le double de celui de cette dernière. En revanche, ce diamètre est plus petit que celui des polypiérites des *L. affine, coespitosum* et *Phillipsi*, dont le nombre des cloisons est en même temps plus considérable. Elle se rapproche davantage des *L. antiquum, har-*

modites et *Stokesi* (Milne Edwards et J. Haime); néanmoins cette dernière espèce en diffère par les expansions murales qui servent à unir entre eux les individus dont se compose le polypier; le *L. harmodites* s'en éloigne par l'existence de tubes de connexion semblables à ceux des *Syringopora*, et le *L. antiquum*, par un plus grand nombre de cloisons et la forme plus aplatie de sa columelle.

Localités. — Cette espèce n'est pas rare en Angleterre où elle a été trouvée à Castleton, à Corwen, à Oswestry (Milne Edwards et J. Haime); à Bristol, à Ashfell et dans le Northumberland (J. Phillips); en Écosse dans le calcaire du bassin carbonifère de Dalry (R. Craig); en Irlande, à Martindesert, à Desertcreat (Portlock); à Magheramore et à Tobercury (Mc Coy). Elle a été observée dans le calcaire carbonifère de l'Oural, près Kamenskaja, dans celui à *P. gigas* de Borowitschi et à *Sp. mosquensis* de Miatschkowa, près Moscou (d'Eichwald). Je l'ai trouvée dans le calcaire carbonifère de Visé et d'Engis; A. Dumont l'a recueillie près de Namur, M. Rutot à Flemalle; M. Ed. Dupont l'a rencontrée abondamment dans un grand nombre de localités, et me l'a signalée comme établissant un horizon qui, dans beaucoup de circonstances, peut servir de guide pour la classification des couches calcaires au milieu desquelles elle est souvent intercalée sous forme d'un banc distinct de 15 à 20 centimètres d'épaisseur.

5. LITHOSTROTION COESPITOSUM.

(Pl. II, fig. 2.)

ERISMATHOLITHUS (MADREPORAE COESPITOSAE).	Martin, 1809. *Petref. Derbiensia*, p. 21, pl. 17.
CARYOPHYLLIA FASCICULATA.	Flem., 1828, *Brit. anim.*, p. 509 (non Lamarck, nec Morren).
LITHODENDRON FASCICULATUM.	Phill., 1836. *Geol. of Yorks.*, t. II, p. 202, pl. 2, fig. 16 et 17.
CARYOPHYLLIA FASCICULATA.	de Kon., 1842. *Anim. foss. du terr. carb.*, p. 17, pl. D, fig. 5, et pl. G, fig. 9.
LITHODENDRON COESPITOSUM.	Mc Coy, 1844. *Syn. of the carb. foss. of Irel.*, p. 188 (non Goldfuss).
— FASCICULATUM.	Lonsdale, 1845. *Murch. de Vern. and de Keyzerl. Russia and the Ural Mount.*, t. I, p. 600.
CLADOCORA FASCICULATA.	Geinitz, 1845. *Grundr. der Verstein.*, p. 570.
LITHODENDRON FASCICULATUM.	Bronn. 1848. *Index palaeont.*, p. 658 (non de Keyserling).
DIPHYPHYLLUM —	A. d'Orb., 1850. *Prodr. de paléont.*, t. I, p. 159.

Lithostrotion Martini.	Milne Edw. et J. Haime, 1851. *Polyp. foss. des terr. paléoz.*, p. 436.
Siphonodendron fasciculatum.	Mc Coy, 1851. *Palaeoz. foss. of Gr. Brit.*, p. 108.
Lithostrotion Martini.	Milne Edw. et J. Haime, 1852. *Brit. foss. Corals*, p. 197, pl. 40, fig. 2.
Lithodendron fasciculatum.	Morris, 1854. *Cat. of brit. foss.*, p. 58.
Lithostrotion Martini.	Milne Edw., 1860. *Hist. nat. des Corall.*, t. III, p. 425.
— —	d'Eichwald, 1860. *Lethaea rossica*, t. I, p. 558.
Lithodendron fasciculatum.	Ludwig, 1861. *Bull. de la Soc. des nat. de Moscou*, p. 586.
Diphyphyllum —	de Fromentel, 1861. *Introd. à l'étude des pol. foss.*, p. 305.
Caryophyllia fasciculata.	Winkler, 1863. *Cat. syst. de la coll. pal. du Musée Teyler*, p. 27.
Lithodendron fasciculatum.	John Young, 1868. *Geol. of the Campsie dist.*, p. 56.
Lithostrotion Martini.	Kunth., 1869. *Zeitschr. der deutsch. geolog. Gesells.*, p. 207.

Polypiérites longs et cylindriques, plus ou moins flexueux, disposés presque parallèlement les uns aux autres, rarement coalescents, quoique peu distants entre eux. Épithèque mince, formant de faibles bourrelets transverses, irréguliers; sous l'épithèque on aperçoit des côtes cloisonnaires longitudinales assez minces, mais bien distinctes. Calice circulaire, à columelle mince, très-comprimée. Cloisons minces, droites, dont vingt-six principales s'étendent sur les planchers et se rapprochent du centre, tandis qu'un même nombre de plus petites prennent peu de développement et n'atteignent pas même le bord des planchers (pl. II, fig. 2b). Planchers horizontaux, distants d'environ un millimètre, à bords relevés. Diamètre des calices 7 à 8 millimètres; diamètre de la surface lisse des planchers, 2 millimètres.

Cette espèce est voisine du *L. irregulare*, Phill., dont les polypiérites sont moins épais, moins régulièrement disposés et ne portent que vingt-quatre cloisons principales. A l'exemple de M. Mc Coy, je lui ai rendu le nom sous lequel Martin l'a d'abord fait connaître, et que Goldfuss a, par erreur, appliqué à une autre espèce.

Le Dr Kunth émet l'idée que, puisque l'on ne connaît pas d'échantillons de cette espèce qui aient conservé l'origine du polypier, les polypiérites ont dû être très-longs, et qu'il ne serait pas impossible que les *L. junceum, irregulare* et *fasciculatum* ne formassent que des échantillons de différents âges d'une seule et même espèce. C'est à vérifier par de nouvelles observations.

Localités. — Cette espèce se trouve en groupes considérables dans le calcaire carbonifère de Visé, de Magnée près Liége et de Vedrin près Namur. Elle est également abondante en Angleterre, et existe à Rugley, à Oswestry, à

Corwen (Milne Edwards et Jules Haime); à Ribblesdale, à Teesdale, à Ash-Fell, à Bristol et dans le Northumberland (Phillips); à Bakewell, à Winster, à Castleton (Martin); en Irlande, à Scraghy et à Castledery (Mc Coy); en Écosse, à Craigenglen et à Corrie-burn (John Young); en Allemagne, à Hausdorf (Kunth), et en Russie, à Ursia-Prisk près Lithwinsk (Ludwig); dans le calcaire à *Pr. gigas*, des bords de la Tschoussovaïa, au versant occidental de l'Oural, à Kamenskaïa, dans le pays de la Petschora et aux environs de Pérémyschl, dans le gouvernement de Kalouga (d'Eichwald).

Musées du Jardin des Plantes et de l'École des mines de Paris, de géologie pratique de Londres, Hunterien de Glasgow, de Berlin et de Haarlem.

B. — ESPÈCES ASTRÉIFORMES.

—

4. — LITHOSTROTION PORTLOCKI.

(Pl. II, fig. 3.)

ASTREA IRREGULARIS.	Portlock, 1843. *Report on the geol. of Londonderry*, p. 333, pl. 23, fig. 3 et 4 (non Defrance).
ASTRAEA —	Mc Coy, 1844. *Syn. of the carbon. foss. of Irel.*, p. 187.
— PORTLOCKI.	Bronn, 1848. *Nomenclator palaeont.*, p. 128.
NEMATHOPHYLLUM CLISIOÏDES.	Mc Coy, 1849. *Ann. and magaz. of nat. Hist.*, 2d ser., t. III, p. 18.
LITHOSTROTION PORTLOCKI.	Milne Edw. et J. Haime, 1851. *Polyp. foss. des terr. paléoz.*, p. 443.
NEMATOPHYLLUM CLISIOÏDES.	Mc Coy, 1851. *Palaeoz. foss.*, p. 98, pl. B, fig. 2.
LITHOSTROTION PORTLOCKI.	Milne Edw. et J. Haime, 1852. *Brit. foss. Cor.*, p. 194, pl. 42, fig. 1.
— —	J. Morris, 1854. *Cat. of brit. fossils*, p. 59.
— —	Milne Edw., 1860. *Hist. nat. des Corall.*, t. III, p. 451.
— —	d'Eichwald, 1860. *Lethaea rossica*, t. I, p. 561.
— —	de Fromentel, 1861. *Introd. à l'étude des polyp. foss.*, p. 314.

Polypiérites prismatiques de faible diamètre, peu différents entre eux, soudés par leurs murailles extérieures, qui sont minces, mais bien distinctes. Muraille intérieure à peine visible dans quelques calices. Cloisons en nombre de vingt-deux à trente-six, très-minces, un peu flexueuses, alternativement très-inégales en étendue; les grandes atteignent la columelle; celle-ci est grosse, faiblement comprimée et saillante. En examinant une section longitudinale d'un polypiérite, on s'assurera facilement qu'il existe dans les parties extérieures deux ou trois séries de traverses vésiculaires fortement inclinées en dedans et que les planchers sont bien développés, très-relevés dans leur milieu et un peu divisés dans leurs parties extérieures (pl. II, fig. 3d). La grande diagonale des polypiérites est de 5 à 7 millimètres.

Cette espèce a quelque analogie avec les *L. aranea*, M° Coy, et *L. basalti-forme*, Conyb. et W. Phill., dont elle diffère par la faible dimension des polypiérites, par le petit nombre de ses cloisons et par le développement plus considérable de sa columelle. Ses murailles sont mieux développées que celles du *L. ensifer*, ses calices sont plus petits et plus réguliers, et ses cloisons sont moins nombreuses que dans le *L. M° Coyanum*.

Localités. — Bristol, Graigbenayth, Wellington et Corwen dans le Derbyshire (Milne Edwards et J. Haime); Kildress et Kesh en Irlande (Portlock). J'en ai trouvé quelques fragments dans la partie friable du calcáire carbonifère de Visé et dans celui de Kirkby-Stephen, dans le Westmoreland (Angleterre). En Russie, à Miathckowa (d'Eichwald).

Musées de Bruxelles, de Paris et de zoologie pratique de Cambridge.

Genre DIPHYPHYLLUM, *Lonsdale.*

DIPHYPHYLLUM. Lonsdale, 1845. *Murch. de Vern. and de Keyserl. Russia and the Ural Mount.,* t. I, p. 622 (non de Fromentel).
LITHOSTROTION (pars). Milne Edw. et J. Haime, 1851. *Polyp. foss. des terr. paléoz.,* p. 446.
CYATHOPHYLLUM (pars). Ludwig, 1862. *Zur Palaeont. des Urals,* p. 14.

Polypier fasciculé, à polypiérites cylindroïdes, longs et entourés d'une épithèque mince; à muraille interne assez distincte. Cloisons subégales, assez étroites, reliées entre elles par un tissu vésiculaire, à vésicules petites et nombreuses, et servant, en quelque sorte, de gaîne à une colonne intérieure, composée de la réunion d'un nombre considérable de petits planchers superposés les uns aux autres, subéquidistants, parfaitement plans et exempts de fossette septale et de toute trace de columelle.

M. Lonsdale, en établissant ce genre, a parfaitement reconnu la différence existant entre ses caractères principaux et ceux du genre *Lithostrotion*, et il

6

a particulièrement insisté sur l'absence de la columelle centrale que l'on observe dans toutes les espèces de ce dernier genre.

Il faut croire que MM. Milne Edwards et J. Haime n'ont eu à leur disposition que des échantillons bien mal conservés, pour avoir rejeté d'une manière absolue ce genre et avoir pu croire « que le genre *Diphyphyllum* a été établi d'après un polypier fasciculé qui leur a paru être un *Lithostrotion* dont la columelle aurait été détruite [1]. »

Des échantillons assez nombreux et d'une conservation parfaite m'ont convaincu de la réalité des faits observés par M. Lonsdale, sauf celui relatif à la fissiparité qui n'existe pas, au moins, dans l'espèce que je décris plus loin.

Cette fissiparité admise par l'auteur du genre et par M. Mc Coy n'est qu'apparente, ainsi que MM. Milne Edwards et J. Haime l'ont admis [2] et comme le prouvent surabondamment les figures du bel échantillon du *D. concinnum* publiées par M. Ludwig [3]. Cette apparence est due à la rapide coalescence des jeunes individus produits par gemmiparité, avec leurs parents.

J'ai déjà fait observer [4] que A. d'Orbigny et M. de Fromentel ont méconnu les véritables caractères de ce genre, qu'ils se sont servis du nom générique proposé par M. Lonsdale, pour grouper ensemble les espèces fasciculées ou dendroïdes des *Lithostrotion*, et que, conséquemment, les auteurs français sont en complet désaccord avec l'auteur anglais, bien qu'ils aient compris dans leur groupe, l'espèce en faveur de laquelle le genre a été établi.

Ce genre ne comprend jusqu'ici que deux espèces qui, toutes deux, proviennent du calcaire carbonifère.

DIPHYPHYLLUM CONCINNUM.
(Pl. II, fig. 4.)

DIPHYPHYLLUM CONCINNUM. Lonsdale, 1845. *Murch. de Vern. and de Keyserl. Russia and the Ural Mount.*,
t. I, p. 624, pl. A, fig. 4.
—   —   Bronn, 1848. *Nomenclator pal.*, p. 126.

[1] MILNE EDW. et J. HAIME, *Polyp. foss. des terr. paléoz.*, p. 446, et MILNE EDW., t. III, p. 434.
[2] *Brit. foss. Corals*, p. 195.
[3] *Zur Palaeont. des Urals*, pl. II, fig. 1, 5 et 7, sous le nom de *Cyathophyllum calamiforme*.
[4] Page 27.

Diphyphyllum latiseptatum.	Mc Coy, 1849. *Ann. and magaz. of nat. Hist.*, 2d ser.
— concinnum.	A. d'Orb., 1850. *Prodr. de paléont.*, t. I, p. 159.
Lithostrotion? —	Milne Edw. et J. Haime, 1851. *Polyp. foss. des terr. pal.*, p. 446.
Diphyphyllum latiseptatum.	Mc Coy, 1852. *Brit. pal. foss.*, p. 88, pl. 3C, fig. 10.
Lithostrotion? concinnum.	Milne Edw. et J. Haime, 1852. *Brit. foss. Cor.*, p. 195.
Diphyphyllum —	J. Morris, 1854. *Cat. of brit. foss.*, p. 53.
— latiseptatum.	*Id.* *Ibid.*
Lithostrotion? concinnum.	Milne Edw., 1860. *Hist. nat. des Corall.*, t. III, p. 434.
Diphyphyllum? —	de Fromentel, 1861. *Introd. à l'étude des polyp. foss.*, p. 306.
Cyathophyllum calamiforme.	Ludwig, 1862. *Zur Palaeont. des Urals*, p. 14, pl. 2, fig. 1-8.

Polypier fasciculé, formant de grandes colonies, composé de polypiérites très-longs, subcylindriques, se multipliant par bourgeonnement latéral et se dirigeant presque parallèlement les uns aux autres en conservant ordinairement sur presque tout leur parcours une petite distance entre eux, se touchant rarement et se soudant plus rarement encore. Les plus jeunes, très-minces d'abord, atteignent rapidement le diamètre de leurs parents. Leur surface extérieure est rendue rugueuse par des bourrelets d'accroissement assez prononcés; on y observe facilement les côtes cloisonnaires, qui sont séparées les unes des autres par un petit sillon bien marqué. Les cloisons sont au nombre de vingt-quatre chez les individus de moyenne taille; ce nombre peut s'élever jusqu'à trente-six chez les adultes; dans l'une comme dans l'autre circonstance, elles alternent avec des cloisons rudimentaires qui n'atteignent que la moitié de l'étendue occupée par les premières; les unes et les autres sont ordinairement un peu flexueuses et sont reliées entre elles par de petites traverses vésiculaires très-peu apparentes (pl. II, fig. 4b). Les cloisons principales s'étendent jusqu'à la muraille interne et forment par leur ensemble une aire extérieure qui se détache facilement de la partie centrale; celle-ci, dont le diamètre égale environ la moitié du diamètre total du poly- piérite, est composée de la réunion d'un grand nombre de planchers lisses, à bords relevés et plissés, dont l'ensemble, isolé, représente une petite colonne cannelée, sur laquelle on observe aisément les joints de chaque plancher (pl. II, fig. 4a); ces planchers sont assez réguliers et distants les uns des autres d'environ un millimètre. Le calice paraît avoir été assez profond. Les polypiérites, dont le diamètre moyen ne dépasse pas 8 à 10 millimètres, semblent pouvoir atteindre une très-grande longueur. M. Ludwig assure en avoir observé ayant 0,5 mètre de long.

A l'exemple de MM. Milne Edwards et J. Haime, je considère les échantillons décrits par M. Mc Coy, sous le nom de *D. latiseptatum*, comme constituant une simple variété de l'espèce décrite par M. Lonsdale. Il est probable que le premier de ces savants aura eu à sa disposition un échantillon un peu plus adulte que celui dont s'est servi le second, ce qui lui aura permis d'observer d'une manière plus complète l'organisation intérieure et les détails anatomiques de l'espèce.

J'y réunis, en outre, l'échantillon décrit et figuré par M. Ludwig sous le nom de *Cyathophyllum calamiforme*, sur l'identité duquel je n'ai aucun doute. Il sera au reste facile de s'en convaincre par la comparaison des figures publiées par cet auteur avec celles que je donne moi-même.

Je n'oserais pas affirmer que le *Diphyphyllum gracile*, Mc Coy [1], forme une espèce bien distincte du *D. concinnum*, ou qu'elle n'en constitue qu'une variété plus grêle, parce que je n'ai pas eu l'occasion de comparer l'une à l'autre, mais j'incline fortement à en admettre l'identité spécifique.

Il est probable que ce *Diphyphyllum* a souvent été confondu avec le *Lithostrotion irregulare*, Ph. [2], dont il a l'aspect extérieur, mais dont il est facile de le distinguer par l'absence de toute trace de columelle.

Localités. — M. Lonsdale a rencontré cette espèce parmi les polypiers recueillis par sir Roderick Murchison, MM. de Verneuil et le comte de Keyserling, pendant leur voyage géologique en Russie. Elle provient du calcaire carbonifère du mont Tchirief, près Kamensk, sur les bords de la rivière Issetz, au versant oriental de l'Oural. Le même auteur l'a observée dans le calcaire de Bristol. Ensuite, M. Mc Coy l'a signalée à Corwen, dans le pays de Galles; M. Edw. Wood en a trouvé de beaux échantillons dans le calcaire carbonifère jaunâtre des environs de Richemond en Yorkshire, et M. Ludwig l'a recueillie dans le calcaire à *Productus,* près Nischni Parogi, sur les bords de l'Uswa, dans le gouvernement de Perm. Je l'ai rencontrée assez abondamment dans le calcaire carbonifère de Visé.

Musées de Bruxelles et de Cambridge.

[1] *Palaeoz. foss.*, p. 88, fig. *d, e, f.*
[2] *Geology of Yorks.*, t. II, p. 202, pl. II, fig. 14 et 15.

Genre CLISIOPHYLLUM, *Dana.*

Turbinolia (pars).	Fleming, 1828. *Brit. anim.*, p. 510.
Cyathophyllum (pars).	de Keys., 1846. *Reise in das Petsch. Land*, p. 161.
Clisiophyllum (pars).	Dana, 1848. *Wilkes, Explor. exped. (Zoophytes)*, p. 361.
Cyathaxonia (pars).	Mc Coy, 1849. *Ann. and magaz. of nat. Hist.*, 2ᵈ ser., t. III, p. 6.

Polypier simple, turbiné, subpedicellé, recouvert d'une épithèque; cloisons nombreuses, bien développées et se dirigeant en ligne droite jusqu'au centre du calice, où elles se joignent sur une partie soulevée des planchers et y produisent un petit cône isolé; au sommet de ce cône s'élève une lame columellaire, correspondant à la cloison principale dont elle est le prolongement; loges interseptales remplies de traverses abondantes.

Ce genre se rapproche du genre *Lithostrotion*, dont il diffère par l'isolement et la forme turbinée de ses polypiers, ainsi que par le plus grand développement de ses cloisons et la forme moins distincte de ses planchers. Il se distingue du genre *Lonsdaleia* non-seulement par les deux caractères que je viens de citer, mais encore par l'absence de toute trace de muraille interne.

Quoique le nombre des espèces de ce genre actuellement connues ne soit pas bien élevé, il a des représentants dans les terrains carbonifère, devonien et silurien; c'est dans le premier de ces terrains qu'il possède le plus grand développement.

Suivant MM. Milne Edwards et J. Haime, M. Dana comprend dans ce groupe des espèces composées qu'ils supposent être des *Lithostrotion* ou des *Lonsdaleia*.

1. Clisiophyllum turbinatum.

(Pl. III, fig. 2.)

Turbinolia fungites (pars).	Flem., 1828. *Brit. anim.*, p. 510.
— —	Blainv., 1830. *Man. d'actin.*, p. 342.
— —	Milne Edw., 1836. *Lamk., Anim. sans vert.*, t. II, p. 364.
Clisiophyllum turbinatum.	Mc Coy, 1855. *Ann. and magaz. of nat. Hist.*, 2ᵈ ser., t. VII, p. 169.
Clisiophyllum Konincki (pars).	Milne Edw. et J. Haime, 1851. *Polyp. foss. des terr. paléoz.*, p. 410.
— turbinatum.	Mc Coy, 1851. *Brit. palaeoz. foss.*, p. 96 et p. 88, fig. *a, b, c.*
— — (pars).	Milne Edw. et J. Haime, 1851. *Brit. foss. Corals*, p. 184, pl. 33, fig. 1, 2.

CLISIOPHYLLUM TURBINATUM.		Morris, 1854. *Cat. of brit. foss.*, p. 50.
—	— (pars).	Milne Edw., 1860. *Hist. nat. des Corall.*, t. III, p. 402.
—	—	d'Eichw., 1860. *Lethaea rossica*, t. 1, p. 554.
—	FUNGITES (pars).	de Fromentel, 1861. *Introd. à l'étude des polyp. foss.*, p. 298.

Polypier turbiné, légèrement courbé vers son origine, ordinairement assez court et trapu, mais prenant quelquefois aussi une forme allongée et relativement grêle, recouvert d'une forte épithèque à bourrelets d'accroissement bien prononcés et irréguliers. Calice circulaire médiocrement profond, à bords minces et faiblement recourbés en dehors. Cloisons principales au nombre de cinquante-quatre à soixante dont la moitié environ atteint le centre. Les cloisons sont minces et alternent avec autant de cloisons rudimentaires.

Suivant MM. Milne Edwards et J. Haime, une section verticale de ce polypier montre une aire extérieure remplie par des vésicules très-longues et très-inclinées, peu différentes entre elles, une aire moyenne distincte de la précédente par le diamètre un peu plus considérable et par la forme moins régulière de ses vésicules et une aire centrale offrant des lignes relevées en forme de tente, qui indiquent les petits planchers traversés par les cloisons principales. Une section horizontale représentée planche III, figure 2*b*, donne une assez bonne idée de la différence qui existe entre les trois aires que je viens d'indiquer.

Les grands échantillons ont 5 à 6 centimètres de hauteur et autant de diamètre, lequel, chez d'autres individus, se réduit jusqu'à la moitié. La saillie de la partie de la cloison principale qui forme une fausse columelle a jusqu'à 8 millimètres d'étendue.

Cette espèce, à laquelle semble appartenir la *Turbinolia mitrata* de Portlock, se distingue de ses congénères par le grand développement de son cône central et la régularité de ses cloisons. Je crois que c'est à tort que MM. Milne Edwards et J. Haime ont rapporté à cette espèce le polypier que j'ai décrit en 1842 sous le nom de *Cyathophyllum fungites*, ainsi qu'on pourra s'en assurer un peu plus loin [1].

[1] Voir *Cyathophyllum Konincki*, p. 49.

Localités. — Cette espèce est rare dans le calcaire carbonifère belge; M. Dupont n'en a rencontré qu'un petit nombre d'échantillons à Waulsort près Dinant. Elle n'existe pas dans le calcaire carbonifère de Visé, comme on l'a cru jusqu'ici. En Angleterre, elle paraît beaucoup plus abondante; elle a été trouvée à Oswestry; à Nunney près Frome; à Castleton, dans le Derbyshire; à Wellington dans le Shropshire (Milne Edwards et J. Haime), et à Beith, dans l'Ayrshire (Mᶜ Coy). M. d'Eichwald l'a observée dans le calcaire carbonifère du gouvernement de Novgorod, au bord de la rivière Kamenka, près Borowitschi, et dans celui de Mjatchkowa, près Moscou. M. Trautschold l'a recueillie dans le calcaire de Serpoukhof, sur les bords de l'Oka.

Musées de Bruxelles, du Jardin des Plantes et de l'École des mines de Paris, de géologie pratique de Londres, de Bristol, etc.

2. CLISIOPHYLLUM KEYSERLINGI.

(Pl. III, fig. 3.)

CLISIOPHYLLUM KEYSERLINGI.	Mᶜ Coy, 1849. *Ann. and magaz. of nat. Hist.*, 2ᵈ ser., t. III, p. 2.
— —	Milne Edw. et J. Haime, 1851. *Polyp. foss. des terr. paléoz.*, p. 412.
— —	Mᶜ Coy, 1851. *Brit. palaeoz. foss.*, p. 94, pl. 3, C, fig. 4.
— —	Morris, 1854. *Cat. of brit. foss.*, p. 49.
— —	Milne Edw., 1860. *Hist. nat. des Corall.*, t. III, p. 404.
— —	de Fromentel, 1861. *Introd. à l'étude des polyp. foss.*, p. 299.

Polypier en cône allongé, souvent un peu contourné, présentant d'assez gros bourrelets d'accroissement. Calice circulaire; pseudo-columelle conique et formée par des prolongements relevés et tordus des principaux rayons cloisonnaires. Quarante à cinquante cloisons principales, un peu épaissies dans leur moitié extérieure, alternant avec un égal nombre de cloisons très-petites. Les parties extérieures du polypier très-vésiculeuses. L'aire pseudo-columellaire assez distincte. Hauteur, 6-10 centimètres; diamètre du calice, 3-4.

Cette espèce, que je ne connais que par la description des auteurs qui l'ont observée, diffère de toutes ses autres congénères (le *C. Danaanum*, Milne Edwards et J. Haime, exceptés), par l'épaisseur de ses cloisons et le soulèvement de ses planchers; une plus grande régularité dans la disposition de ses cloisons et le nombre plus considérable de celles-ci ne permettent pas de la confondre avec l'espèce dédiée à M. Dana.

Localités. — Suivant MM. Milne Edwards et J. Haime, le *C. Keyserlingi* a été trouvé dans le calcaire de Visé et dans celui d'Oswestry, en Derbyshire.

Musées de Paris, de Cambridge et de géologie pratique de Londres.

3. CLISIOPHYLLUM VERNEUILIANUM, *de Kon.*

(Pl. III, fig. 4.)

Polypier en forme de cône faiblement courbé, à bourrelets d'accroissement peu saillants et assez peu réguliers, recouvert d'une forte épithèque, ne permettant pas d'apercevoir les côtes cloisonnaires. Calice à bords tranchants, très-profond, orné de trente-quatre à trente-huit cloisons principales alternant avec un égal nombre de cloisons très-petites; les premières sont très-minces et s'étendent jusqu'à la fausse columelle qui est assez épaisse et composée d'un grand nombre de petits feuillets minces, irrégulièrement entrelacés (pl. III, fig. 4a). La cloison primaire principale est plus prononcée que les autres et est la seule qui s'étende jusqu'au centre du calice. Dans le jeune âge, la forme et la disposition des cloisons diffèrent considérablement de celle qu'elles possèdent à l'âge adulte, ainsi que le démontre la comparaison des figures des deux sections horizontales prises sur le même échantillon (pl. III, fig. 4a et fig. 4b). Comme on peut s'en assurer par les figures de ces sections faites avec beaucoup de soin, les loges intercloisonnaires, à quelque âge qu'on les observe, sont complétement dénuées de la moindre trace de tissu vésiculaire. Je n'ai pas cru que cette absence fût un motif suffisant pour créer un nouveau genre en faveur de l'espèce que je viens de décrire, mais, en tout cas, elle suffit pour la distinguer du *Clisiophyllum coniseptum* DE KEYSERLING [1], dont elle se rapproche par sa taille et par sa forme extérieure, mais dont elle diffère en outre par le nombre de ses cloisons qui

[1] *Reise in das Petschora Land*, p. 164, pl. II, fig. 2.

est d'environ la moitié de celui que possède l'espèce russe. Hauteur du polypier, 35 millimètres; diamètre du calice, environ 20 millimètres.

Localité. —Cette espèce, que je dédie à l'un des plus savants paléontologistes français, a été découverte par M. Éd. Dupont dans le calcaire de Waulsort. Elle y est très-rare.

Musée de Bruxelles.

4. CLISIOPHYLLUM HAIMEI.

CLISIOPHYLLUM HAIMEI. Milne Edw., 1860. *Hist. nat. des Corall.*, t. III, p. 405.

« Polypier allongé, cylindroïde, irrégulièrement contourné et arqué, à bourrelets d'accroissement inégaux et bien prononcés. Calice subcirculaire. De vingt-quatre à vingt-six cloisons principales, assez minces et un peu flexueuses, alternant avec un égal nombre de cloisons plus petites. Columelle bien marquée, un peu saillante. Les planchers bien développés. Hauteur du polypier, de 5 à 8 centimètres; diamètre du calice, de 12 à 15 millimètres. »

Je ne connais cette espèce que par la description qu'en a faite M. Milne Edwards et que je me suis borné à copier textuellement. Je regrette de ne pouvoir en donner la figure.

Localité. — M. Milne Edwards indique Etrœung comme localité de provenance de cette espèce, mais il la considère comme devonienne. Toutefois je ferai remarquer qu'il est très-probable qu'elle est carbonifère, par la raison que M. Éd. Dupont a démontré que le calcaire de cette localité, qui pendant longtemps a été considéré comme devonien par les géologues, appartient en réalité aux assises inférieures du terrain carbonifère.

GENRE CAMPOPHYLLUM, *Milne Edw. et J. Haime.*

CYATHOPHYLLUM (pars). Goldf., 1826. *Petref. German.*, t. I, p. 57.
TURBINOLIA (pars).   Steininger, 1831. *Mém. de la Soc. geol. de France*, t. I, p. 344.
CAMPOPHYLLUM.   Milne Edw. et J. Haime, 1850. *Brit. foss. Corals*, p. LXVIII.

Polypier simple, libre, subpédicellé en forme de cône courbé, à épithèque forte et à calice profond.. Les planchers sont très-développés et lisses au centre. Cloisons bien marquées, mais ne s'étendant guère au delà du tiers du diamètre du calice. Les loges intercloisonnaires vésiculeuses.

Ce genre a été créé par MM. Milne Edwards et J. Haime pour un petit nombre de Polypes qui se distinguent des *Cyathophyllum* par l'étendue de leurs planchers, le moindre développement de leurs cloisons et en outre par une structure vésiculeuse moins générale.

Ainsi que le font très-bien observer les savants auteurs du genre, celui-ci est au genre *Cyathophyllum* ce que les *Amplexus* sont aux *Zaphrentis*.

Les cinq espèces actuellement connues sont simples ; trois de ces espèces se trouvent dans le terrain devonien : les deux autres sont carbonifères.

1. Campophyllum Murchisoni.

(Pl. III, fig. 5.)

Campophyllum Murchisoni. Milne Edw. et J. Haime, 1851. *Polyp. foss. des terr. paléoz.*, p. 396.
— — Id.,   1852. *Brit. foss. Corals*, p. 184, pl. 36, fig. 2 et 3.
— — Morris, 1854. *Cat. of brit. foss.*, p. 48.
— — de Fromentel, 1861. *Introd. à l'étude des polyp. foss.*, p. 300.

Polypier de taille moyenne, trapu, assez courbé, à bourrelets d'accroissement bien marqués, entouré d'une épithèque assez forte. Son calice est circulaire, à bords tranchants, profond et garni de soixante-six cloisons alternativement un peu inégales et médiocrement minces ; on y observe en outre un égal nombre de cloisons rudimentaires. Planchers très-étendus, occupant environ le tiers du diamètre du calice ; fossette septale faiblement indiquée. Vésicules latérales petites, peu nombreuses et ne formant que deux ou trois rangées superposées les unes aux autres. Hauteur, 7-8 centimètres ; diamètre du calice, 3,5-4.

Cette espèce est voisine du *C. Duchasteli ;* elle en diffère par le nombre de ses cloisons et la plus grande régularité de ses bourrelets d'accroissement. Il est à observer néanmoins que le seul échantillon belge qui me soit connu n'a pas tout à fait la forme régulière que je viens d'indiquer, ainsi que le démontre la figure que j'en ai donnée ; mais je pense que la modification éprouvée par l'animal dans son accroissement régulier n'est due qu'à un accident individuel.

Localités. — MM. Milne Edwards et J. Haime n'ont eu à leur disposition que deux échantillons anglais de cette espèce, mais dont la provenance n'est pas bien connue. Il est probable que l'un de ces échantillons a été trouvé dans la couche de calcaire des environs de Bristol dont j'ai pu constater l'identité avec le calcaire de Tournai, lequel a fourni l'échantillon qui m'a servi à la description.

Musée de Bruxelles.

2. Campophyllum analogum.

(Pl. III, fig. 6.)

Polypier simple, assez long, de forme cylindro-conique, fortement recourbé à sa base, à bourrelets d'accroissement bien prononcés; à courbure régulière. Calice circulaire, médiocrement profond, à bords minces et fragiles. Une quarantaine de cloisons minces, légèrement flexueuses, s'avançant assez fort vers le centre et ne laissant libre qu'une faible partie du plancher; celui-ci est lisse. La fossette septale est étroite, peu profonde et située du côté de la grande courbure. Un égal nombre de cloisons rudimentaires s'observe entre les cloisons principales. Vésicules latérales petites, formant deux ou trois rangées superposées. Hauteur, 6 centimètres; diamètre du calice, 2 centimètres; diamètre du plancher, 7 millimètres.

Cette espèce se distingue facilement de la précédente par sa forme plus élancée et par le nombre de ses cloisons; ce dernier caractère sert encore à la séparer du *C. flexuosum*, dont elle diffère en outre par la régularité de sa courbure.

Localité. — Je ne connais qu'un petit nombre d'exemplaires de cette espèce provenant tous du calcaire carbonifère de Tournai.

Musées de Bruxelles et de Louvain.

Genre **CYATHOPHYLLUM**, *Goldf.*

Madrepora (pars).	Linnæus, 1758. *Syst. naturae*, ed. X, t. I, p. 795.
Madreporites (pars).	Wahlenberg, 1821. *Nova acta Soc. scient. Upsal.*, t. VIII, p. 97.
Turbinolia (pars).	Lamouroux, 1821. *Exposit. méth.*, p. 58.
Cyathophyllum.	Goldf., 1826. *Petref. German.*, t. I, p. 54.
Columnaria (pars).	*Id.* *Ibid.*, p. 72.
Floscularia (pars).	Eichwald, 1829. *Zool. spec.*, t. I, p. 188.
Favastraea (pars).	de Blainv., 1830. *Man. d'actin.*, p. 375.
Montastraea (pars).	*Id.* *Ibid.*, p. 374.
Caryophyllia (pars).	*Id.* *Ibid.*, p. 311.
Astraea (pars).	Steininger, 1831. *Mém. de la Soc. géol. de France*, t. I, p. 345.
Peripaedium,	Ehrenberg, 1834. *Corallenth. des rothen Meeres*, p. 84.
Strombodes.	*Id.* *Ibid.*, p. 87.
Pteroriza.	*Id.* *Ibid.*, p. 88.
Turbinolopsis (pars).	Lonsdale, 1839. *Murchison's Silurian syst.*, t. I, p. 692 (non Deslongchamps).
Cystiphyllum (pars).	*Id.*, 1840. *Geol. trans.*, 2d ser., t. V, p. 703.
Tryplasma (pars).	*Id.*, 1845. *Murch., de Vern., and de Keyserl., Russia and the Ural Mount.*, t. I, p. 613.
Cladopora (pars).	Geinitz, 1845-46. *Grundr. der Petrefakt.*, p. 569.
Palaeosmilia.	Milne Edw. et J. Haime, 1848. *Ann. des sc. natur.*, 3e sér., t. X, p. 261.
Strephodes.	Mc Coy, 1849. *Ann. and magaz. of nat. Hist.*, 2d ser., t. III, p. 4.
Streptolasma.	A. d'Orb., 1850. *Prodr. paléont.*, t. I, p. 47 (non *id.*, p. 24.)
Lithostrotion (pars).	*Id.* *Ibid.*, p. 106.
Diphyphyllum (pars).	*Id.* *Ibid.*, *ibid.*
Disphyllum.	de Fromentel, 1861. *Introd. à l'étude des polyp. foss.*, p. 302.
Polyphyllum.	*Id.* *Ibid.*, p. 308.

Polypier simple ou composé, à calice ordinairement peu profond; cloisons nombreuses, bien développées et s'étendant jusqu'au centre du calice, où, ordinairement, elles se replient et se relèvent faiblement de façon à produire l'apparence d'une columelle rudimentaire; planchers occupant la partie centrale de la loge; les parties externes sont remplies de vésicules irrégulières; une seule muraille extérieure avec épithèque complète. Multiplication par gemmation soit calicinale, soit latérale, et dans ce dernier cas, produisant des polypiers dendroïdes ou astréiformes.

Goldfuss, en créant ce genre en 1826, ne l'a défini qu'incomplétement et y a réuni un certain nombre d'espèces qu'il a fallu en éloigner et pour quelques-unes desquelles il a été nécessaire d'établir des genres nouveaux.

Il n'est donc pas étonnant qu'un grand nombre d'auteurs y aient fait entrer des espèces qu'il a été impossible d'y maintenir lorsqu'on a mieux connu leur structure, et que d'autres aient introduit dans des genres parfaitement distincts des espèces qui, en réalité, appartiennent à celui-ci. La synonymie qui précède suffit pour démontrer le peu d'accord qui a existé parmi les auteurs, même les plus renommés, sur la définition de ce groupe qui n'a été bien établie que par MM. Milne Edwards et J. Haime. Ces savants ont démontré que la structure intérieure du polypier fournit seule des bases solides pour la caractéristique de ce genre et de celle de tous les autres qui appartiennent à la même famille.

Cependant, à l'exemple de M. d'Eichwald et de quelques autres naturalistes, M. de Fromentel n'est pas de cet avis et propose de ne comprendre sous le nom de *Cyathophyllum* que les espèces véritablement simples, de désigner sous celui de *Disphyllum* les polypiers fasciculés ou dendroïdes, et d'attribuer le nom de *Polyphyllum* aux espèces astréiformes [1]. J'aurais adopté l'opinion du savant continuateur de d'Orbigny, s'il avait pu indiquer pour les espèces à polypiérites composés des caractères internes différents de ceux que possèdent les espèces à polypiers simples. Je suis de l'avis de MM. Milne Edwards et J. Haime, qu'il faut considérer le mode de multiplication non comme un caractère générique, mais simplement comme un signe distinctif qui pourra aider à la détermination des espèces et à leur distribution en sections. J'exclus des *Cyathophyllum* le genre *Petraia* de Münster [2] que MM. Milne Edwards et J. Haime et plusieurs autres auteurs ont cru devoir identifier avec lui, parce que, dans une notice qu'il vient de publier, le docteur Kunth, de Berlin, démontre que les espèces décrites par le comte de Münster, sous ce nom, possèdent des caractères suffisants pour être groupées ensemble et pour former une division générique bien distincte [3].

Le genre *Cyathophyllum* est peut être celui qui comprend le plus grand nombre d'espèces paléozoïques. On en trouve dans tous les étages des anciennes formations terrestres. Néanmoins c'est à l'époque devonienne qu'il

[1] DE FROMENTEL, *Introd. à l'étude des polyp. foss.*, p. 294.
[2] *Beiträge zur Petrefaktenkunde*, t. I, p. 42.
[3] *Zeitschrift der deuts. géolog. Gesells.*, 1870, p. 97.

a eu son plus grand développement. Le nombre des espèces siluriennes et carbonifères est à peu près le même pour chacune de ces deux formations, et réuni, ce nombre n'atteint qu'environ les deux tiers de celui des espèces que renferme le terrain devonien. Le genre s'éteint dans le terrain carbonifère et n'a aucun représentant dans le terrain permien. •

A. — POLYPIERS SIMPLES.

CYATHOPHYLLUM MULTIPLEX.

(Pl. III, fig. 7.)

CYATHOPHYLLUM MULTIPLEX.	de Keyserl., 1840. *Reise in das Petschoral.*, p. 163, pl. II, fig. 1.
PALAEOSMILIA MURCHISONI.	Milne Edw. et J. Haime, 1848. *Ann. des sc. nat.*, 3e sér., t. X, p. 261.
CYATHOPHYLLUM MULTIPLEX.	Bronn, 1848. *Nomencl. paléont.*, p. 369.
STREPHODES MULTILAMELLATUM.	Mc Coy, 1849. *Ann. and magaz. of nat. Hist.*, 2d ser., t. III, p. 5.
CYATHOPHYLLUM MULTIPLEX.	A. d'Orb., 1850. *Prodr. de paléont.*, t. I, p. 159.
— MURCHISONI.	Milne Edw. et J. Haime, 1851. *Polyp. foss. des terr. paléoz.*, p. 369.
— MULTIPLEX.	*Id. Ibid.,* p. 370.
STREPHODES MULTILAMELLATUM.	Mc Coy, 1851. *Brit. palaeoz. foss.*, p. 93, pl. III C, fig. 3.
CYATHOPHYLLUM MURCHISONI.	Milne Edw. et J. Haime, 1852. *Brit. foss. Corals*, p. 178, pl. 33, fig. 3.
STREPHODES MULTILAMELLATUS.	Morris, 1854. *Cat. of brit. foss.*, p. 65.
CLISIOPHYLLUM MULTIPLEX.	*Id. Ibid.,* p. 49.
CYATHOPHYLLUM MURCHISONI.	Milne Edw., 1860. *Hist. nat. des Corall.*, t. III, p. 371.
— MULTIPLEX.	*Id. Ibid., ibid.*
— MURCHISONI.	d'Eichw., 1860. *Lethæa rossica*, t. I, p. 559.
— —	de Fromentel, 1861. *Introd. à l'étude des polyp. foss.*, p. 296.
— MULTIPLEX.	*Id. ' Ibid., ibid.*
— MURCHISONI.	A. Kunth., 1869. *Zeits. der deuts. geol. Gesells.*, p. 15.

Polypier allongé, subcylindrique, faiblement courbé, un peu comprimé latéralement, garni de bourrelets d'accroissement très-prononcés, distants entre eux d'environ 5 millimètres. Calice suboval. Cloisons au nombre d'environ cent cinquante [1]; elles sont ordinairement droites ou faiblement courbées, très-minces, serrées et sensiblement égales entre elles et s'étendent jusqu'au centre. Les planchers sont très-petits et assez distants l'un de l'autre. Les traverses vésiculaires sont très-petites et extrêmement nombreuses; elles

[1] L'échantillon que j'ai sous les yeux n'en porte que 144.

sont presque aussi hautes que larges. Hauteur du polypier, environ 15 centimètres; grand diamètre du calice, 4, et petit diamètre, 3 centimètres.

Ainsi que l'indique sa synonymie, MM. Milne Edwards et J. Haime avaient d'abord placé cette espèce dans le voisinage des *Montlivaultia* et, avant de connaitre sa structure interne, avaient créé pour elle le genre *Palaeosmilia* [1]. Ils ont reconnu plus tard leur erreur et ont prouvé en même temps que le genre *Strephodes*, créé en 1849 par Mc Coy pour la même espèce et pour quelques autres, était parfaitement inutile. Cependant ils ont cru devoir séparer cette espèce de celle que M. de Keyserling a décrite en 1846 sous le nom de *C. multiplex* et avec laquelle elle me paraît être identique. En effet, si l'on compare les sections verticale et horizontale publiées par les auteurs que je viens de citer, on en reconnaît immédiatement l'analogie. La principale différence porte sur le nombre des cloisons, mais il est à remarquer que ce nombre peut dépendre uniquement de l'âge ou de la taille de l'échantillon observé. Ainsi, tandis que M. de Keyserling n'accuse que la présence de quatre-vingt-dix cloisons dans l'échantillon russe, M. Milne Edwards en a observé cent cinquante dans les échantillons anglais, et moi-même je n'ai pu en constater que cent quarante environ dans un échantillon belge.

Le *C. multiplex* se distingue de ses congénères par le peu d'étendue de ses planchers, la ténuité de ses cloisons et le grand nombre de ses traverses vésiculaires; il a surtout des rapports avec le *C. Wrighti*, mais ce dernier est plus comprimé et garni de cloisons plus fortes et un peu moins nombreuses. Ces deux derniers caractères suffisent également pour le séparer du *C. Stutchburyi*.

Localités. — M. Dupont a découvert quelques exemplaires assez mal conservés de cette espèce dans le calcaire carbonifère des environs de Dinant. J'en ai rencontré un seul échantillon dans le calcaire de Tournai.

On le trouve en Angleterre à Frome, dans le Somersetshire; à Tyny-Castle, à Clifton et à Mold (Milne Edwards et J. Haime); à Arnside, à Kendal et à Lisardrea (Mc Coy); en Allemagne, à Hausdorf (Kunth). M. de Keyserling l'a découvert dans le calcaire de l'Ylytsch au versant occidental

---

[1] *Comptes rendus de l'Académie des sciences*, 1848, t. XXVII, p. 467.

de l'Oural, et M. d'Eichwald le signale dans celui de Mjatchkowa près Moscou.

Musées de Bruxelles, de Londres et de Saint-Pétersbourg.

2. CYATHOPHYLLUM KONINCKI.

(Pl. IV, fig. 1.)

CYATHOPHYLLUM FUNGITES.	de Kon., 1842. *Descript. des anim. foss. du terr. carb. de Belg.*, p. 24, pl. D, fig. 2 (non *Turb. fungites*, Flem.).
— —	Geinitz, 1846. *Grundr. der Verstein.*, p. 571.
— —	A. d'Orb., 1850. *Prodr. de paléont.*, t. I, p. 158.
CLISIOPHYLLUM KONINCKI.	Milne Edw. et J. Haime, 1851. *Pol. foss. des terr. paléoz.*, p. 410.
— TURBINATUM (pars).	Id., 1852. *Brit. fossil Cor.*, p. 184 (non Mᶜ Coy).
— —	Milne Edw., 1861. *Hist. nat. des Corall.*, t. III, p. 402 (non Mᶜ Coy).
— FUNGITES (pars).	de Fromentel, 1861. *Introd. à l'étude des polyp. foss.*, p. 298.

Polypier simple, turbiné, ordinairement assez court et trapu, très-faiblement recourbé à son origine, à épithèque assez mince et laissant facilement apparaître les côtes cloisonnaires extérieures. Bourrelets d'accroissement assez épais et fort irréguliers. Calice circulaire qui m'a paru peu profond, à bords minces droits et tranchants. Le nombre des cloisons principales est de trente-six, atteignant toutes le centre où elles se confondent en se contournant légèrement sur elles-mêmes. Les cloisons intermédiaires sont beaucoup moins développées et occupent à peine la moitié de l'étendue que prennent les autres. Toutes sont reliées entre elles par des vésicules beaucoup plus nombreuses et plus petites vers les parties externes de la circonférence que vers le centre; elles sont légèrement flexueuses et, en général, fort minces, ainsi que cela ressort de la section horizontale représentée par la figure 1a. Il m'a été impossible de m'assurer de l'existence et de la forme des planchers.

Cette espèce n'atteint jamais de très-grandes dimensions. Le plus grand échantillon que j'en connaisse n'a que 5 centimètres de hauteur; le diamètre de son calice est d'environ 4 centimètres.

Lorsque j'ai décrit et figuré cette espèce en 1842, je l'ai confondue avec le *Turbinolia fungites* de Fleming, dont elle affecte quelquefois la forme extérieure. MM. Milne Edwards et J. Haime, qui d'abord l'avaient considérée comme une espèce distincte du genre *Clisiophyllum* de M. Mc Coy et me l'avaient dédiée [1], et qui ensuite l'ont identifiée avec le *Clisiophyllum turbinatum*, Mc Coy [2], ne semblent pas avoir connu la structure interne de l'espèce que j'ai décrite; cette structure démontre, en effet, qu'elle est bien réellement celle d'un véritable *Cyathophyllum*, ainsi qu'on pourra s'en assurer par l'inspection de la figure 1a qui représente la section transversale d'un échantillon un peu plus petit que celui que j'ai figuré en 1842. Comme je ne connais aucune espèce de ce genre avec laquelle celle-ci puisse être identifiée, je me suis trouvé dans l'obligation de lui restituer le nom que les savants actinologistes français lui ont donné en 1851.

Localité. — Je n'ai trouvé cette espèce que dans le calcaire carbonifère de Visé. Elle y est rare.

Musées de Paris et de Bruxelles.

B. — ZAPHRENTINAE.

—

GENRE HADROPHYLLUM. *Milne Edw. et J. Haime.*

HADROPHYLLUM. Milne Edw. et J. Haime, 1851. *Polyp. foss. des terr. paléoz.*, p. 357.

Polypier libre, subpédicellé, trochoïde, entouré d'une épithèque; calice ordinairement peu profond; une fossette septale assez grande, formant la croix avec trois autres, souvent plus petites; radiation un peu irrégulière; cloisons se réunissant au centre, qui ne porte pas la moindre trace de columelle. Planchers peu développés.

Les *Hadrophyllum* ont quelque ressemblance avec les *Baryphyllum*; ils en diffèrent par leurs fossettes septales, dont la disposition rappelle un peu celle des fossettes des *Omphyma*; mais il est à remarquer que dans ce dernier genre il n'en existe pas une qui soit notablement plus développée que les trois autres.

[1] *Polyp. foss. des terr. paléoz.*, p. 410.
[2] *Brit. foss. Corals*, p. 184.

8

MM. Milne Edwards et J. Haime n'ont connu que deux espèces de ce genre, appartenant toutes deux au terrain devonien. Celle que je décris ici provient du calcaire carbonifère de Tournai.

1. Hadrophyllum Edwardsianum.

(Pl. IV, fig. 2.)

Polypier petit, en forme de cône régulièrement courbé sur lui-même, présentant quelques bourrelets d'accroissement assez prononcés, à épithèque très-mince, laissant apercevoir de petites côtes serrées, planes, divisées en deux par une strie médiane; de chaque côté du polypier on observe aisément la disposition que le Dr Kunth a si bien décrite et que j'ai indiquée à la page 16 de ce travail (voir pl. IV, fig. 2a). Calice circulaire assez profond; les quatre fossettes septales forment au centre une petite croix, dont les branches sont disposées à angle droit. La fossette septale principale située du côté de la grande courbure est bien marquée et très-apparente, quoique assez étroite; elle est partagée en deux par la cloison primaire et limitée sur la majeure partie de son étendue par deux cloisons principales un peu moins développées que les autres; la fossette opposée est un peu plus large et un peu plus profonde que la précédente, tandis que les deux fossettes latérales sont beaucoup plus étroites que l'une et l'autre de celles-ci. Les systèmes ou groupes de cloisons sont limités par les fossettes. Chacun des deux systèmes principaux est composé de cinq cloisons, dont les trois plus rapprochées de la cloison primaire se soudent entre elles avant d'atteindre le centre du calice; les deux systèmes opposés sont formés chacun de sept cloisons, dont les deux plus latérales s'anastomosent à la troisième, en formant un angle très-aigu et avant d'arriver au centre du calice. En ajoutant à ces vingt-quatre cloisons principales les deux cloisons primaires, on aura un total de vingt-six cloisons pour orner le creux calicinal. Ces cloisons sont minces, bien développées et alternent avec des cloisons intermédiaires, très-faiblement marquées. Hauteur, 15 millimètres; diamètre du calice, 9 millimètres; profondeur de celui-ci, 6 millimètres.

Cette espèce, que je dédie à l'un des plus savants zoologistes de notre époque, se distingue facilement des deux espèces devoniennes actuellement connues, par sa forme plus allongée, par la profondeur de son calice et par le développement de ses cloisons.

Localité. — Le seul échantillon de cette espèce qui me soit connu, provient du calcaire carbonifère de Tournai.

Musée de Bruxelles.

Genre LOPHOPHYLLUM, *Milne Edw. et J. Haime.*

Anthophyllum (pars).	Goldf., 1826. *Petref. Germ.*, t. I, p. 45 (non Schweigger).
Ellipsocyathus (pars).	A. d'Orb., 1850. *Prodr. de paléont.*, t. I, p. 48.
Cyathopsis (pars?).	Mc Coy, 1850. *Palaeoz. foss.*, p. 90.
Lophophyllum.	Milne Edw., et J. Haime, 1850. *Polyp. des terr. paléoz.*, p. 349.
Lobophyllum.	Pictet, 1857. *Traité de paléont.*, t. IV, p. 435.
Cyathaxonia (pars).	Ludwig, 1866. *Palaeontographica*, t. XIV, p. 144.

Polypier en cône courbé, recouvert d'une épithèque complète ; au fond du calice, une columelle comprimée, cristiforme, située au centre du plancher supérieur sur lequel elle forme une protubérance bien marquée ; quelquefois cette columelle est produite par le prolongement de la *cloison primaire* et se trouve en communication directe avec la *cloison opposée,* moins apparente et située au milieu de la fossette septale.

Suivant MM. Milne Edwards et J. Haime, la présence d'une petite columelle cristiforme sépare bien ce genre de toutes les autres ZAPHRENTINAE, où cette partie axillaire du polypier manque complétement. Mais en revanche, ce caractère le rapproche tellement du genre *Cyathaxonia,* que dans certaines circonstances il est bien difficile de distinguer l'un de l'autre ; il n'y a donc rien d'étonnant à ce que les auteurs mêmes des deux genres n'ont pas toujours été d'accord sur les espèces qui devaient appartenir à l'un et à l'autre. Ils n'ont pas toujours porté suffisamment leur attention sur les caractères essentiels qui servent à les reconnaitre.

Ainsi qu'on le verra plus loin, la principale différence qui sépare les *Cyathaxonia* des *Lophophyllum* consiste en ce que ces derniers sont garnis de planchers et possèdent ordinairement un tissu endothécal, dont les premiers sont totalement dépourvus.

Le Dr Kunth ne parait pas tout à fait persuadé de la réalité du premier de ces caractères distinctifs; il est d'avis que la seule coupe d'un *Cyathaxonia* publiée par MM. Milne Edwards et J. Haime [1] ne suffit pas pour trancher la question, et qu'il serait nécessaire de faire de nouvelles études de ce genre sur des échantillons calcareux, plus favorables, dans ce cas, à l'observation que les échantillons siliceux de Tournai [2].

M. Ludwig a confondu quelques *Lophophyllum* avec les *Cyathoxonia*. L'inspection des figures et la lecture des descriptions qu'il en a publiées, suffisent pour s'en convaincre. Les *Lophophyllum* ont encore des rapports avec les *Clisiophyllum* qui en diffèrent surtout par la forme et la structure de leur pseudo-columelle.

C'est par une erreur de plume sans doute que M. Pictet a changé le nom proposé par MM. Milne Edwards et J. Haime, en celui de *Lobophyllum*. Les *Lophophyllum* ne sont pas nombreux. On n'en connaît qu'une espèce devonienne; les autres sont carbonifères.

1. LOPHOPHYLLUM KONINCKI.

(Pl. IV, fig. 3.)

LOPHOPHYLLUM KONINCKI. Milne Edw. et J. Haime, 1851. *Polyp. foss. des terr. paléoz.*, p. 349, pl. 3, fig. 4.
LOBOPHYLLUM   —   Pictet, 1857. *Traité de paléont.*, t. IV, p. 453.
LOPHOPHYLLUM   —   Milne Edw., 1860. *Hist. nat. des Corall.*, t. III, p. 353.
      —   —   de Fromentel, 1861. *Introd. à l'étude des polyp. foss.*, p. 290.

Polypier petit, conique, courbé à la base qui est pointue, un peu plus long que large, garni extérieurement de rides d'accroissement peu prononcés. Calice circulaire, assez profond; une rainure, produite par la dépression du plancher supérieur, entoure la columelle et la dégage complétement; celle-ci est en crête saillante, tranchante en dessus et un peu épaissie dans le milieu de sa partie libre. Cloison septale bien marquée et située du côté de la grande courbure. Trente-deux cloisons principales, y compris la cloison opposée,

[1] *Polyp. foss. des terr. paléoz.*, pl. I, fig. 3 *b*.
[2] Voir plus loin la description du genre *Cyathaxonia*.

située au milieu de la fossette septale et en communication directe avec la columelle; ces cloisons sont bien développées, subégales et faiblement épaissies du côté extérieur et assez minces en dedans, où celles qui sont le plus rapprochées de la fossette septale se recourbent un peu pour s'unir à leurs voisines par leur bord interne. Hauteur, 12 millimètres, diamètre du calice, 12 millimètres; profondeur de celui-ci, 6 millimètres.

La forme trapue de cette espèce et le nombre de ses cloisons ne permettent pas de la confondre avec ses congénères.

Localité. — J'ai rencontré cette espèce dans une argile sableuse formant un dépôt meuble au-dessus du calcaire carbonifère compact des environs d'Ath et qui avait été extraite pour faciliter l'exploitation du calcaire.

Je l'ai déposée, ainsi que la suivante, au Muséum de Paris.

2. Lophophyllum? Dumonti.

(Pl. IV, fig. 4.)

Lophophyllum Dumonti.	Milne Edw. et J. Haime, 1850. *Polyp. foss. des terr. pal.*, p. 350, pl. 3, fig. 3.
Lobophyllum —	Pictet, 1857. *Traité de paléont.*, t. IV, p. 453, pl. 107, fig. 18.
Lophophyllum —	Milne Edw., 1860. *Hist. nat. des Corall.*, t. III, p. 353.
— breviceps?	d'Eichw., 1860. *Lethaea rossica*, t. I, p. 527, pl. 29, fig. 6.
— Dumonti.	de Fromentel, 1861. *Introd. à l'étude des polyp. foss.*, p. 290.

Polypier en cône allongé et arqué, entouré d'une assez forte épithèque, à stries d'accroissement peu prononcées. Calice circulaire, assez profond. Columelle mince et petite, un peu saillante et se continuant avec la cloison primaire opposée, un peu excentrique et plus rapprochée du côté concave du polypier, où cette cloison prend naissance; la fossette septale est très-profonde et s'étend presque jusqu'au centre du calice; au fond de cette fossette, on observe la cloison primaire principale, mais si faiblement indiquée, qu'on la prendrait pour une cloison secondaire. En dehors de cette dernière, on compte trente-deux cloisons principales, minces, mais bien marquées; celles des deux quarts de cercle opposés sont plus grandes que celles de la moitié principale, et les cloisons voisines de la fossette septale se recourbent légèrement et se soudent entre elles aux bords de cette fossette; les cloisons principales alternent avec le même nombre de cloisons rudimentaires. Hauteur du polypier, 2 centimètres; diamètre du calice, 12 millimètres; profondeur de celui-ci, 6-8 millimètres.

Par sa forme allongée et la disposition de sa columelle, cette espèce se sépare nettement de la précédente, mais par ce dernier caractère, elle se rapproche tellement du *Z. Bowerbanki*, Milne Edwards et J. Haime [1], qu'il me paraît difficile de les maintenir dans des genres différents. Si celui-ci est un véritable *Zaphrentis*, le *L. Dumonti* en est un aussi, et, dans ce cas, son nom devrait être changé en *Z. Dumonti*.

Je suis très-porté à croire que le *L. breviceps*, d'Eichw., n'est pas spécifiquement différent du *L. Dumonti*. En effet la forme générale de la columelle et des cloisons est identique chez l'un et chez l'autre. Il est vrai que M. d'Eichwald n'a compté que trente de ces dernières, au lieu de trente-deux, mais cela peut dépendre uniquement de la différence d'âge des échantillons.

Localité. — Cette espèce n'est pas très-rare aux environs de Tournai et d'Ath; si, comme je le pense, elle est identique avec le *L. breviceps*, d'Eichw., elle se trouve aussi dans le calcaire à *Spirifer mosquensis* de Mjatschkowa, près Moscou.

3. LOPHOPHYLLUM TORTUOSUM.

(Pl. IV, fig. 6.)

CYATHAXONIA TORTUOSA. Michelin, 1846. *Iconogr. zoophyt.*, p. 258, pl. 59, fig. 8.
—   PLICATA. A. d'Orb., 1850. *Prodr. de paléont.*, t. I, p. 158.
—   TORTUOSA. Milne Edw. et J. Haime, 1851. *Polyp. foss. des terr. paléoz.*, p. 322.
—   — Milne Edw., 1860. *Hist. nat. des Corall.*, t. III, p. 330.

Polypier en forme de cône allongé, assez fortement recourbé et pointu à sa base, recouvert d'une épithèque assez mince, à bourrelets d'accroissement bien prononcés. Calice circulaire, profond, à bords minces et tranchants extérieurement et faiblement courbés en dehors. Columelle centrale, forte, un peu comprimée latéralement. Cloisons au nombre de vingt-quatre, assez fortes, s'étendant à peu près régulièrement jusqu'à la base de la columelle et alternant avec des cloisons rudimentaires, de forme à peu près identique;

[1] *Pol. foss. des terr. pal.*, p. 538, et *Brit. foss. Corr.*, p. 170, pl. 34, fig. 4.

fossette septale peu prononcée. Loges interseptales remplies de nombreuses traverses endothécales.

Cette espèce n'a pas toujours une forme très-régulière, comme l'a fort bien observé Michelin et comme le prouve l'un des échantillons que j'ai figurés (pl. IV, fig. 6*b*). Il semble que l'animal, en avançant en âge, n'ait plus eu assez de vitalité pour construire sa demeure dans les mêmes dimensions et qu'il ait été obligé de rétrécir son calice. Les bourrelets d'accroissement, assez irréguliers à partir d'une certaine distance de la base, témoignent encore de cette diminution de force vitale. Le plus grand échantillon observé a une hauteur de 45 millimètres; cependant le diamètre de son calice ne dépasse pas celui des petits individus qui est d'environ 12 millimètres. Ces derniers ont de 20 à 25 millimètres de hauteur.

Un des échantillons que j'ai sous les yeux, et qui a perdu son épithèque, montre parfaitement la disposition bilatérale des cloisons, telle qu'elle a été indiquée d'une manière générale pour les *Rugosi*, par le D*r* Kunth.

C'est à tort que Michelin et les auteurs qui l'ont suivi ont rangé cette espèce parmi les *Cyathoxonia* auxquels elle ne ressemble que par l'existence de sa columelle; mais ceux-ci n'ont point de plancher et ne sont jamais vésiculeux. Elle paraît avoir quelque ressemblance avec celle que le D*r* Kunth a décrite sous le nom. de *L. leontodon*. Elle diffère de cette dernière par sa taille et par un plus petit nombre de cloisons, caractère qui est également suffisant pour la séparer des deux espèces précédentes.

Localité. — Ce *Lophophyllnm* provient du calcaire carbonifère de Tournai, où il est assez rare.

Musées de Bruxelles et de Louvain.

4. Lophophyllum breve.

(Pl. IV, fig. 7.)

Polypier court, assez trapu, ayant la forme d'une petite corne assez fortement recourbée, entouré d'une épithèque épaisse, à bourrelets d'accroissement généralement prononcés. Calice assez profond, à bords droits et tranchants. Plancher lisse, étroit, servant de base à une columelle relativement forte et élevée, pointue, comprimée latéralement et ornée de stries longitudinales. Dix-neuf cloisons subégales, très-étroites au-dessus, minces vers le fond du calice et s'appuyant sur le plancher, sans atteindre la base de la columelle, qui conserve ainsi une partie circulaire lisse autour d'elle. Fossette septale un peu plus large que l'une des loges septales adjacentes, mais beaucoup plus profonde et partagée en deux parties égales par la cloison primaire, bien moins apparente que les dix-neuf autres; absence complète de traces de cloisons rudimentaires, même sur les échantillons les plus parfaits. Chez les individus adultes, quelques traverses endothécales, visibles vers les bords extérieurs du calice. Hauteur, 15 millimètres; diamètre du calice, 9 millimètres; profondeur de celui-ci, 5 millimètres.

Cette petite espèce se distingue de toutes ses congénères par sa forme générale, par le petit nombre de ses cloisons et par la structure et l'élévation de sa columelle.

Localité. — M. Éd. Dupont en a recueilli quelques échantillons dans le calcaire carbonifère siliceux d'Etrœung. Ce sont les seuls qui me soient connus.

Musée de Bruxelles.

Genre **PENTAPHYLLUM**, *De Kon.*

Polypier trochoïde, à calice profond; cloisons nombreuses dont cinq principales beaucoup plus développées que les autres, à savoir : la cloison primaire opposée, les deux primaires latérales et les deux cloisons adjacentes à la fossette septale, au fond de laquelle on remarque la quatrième cloison primaire peu développée. Dans les deux espèces de ce genre qui me sont connues, la fossette septale est située au dehors du plan de courbure principale du polypier. Les planchers sont assez bien développés et lisses sur une grande partie de leur étendue, n'étant couverts que par les prolongements des cinq cloisons dominantes qui, seules, en atteignent presque le centre. Les autres cloisons sont très-peu développées. L'épithèque, quoique assez mince, peut néanmoins donner naissance à des prolongements creux et spiniformes, disposés irrégulièrement à sa surface.

Ce genre a beaucoup d'analogie avec les genres *Anisophyllum* et *Bary-*

phyllum de MM. Milne Edwards et J. Haime, dont il diffère par le développement remarquable des cloisons adjacentes à la fossette septale principale. C'est à la suite de ces deux genres que celui-ci doit être classé.

Jusqu'ici on n'en connaît que des espèces carbonifères.

1. PENTAPHYLLUM ARMATUM.
(Pl. IV, fig. 8.)

Polypier trochoïde, de taille médiocre, à bourrelets d'accroissement assez bien prononcés; entouré d'une épithèque mince, laissant facilement apercevoir des côtes cloisonnaires assez étroites et donnant naissance à un assez grand nombre de prolongements spiniformes et creux dans leur centre; ces appendices ont une direction presque perpendiculaire à la surface; on les observe principalement sur la moitié inférieure du polypier, du côté de la grande courbure et latéralement; le côté de la petite courbure en est exempt. Le calice est circulaire et très-profond; ses bords sont minces et droits. Un petit plancher lisse et un peu bombé existe au fond du creux calicinal; les cinq cloisons principales dominantes sont sensiblement égales entre elles; elles sont minces et ne dépassent les autres cloisons principales que dans la moitié de leur hauteur; mais tandis que celles-ci s'arrêtent au bord pariétal du plancher, les autres s'étendent à peu près jusqu'au centre du calice; par leur disposition en croix, elles donnent naissance à quatre petites fossettes adjacentes, produites par la dépression des bords du plancher. La fossette septale, qui en constitue une cinquième, au milieu de laquelle apparaît la cloison primaire principale, est bien mieux marquée que les autres et très-profonde; le nombre des cloisons principales, pour chaque système ou quart de cercle opposé, est de six, et pour chaque système ou quart de cercle principal, ce nombre est de sept, ce qui fait en tout trente cloisons principales en y comprenant les quatre cloisons primaires. Chacune de ces cloisons alterne avec une autre plus mince et moins apparente. Dans l'échantillon décrit, la fossette septale est située latéralement par rapport à la ligne de courbure. Hauteur, environ 3 centimètres; diamètre du calice, 1,5 centimètre; profondeur du calice, 22 millimètres.

Cette espèce se distinguera facilement du *P. caryophyllatum*, de Kon., par sa forme beaucoup plus évasée, par le nombre de ses cloisons et surtout par les prolongements spiniformes dont sa surface est garnie. Par ce dernier caractère elle ressemble à l'*Amplexus spinosus*, de Kon., avec lequel la structure calicinale et la forme plus grêle, plus allongée et moins régulière de celui-ci, ne permettront pas de la confondre.

Localité. — Le seul échantillon de cette espèce qui me soit connu provient du calcaire carbonifère de Tournai.

Musée de Bruxelles.

2. Pentaphyllum caryophyllatum.

(Pl. IV, fig. 9.)

Polypier petit, en forme de cornet courbé et grêle, à épithèque mince, à bourrelets d'accroissement épais et irréguliers, mais dépourvus de prolongements spiniformes. Calice circulaire partagé en quatre groupes, composé chacun de cinq cloisons subégales, lesquelles, réunies aux cinq cloisons saillantes et à la cloison primaire de la fossette septale, forment un total de vingt-six cloisons. Le plancher supérieur est lisse, un peu bombé et ne reçoit que le prolongement des cinq cloisons dominantes qui s'étendent jusqu'au centre, où elles se réunissent; la fossette septale est petite et située du côté droit du plan de courbure, la partie convexe étant supposée en dehors. Le calice ne semble pas être bien profond. La longueur totale est de 16 millimètres et le diamètre du calice de 6 millimètres.

Ce *Pentaphyllum* se distingue aisément du précédent, par sa taille plus petite et plus svelte, par l'épaisseur de ses bourrelets et l'absence de prolongements spiniformes, ainsi que par le peu de profondeur et le petit diamètre de son calice.

Localité. — Je connais depuis très-longtemps l'unique échantillon de cette espèce qui ait été trouvée jusqu'ici dans le calcaire carbonifère des environs de Tournai.

Musée de Bruxelles.

Genre MENOPHYLLUM, *Milne Edw. et J. Haime.*

Menophyllum. Milne Edw. et J. Haime, 1850. *Brit. foss. Corals.* (Introduction, p. lxvi.)

Polypier simple, libre et subpédicellé, entouré d'une épithèque complète; trois fossettes septales, dont l'une plus grande correspond à la cloison principale et les deux autres aux cloisons latérales; plancher supérieur lisse, en forme de croissant, dont la concavité est tournée du côté de la fossette septale principale.

Ce genre est très-voisin des *Amplexus,* dont il se distingue par ses trois fossettes septales et par la forme de ses planchers.

On n'en connaît encore qu'une seule espèce; elle appartient au terrain carbonifère.

Menophyllum tenuimarginatum, *Milne Edw. et J. Haime.*

(Pl. IV, fig. 10.)

Menophyllum tenuimarginatum. Milne Edw. et J. Haime, 1851. *Pol. foss. des terr. pal.*, p. 318, pl. 3, fig. 1.
— — Milne Edw., 1860. *Hist. nat. des Corall.*, t. III, p. 352.
— — de Fromentel, 1861. *Introd. à l'étude des polyp. foss.*, p. 292.

Polypier en forme de cône assez court, mais fortement courbé; à extrémité inférieure grêle et pointue. Épithèque mince, sans bourrelets, mais plissée en travers. Calice légèrement oval, à bords très-minces, à cavité grande et profonde. Fossette septale principale assez longue, étroite et profonde, s'étendant en ligne droite, un peu au delà du centre de la cavité; les fossettes latérales plus étroites encore et ayant une direction oblique à l'axe qui fait avec celle de la fossette principale un angle d'environ 80 degrés. Plancher supérieur un peu courbé et bosselé, occupant environ la moitié du fond du calice, et limité à son côté convexe par les fossettes latérales. Trente-deux cloisons primaires alternent avec un même nombre de cloisons rudimentaires. Toutes ces cloisons sont minces; les seize cloisons qui occupent les deux quarts de cercle principaux, sont beaucoup plus grandes que les autres et disposées obliquement à la fossette principale, mais presque parallèlement à la direction des fossettes latérales, tandis que les autres rayonnent régulièrement vers le centre. Hauteur du polypier, 2 centimètres; diamètre du calice, 1^{cm},5; profondeur de celui-ci, 1 centimètre.

Je ne connais pas d'espèce dont la structure calicinale offre un meilleur exemple de l'application de la loi énoncée par M. le docteur Kunth, d'après laquelle se fait l'accroissement des polypiers rugueux, et que j'ai indiquée au commencement de ce travail [1].

Localité. — J'ai trouvé ce *Menophyllum* dans l'argile carbonifère des environs de Tournai.

Musées de Bruxelles et de Paris.

Genre PHRYGANOPHYLLUM [2], *de Koninck.*

Polypier simple, trochoïde, pédicellé, à cloisons nombreuses bien distinctes. Calice profond, divisé en quatre systèmes, par autant de grandes cloisons avançant sur le plancher supérieur. Pas de fossette septale; planchers bien développés et occupant une grande partie du creux calicinal. Épithèque mince et laissant facilement apercevoir les côtes cloisonnaires.

Ce genre se distingue de tous les autres de la même famille par la disposition en croix de ses cloisons principales, disposition que l'on retrouve chez le genre *Polycaelia*, avec lequel je l'aurais volontiers identifié, si ce dernier n'avait pas été exempt de planchers, qui sont, au contraire, en grand nombre et très-bien développés dans celui-ci.

PHRYGANOPHYLLUM DUNCANI.

(Pl. IV, fig. 11.)

Polypier de taille moyenne, ayant la forme d'un cône assez régulier, faiblement courbé, entouré d'une épithèque très-mince, laissant facilement apercevoir les côtes cloisonnaires, sensiblement égales entre elles; les bourrelets d'accroissement sont assez bien marqués. Calice circulaire, profond, à bords minces et tranchants; la moitié de la paroi interne correspondant à

---

[1] Voir p. 15.
[2] De Φρυγανον, sarment.

la grande courbure, garnie de nombreuses vésicules larges et irrégulières, épaississant cette partie de la paroi. Cloisons au nombre de vingt-huit, partagées en quatre systèmes, par les quatre cloisons primaires disposées en croix et se distinguant des autres par un développement un peu plus fort et un prolongement plus considérable sur le plancher, mais dont elles n'atteignent cependant pas le centre.

Chacun des deux systèmes principaux est composé de cinq cloisons, tandis que chacun des deux systèmes opposés en comprend sept. Toutes ces cloisons, sauf les quatre cloisons primaires, sont sensiblement égales entre elles, n'occupent qu'une petite partie des bords du plancher, font peu de saillie et ont leur bord libre crénelé; des cloisons intermédiaires, moins développées, quoique très-apparentes et également crénelées, occupent toute la longueur de la paroi et s'arrêtent au contour du plancher. L'extrémité inférieure de l'un des échantillons que j'ai eus à ma disposition porte des traces évidentes d'adhérence à un autre corps (pl. IV, fig. 11 a).

Les dimensions du plus grand des échantillons observés sont : hauteur, 5,5 centimètres; profondeur de celui-ci, 1 ½ centimètre.

L'extérieur de cette espèce a beaucoup de ressemblance avec celui du *Z. Cliffordana* (Milne Edwards et J. Haime), et l'on pourrait facilement confondre avec cette espèce les échantillons privés de leur calice, ou dont cette cavité serait remplie de la roche dans laquelle on les rencontre.

Localité. — Je ne connais que quatre échantillons de cette espèce provenant du calcaire carbonifère des environs de Tournai, dans lequel elle parait être assez rare.

Musée de Bruxelles.

Genre AMPLEXUS, *Sowerby.*

AMPLEXUS.   Sowerby, 1814. *Mineral conchology*, t. I, p. 165.
CYATHOPHYLLUM (pars).   Bronn, 1834. *Lethaea geogn.*, 1ʳᵉ édit., t. I, p. 50.
TURBINOLIA (pars).   Fischer de Waldheim, 1837. *Oryct. du gouv. de Moscou*, p. 153.
CANINIA (pars).   Michelin, 1841. *Dict. des sc. nat. Suppl.*, t. I, 2ᵉ part., p. 485.
CYATHAXONIA (pars).   Michelin, 1846. *Iconogr. Zoophyt.*, p. 257.
CALOPHYLLUM?   Dana, 1846. U. S. *Explor. expedit.* (Zoophytes), t. I, p. 115.
CYATHINA (pars).   Geinitz, 1846. *Grundr. der Versteinungskunde*, p. 566 (non Ehrenb.).
CYATHOPSIS.   A. d'Orb., 1850. *Prodr. de paléont.*, t. I, p. 105.

TROCHOPHYLLUM ?   d'Eichwald, 1856. *Bull. de la Soc. des natur. de Moscou*, p. 102.
ZAPHRENTIS (pars).   d'Eichwald, 1860. *Lathaea rossica*, t. I, p. 524.
TAENIOLOPAS (pars).   Ludwig, 1866. *Palaeontographica*, t. XIV, p. 201.

Polypier simple, très-long et ordinairement tordu ou replié en partie sur lui-même, entouré d'une épithèque assez mince. Planchers très-bien développés et sensiblement plans, à fossette septale bien prononcée dans les chambres supérieures, mais ayant une tendance à s'effacer dans les parties inférieures du polypier. Cloisons assez peu nombreuses et n'atteignant pas le centre des planchers, qui reste lisse et souvent un peu ondulé.

Lorsque ce genre fut créé en 1814 par Sowerby, on n'avait encore aucune idée bien exacte de l'organisation et de la structure des Polypes, ni de celles des Céphalopodes et même des Mollusques en général. On ne doit donc pas s'étonner que l'auteur anglais à qui l'on doit la connaissance et la détermination d'un grand nombre de fossiles, ait introduit ce genre parmi les Céphalopodes. Cette erreur a été due, en majeure partie, au grand développement des planchers que possèdent plusieurs des espèces de ce genre et particulièrement celle qui a servi de type à la création de celui-ci; en effet, lorsqu'on brise les échantillons, on y remarque souvent une suite de planchers assez régulièrement espacés et ayant quelque ressemblance avec les cloisons des *Orthoceras* et de quelques autres Céphalopodes. La fossette septale même, que Sowerby a prise pour le siphon du fossile, a contribué à le faire verser dans l'erreur qu'il a commise.

A. d'Orbigny s'est trompé en admettant que cette fossette septale n'était pas un caractère général et en créant, pour les espèces qui en étaient pourvues, le genre *Cyathopsis*. Il est bien prouvé aujourd'hui que ce dernier genre fait double emploi et qu'il est complétement inutile.

Suivant MM. Milne Edwards et J. Haime, le genre *Calophyllum* de M. Dana ne parait pas différer de celui que je viens de définir; je ferai la même observation relativement au genre *Trochophyllum* de M. d'Eichwald. Certaines espèces dont M. Ludwig a formé son genre *Taeniolopas*, telle que le *T. deformis*, y appartiennent également.

Les *Amplexus* sont des fossiles exclusivement paléozoïques. Ils paraissent ne pas avoir existé à l'époque silurienne. On n'en cite que deux ou trois espèces devoniennes et douze espèces carbonifères, en laissant de côté celles que M. Ludwig a placées dans cette coupe générique et qui, pour la plupart, n'y appartiennent pas [1]. Ils ont les plus grands rapports avec les *Zaphrentis*, dont ils ne diffèrent que par le faible développement de leurs cloisons. On les distingue des *Campophyllum* par l'absence de toute trace de tissu vésiculaire proprement dit dans les loges intercloisonnaires et par une structure plus régulière de leurs planchers.

1. AMPLEXUS CORALLOÏDES.

(Pl. IV, fig. 12; pl. V, fig. 1; pl. VI, fig. 1, et pl. VII, fig. 1.)

AMPLEXUS CORALLOÏDES.		Sow., 1814. *Miner. conch.*, t. I, p. 165, pl. 72 (non F. Roemer).
—	—	Bronn, 1824. *Syst. der Urw. Konchyl.*, p. 49, pl. 1, fig. 13.
—	—	de Blainv., 1826. *Manuel de Malacologie*, p. 379, pl. 13, fig. 2.
CYATHOPHYLLUM FLEXUOSUM.		Bronn, 1834. *Lethaea geogn.*, 1re édit., t. I, p. 50.
AMPLEXUS SOWERBYI.		Phill., 1836. *Geol. of Yorks.*, t. II, p. 203, pl. 2, fig. 24.
—	CORALLOÏDES.	Agassiz, 1838. *Conchyl. minéral. de Sowerby*, t. I, p. 112, pl. 52, fig. 1-5.
CYATHOPHYLLUM AMPLEXUS.		Münster, 1840, dans Braun, *Verz. der in der Kreis-Nat.-Samml. zu Bayreuth. bef. Petrefakt.*, p. 9.
AMPLEXUS CORALLOÏDES.		de Kon., 1842. *Descript. des anim. foss.*, p. 27, pl. B, fig. 6.
—	SOWERBYI.	Mc Coy, 1844. *Syn. of the carb. foss. of Irel.*, p. 185.
—	CORALLOÏDES.	Kutorga, 1844. *Verhandl. der K. Russ. miner. Gesells. zu Petersb.*, p. 82, pl. 9, fig. 1.
—	—	Michelin, 1846. *Iconogr. zoophyt.*, p. 256, pl. 59, fig. 6.
—	—	Bronn, 1848. *Index palaeont.*, p. 67.
—	—	A d'Orb., 1850. *Prodr. de paléont.*, t. I, p. 158.
—	—	Milne Edw. et J. Haime, 1851. *Polyp. foss. des terr. paléoz.*, p. 342.
—	—	Bronn et F. Roemer, 1851. *Lethaea geogn.*, Th. II, p. 193, pl. V1, fig. 10.
—	—	Mc Coy, 1851. *Brit. palaeoz. foss.*, p. 92.
—	—	Milne Edw. et J. Haime, 1852. *Brit. foss. Corals*, p. 173, pl. 36, fig. 1.
—	—	Quenstedt, 1852. *Handb. der Petrefaktenk.*, p. 661, pl. 59, fig. 31 u. 32.
—	—	J. Morris, 1854. *Cat. of brit. foss.*, p. 46.
—	ALTERNANS.	d'Eichw., 1855. *Bullet. de la Soc. des natur. de Moscou*, p. 48.
—	CORALLOÏDES.	J. Marcou, 1858. *Geol. of North Amer.*, p. 53.
—	—	Milne Edw., 1860. *Hist. nat. des Corall.*, t. III, p. 348.
—	—	d'Eichw., 1860. *Lethaea rossica*, t. I, p. 525.
—	ALTERNANS.	Id. Ibid., p. 526.
—	CORALLOÏDES.	de Fromentel, 1861. *Introd. à l'étude des polyp. foss.*, p. 285.
—	SOWERBYI.	R. Owen, 1861. *Palaeontology*, p. 26, fig. 1.
—	CORALLOÏDES.	Winkler, 1863. *Cat. syst. de la coll. paléont. du Musée Teyler*, p. 27.

[1] Voir *Palaeontographica*, t. XIV, pp. 146 et suiv.

Si l'on en juge par les fragments que l'on connait de cette espèce, on doit croire que dans des conditions favorables, elle a dû atteindre une longueur de 40 à 50 centimètres. On en connait depuis longtemps la base, mais ce n'est que récemment que j'en ai découvert le calice (voir pl. VI, fig. 1a). Plusieurs échantillons m'ont présenté des traces régulières d'adhérence à d'autres corps, en sorte qu'il ne peut plus y avoir de doute que cette espèce ne soit sessile, au moins dans son jeune âge. La forme régulière de ce polypier est celle d'un cylindre ou, pour mieux dire, d'un cône très-allongé, dont le diamètre augmente lentement et faiblement pendant la croissance. A l'origine, il est plus turbiné que lorsqu'il a pris un certain développement. Souvent, au lieu d'être parfaitement cylindrique, il est plus ou moins comprimé latéralement et présente une section ovale. Ordinairement sa forme est irrégulière et il est plus ou moins contourné; ses bourrelets d'accroissement sont peu prononcés; l'épithèque est mince et fait souvent défaut; lorsqu'elle existe, elle est finement striée en travers; sa disparition permet d'apercevoir des sillons longitudinaux, parallèles entre eux et équidistants, correspondant au bord extérieur des cloisons. Chez les adultes, ces cloisons sont toutes à peu près égales, assez distantes les unes des autres, minces et tout à fait marginales. Leur nombre est très-variable et dépend de l'âge et du diamètre du polypier. Sur un échantillon de 4 à 5 centimètres de diamètre, j'en ai compté jusqu'à 64, tandis que sur un échantillon d'environ 1 centimètre de diamètre, je n'en ai constaté que 24. Les planchers sont beaucoup plus développés que dans aucune autre espèce, peu bosselés et à surface lisse sur presque toute leur étendue; leur nombre est considérable, et ils sont assez rapprochés l'un de l'autre; la fossette septale est large et peu profonde; c'est à cette structure spéciale que l'on doit attribuer la facilité avec laquelle les polypiérites de cette espèce se partagent en segments plus ou moins nombreux et l'impossibilité dans laquelle on s'est trouvé jusqu'ici d'en obtenir un individu complet. Le calice est peu profond, à bords droits et à cloisons minces et peu apparentes. Sur le seul échantillon sur lequel j'ai pu le constater et sur lequel les bords étaient intacts, il n'avait qu'une profondeur de 2 1/2 millimètres, quoique son diamètre fût de 14 millimètres.

Cette espèce se distingue de toutes ses congénères par la longueur extraordinaire que ses polypiérites peuvent atteindre, par le peu d'ornements dont sa surface est garnie et par le faible développement de ses cloisons. Ce dernier caractère ne permet pas de la confondre avec l'*A. ibicinus*, Fischer, et l'*A. Yandelli*, Milne Edwards et J. Haime. .

Localités. — L'*A. coralloïdes* est très-répandu dans le calcaire carbonifère. M. Dupont l'a trouvé dans les assises d'Etrœng; le même naturaliste en a recueilli un très-grand nombre d'échantillons de toutes formes et de tout âge, dans le calcaire de Waulsort et de Celle-Vève, près Dinant; mon fils l'a rencontré à Ostemrée, dans un calcaire identique à celui de Waulsort. Je l'ai trouvé moi-même à Visé et à Tournai, où il est rare. On l'a observé en Irlande, près de Dublin et de Cork, à Kildare, à Carlingford, à Lauth, dans le comté de Clare, à Hook-head, dans le comté de Wexford, à Carrig, dans le comté de Tipperary (Hellier Baily), à Kerry et à Killarney; en Écosse, à Longside, Broadstone et Roughwood (R. Craig); en Angleterre, il existe à Bolland, à Kettlewel et à l'île de Man (Phillips). J'ai constaté sa présence dans un échantillon de grès carbonifère provenant de l'Ohio et dans un autre de calcaire carbonifère de Burlington, dans l'Iowa; MM. Milne Edwards et J. Haime l'indiquent comme se trouvant encore à Varsaw, dans l'Illinois, et à Cosatschi-Datchi, dans l'Oural; Kuturga le dit très-fréquent dans le calcaire carbonifère blanc de Sterlitamack (gouvernement d'Orenbourg), et M. d'Eichwald le signale à Kamenskaja, près de Jekatherinebourg; J. Haime a rapporté avec quelque doute à cette espèce, un fragment de polypier recueilli au village de Pecos, dans la Sierra de Mongoyon, par M. J. Marcou.

Musées de Bruxelles, de Liége, de Louvain, de Paris, de Londres, de Cambridge (Massachusetts), de Haarlem, etc.

2. AMPLEXUS IBICINUS.

(Pl. VI, fig. 2.)

TURBINOLIA IBICINA.	Fischer de Waldheim, 1837. *Oryct. du gouv. de Moscou*, p. 153, pl. 50, fig. 5.
CYATHOPHYLLUM IBICINUM.	d'Eichw.? 1840. *Jahrb. für Mineral.*, p. 628.
— MITRATUM (pars).	de Kon., 1842. *Descr. des anim. foss.*, p. 22, pl. C, fig. 5d (coeteris exclusis) (non *H. mitratus*, Schloth.).

10

CYATHOPHYLLUM PLICATUM (pars). de Kon., 1842. *Descr. des anim. foss.*, p. 22, pl. C, fig. 4c, 4d et 4e (fig. coet. exclus.).

CANINIA CORNU-BOVIS.   Michelin, 1845. *Iconogr. zoophyt.*, p. 185, pl. 47, fig. 8a (fig. 8b, excl.'.

CYATHOPHYLLUM IBICINUM.   Keyserl., 1846. *Wiss. Reise in das Petchora-Land*, p. 167, pl. 2, fig. 5.

—   —   Bronn, 1848. *Index palaeont.*, p. 368.

CANINIA CORNU-BOVIS.   *Id.*   *Ibid.,*   p. 213.

CYATHOPSIS CORNU-BOVIS.   A. d'Orb., 1850. *Prodr. de pal. univ.*, t. I, p. 105.

SYPHONOPHYLLIA IBICINA.   *Id.*   *Ibid.,*   p. 158.

DIPHYPHYLLUM IBICINUM.   *Id.*   *Ibid.,*   p. 159.

CYATHOPSIS CORNU-BOVIS.   Mc Coy, 1851. *Brit. pal. foss.*, p. 90.

AMPLEXUS CORNU-BOVIS.   Milne.Edw. et J. Haime, 1851. *Polyp. foss. des terr. paléoz.*, p. 345, pl. 2, fig. 1 et 1a (fig. coeteris exclusis).

—   —   Milne Edw. et J. Haime, 1852. *British fossil Corals*, p. 174.

—   —   J. Morris, 1854. *Cat. of brit. foss.*, p. 46.

—   —   Pictet, 1857. *Traité de paléont.*, t. IV, p. 452, pl. 107, fig. 17a et 17b (fig. 17c excl.).

—   —   Milne Edw., 1860. *Hist. nat. des Corall.*, t. III, p. 349.

ZAPRENTIS ARIETINA.   d'Eichw., 1860. *Lethaea rossica*, t. I, p. 524.

AMPLEXUS CORNU-BOVIS.   de Fromentel, 1861. *Introd. à l'étude des polyp. foss.*, p. 285.

—   —   Ludwig, 1865. *Palaeontographica*, t. XIV, p. 146, pl. 32, fig. 3.

CYATHAXONIA (?) (sp.).   Geinitz, 1866. *Carbonformation u. Dyas in Nebraska*, p. 65, pl. 5, fig. 3.

Polypier assez long, cylindro-conique, fortement recourbé à sa base, souvent tordu ou irrégulièrement contourné sur lui-même. Épithèque assez épaisse et fortement plissée; bourrelets d'accroissement bien marqués, mais souvent irréguliers. Calice circulaire, assez profond, à bords verticaux, garni de trente à trente-six cloisons minces, droites, alternant avec un même nombre de plus petites et s'avançant très-peu sur les bords du plancher. Celui-ci est lisse et presque tout à fait plan, à l'exception de la fossette septale qui est très-bien marquée, de forme circulaire et située très-près de la muraille. Les planchers sont assez rapprochés les uns des autres et leur diamètre équivaut aux trois quarts de celui du calice. Ce polypier peut prendre d'assez grandes dimensions. Le Musée de Louvain en possède un segment qui a environ 10 centimètres, mais qui a dû être beaucoup plus long. Le diamètre du calice est de 2 centimètres 25.

Cette espèce est très-voisine de la suivante que M. Ludwig a désignée sous le nom de *A. cornuformis,* par le nombre de ses cloisons principales et par le diamètre de son calice; mais elle en diffère par ses dimensions et surtout par l'absence complète de cloisons intermédiaires.

Lorsque, en 1842, j'ai publié mon ouvrage sur les animaux fossiles du terrain carbonifère de la Belgique, j'ai confondu quelques échantillons assez mal conservés de cette espèce, avec des espèces décrites par Goldfuss. On ne sera pas surpris de cette confusion, si l'on veut bien se rappeler combien était peu avancée, à cette époque, l'étude des Polypes paléozoïques, dont l'organisation et la classification méthodique n'ont véritablement été connues et dont l'étude n'a fait des progrès réels que depuis la publication, en 1850-1852, des travaux classiques de MM. Milne Edwards et J. Haime.

Par des recherches faites sur les lieux mêmes, qui ont fourni à Fischer de Waldheim la plupart des fossiles carbonifères qu'il a décrits dans son *Oryctographie du gouvernement de Moscou*, j'ai pu m'assurer que l'espèce désignée par lui sous le nom de *Turbinolia ibicina*, est identique avec l'*A. cornu-bovis*, Michelin; il a donc fallu abandonner le nom spécifique proposé par ce dernier, pour conserver celui qui lui est antérieur de plusieurs années; il est probable que MM. Milne Edwards et J. Haime eussent opéré ce changement, si l'exécution défectueuse de la figure et la description incomplète de l'espèce données par l'auteur russe, ne les eussent empêchés de la reconnaître.

Contrairement à l'avis de ces deux savants actinologistes, je suis persuadé que le polypier décrit par M. de Keyserling, sous le nom de *Cyathophyllum ibicinum*, est identique avec l'espèce désignée sous le même nom spécifique par Fischer. La seule différence qui existe entre les échantillons figurés par les deux auteurs, consiste en ce que la surface de l'un a été plus fortement entamée que celle de l'autre; mais il n'en est pas de même de l'espèce décrite par M. Lonsdale, sous le nom de *Caninia ibicinia* [1], qui ne s'y rapporte aucunement et semble même appartenir à un genre différent.

M. d'Eichwald place le *T. ibicina* de Fischer dans le genre *Zaphrentis* et le réunit au *T. arietina* du même auteur, pour en faire son *Z. arietina*. Il suffit de comparer les deux figures publiées par Fischer, pour s'assurer qu'elles ne peuvent pas appartenir à la même espèce; mais comme il est assez probable que celle précisément à laquelle Fischer a donné le nom

[1] *Russia and the Ural Mount.*, t. I, p. 617, pl. A, fig. 6.

d'*arietina*, appartient aux *Zaphrentis*, le nom de M. d'Eichwald pourra être consacré à celle-ci exclusivement.

Je suis porté à croire que le polypier représenté par M. Geinitz dans son travail sur la formation carbonifère et dyasique de Nebraska, pl. V, fig. 3, et auquel il n'a pas donné de nom, appartient à l'espèce dont il est ici question. En tout cas, il est facile de s'apercevoir que ce polypier n'appartient pas au genre *Cyathaxonia*, dont il ne possède aucun des caractères, ainsi qu'on pourra s'en assurer plus loin.

Je crois, en outre, pouvoir assurer que MM. Milne Edwards et J. Haime ont fait erreur, en rapportant à la même espèce les divers échantillons qu'ils ont figurés sous le nom de *A. cornu-bovis*. L'étude d'un grand nombre d'individus de tout âge et de toute grandeur m'a prouvé que les caractères de l'*A. ibicinus* sont très-constants, que ses planchers sont en général régulièrement espacés et que, sous ce rapport, ils ressemblent aux planchers de l'espèce précédente, mais qu'il n'en est pas de même des planchers de l'*A. cornuformis*, Ludwig, chez lequel ils sont beaucoup plus irréguliers et tels que les représentent les sections verticales figurées par les auteurs français [1]. C'est pour cette raison que je considère ces sections comme appartenant à la dernière espèce que je viens de citer.

A mon avis encore, la figure 1*b* de la même planche représente le calice d'une troisième espèce dont j'ai pu examiner de nombreux échantillons et que j'ai désignée sous le nom de *A. cornu-arietis*, tandis que la figure 1*e* représente un fragment de *Zaphrentis* et non d'*Amplexus* proprement dit.

Cette confusion, faite par des auteurs d'un mérite transcendant, par ceux même qui ont le plus insisté sur la séparation complète de ces deux genres, peut servir d'argument en faveur de mon opinion qui tend à les faire réunir et à n'attribuer à chacun d'eux que la valeur d'une section d'un seul et même groupe.

La figure 8*l* de la planche 47 de l'*Iconographie zoophytologique* de Michelin me paraît aussi représenter un *Zaphrentis*, plutôt que l'espèce que je viens de décrire.

---

[1] *Polyp. foss. des terr. paléoz.*, pl. II, fig. 1*c* et 1*d*.

Localités. — Cette espèce n'est pas rare dans le calcaire carbonifère des environs de Tournai et d'Ath; elle a été trouvée par Fischer de Waldheim dans le calcaire carbonifère blanc de Mjatchkowa, près Moscou, où j'ai pu, à mon tour, constater sa présence; M. de Keyserling l'a rencontrée sur les bords de la Soiva. En Angleterre, elle a été signalée à Corwen? par M. Mc Coy, et dans le Derbyshire et l'Yorkshire, par M. Morris; mais MM. Milne Edwards et J. Haime font observer que tous les échantillons qui leur ont été communiqués en Angleterre, leur ont semblé provenir des environs de Tournai [1]. Néanmoins j'ai pu me convaincre qu'elle existe dans le calcaire carbonifère de Fermanagh, en Irlande, où elle est accompagnée du *Cyathaxonia cornu*, Mich., et d'où je l'ai reçue par M. Ed. Wood.

M. Marcou a recueilli l'échantillon figuré par M. Geinitz et dont il a été question plus haut, dans le terrain carbonifère de Flattesmouth (États-Unis). C'est sans doute par erreur que Michelin et, après lui, A. d'Orbigny ont signalé cette espèce dans le terrain devonien de Ferques.

Musées de Bruxelles, de Liége, de Louvain, de Paris, de Londres, de Cambridge (Massachusetts), etc.

3. Amplexus cornuformis.

(Pl. VI, fig. 3.)

Amplexus cornu-bovis (pars). Milne Edw. et J. Haime, 1850. *Polyp. foss. des terr. pal.*, p. 343, pl. 2, fig. 1, c et 1, d (fig. coet. excl.).
— cornuformis. Ludwig, 1865. *Palaeontographica*, t. XIV, p. 151, pl. 34, fig. 2.

Polypier assez court, trapu, turbiné, fortement recourbé, recouvert d'une épithèque mince, à bourrelets d'accroissement faibles, dans les échantillons dont la croissance a été régulière. Calice circulaire à bords tranchants, cloisons subégales au nombre de trente-deux, minces, droites et bien développées; plancher concave, un peu bosselé, n'occupant que le tiers du diamètre du calice; fossette septale grande et située du côté de la grande courbure; pas de traces de cloisons intermédiaires. Hauteur, 3-4 centimètres; diamètre du calice, 1,50-1,60; profondeur de celui-ci, 1,20 centimètre.

[1] *Brit. fossil Corals*, p. 175.

J'ai déjà eu occasion de faire remarquer que cette espèce possède les plus grands rapports avec la précédente, et j'ai longtemps hésité à l'en séparer; mais ayant eu l'occasion d'examiner plusieurs échantillons qui tous présentaient les mêmes caractères distinctifs, j'ai fini par me convaincre qu'il y avait lieu de les considérer comme une forme distincte, principalement caractérisée par l'absence complète de cloisons intermédiaires ou rudimentaires et semblable à cet égard à l'*Amplexus coralloïdes*, dont elle n'atteint jamais la longueur et dont les planchers ont bien plus d'étendue, sont plus réguliers et sont beaucoup plus plans. Mais comme cette dernière, lorsque l'épithèque est détruite, elle a sa surface extérieure ornée de larges côtes, produites par de petits sillons longitudinaux, indiquant le bord extérieur des cloisons. Elle en diffère encore par sa petite taille et par l'accroissement rapide de son diamètre; je suis très-porté à croire que l'échantillon figuré et décrit par M. d'Eichwald, sous le nom de *Trochophyllum radiatum* [1], appartient aussi à l'espèce dont il est ici question. Si cette prévision se réalisait, le nom proposé par M. Ludwig pour la désigner, devrait faire place à celui que M. d'Eichwald lui a donné antérieurement.

Ainsi que je l'ai déjà fait observer, c'est à cette espèce que je rapporte les sections longitudinales attribuées par MM. Milne Edwards et J. Haime à l'*A. ibicinus.*

Localité. — Je n'ai trouvé l'*A. cornuformis* que dans le calcaire carbonifère des environs de Tournai. L'échantillon décrit et figuré par M. Ludwig provient de la même localité. L'échantillon décrit par M. d'Eichwald a été recueilli dans le calcaire à *Pr. giganteus,* de Kalouga.

Musées de Bruxelles et de Louvain.

AMPLEXUS CORNU-ARIETIS.

(Pl. VI, fig. 4.)

AMPLEXUS CORNU-BOVIS (pars). Milne Edw. et J. Haime, 1850. *Polyp. foss. des terr. paléoz.*, pl. 2, fig. 1*b* (fig. coet. exclusis).

TAENIOLOPAS DEFORMIS?   Ludwig, 1866. *Palaeontologica*, t. XIV, p. 204, pl. 53, fig. 2.

[1] *Lethaea rossica*, t. I, p. 528, pl. XXXIII, fig. 10.

Polypier en forme de cône recourbé et assez régulier dans le jeune âge, mais dont l'accroissement ultérieur est intermittent ou irrégulier; ordinairement assez long et recourbé ou tordu sur lui-même. Épithèque épaisse, à bourrelets d'accroissement bien prononcés et souvent très-irréguliers. Calice circulaire assez petit, peu profond, à bords inclinés, muni de vingt-quatre à trente cloisons principales entre lesquelles on aperçoit de faibles traces de cloisons rudimentaires; ces cloisons, assez régulièrement espacées et minces, s'étendent jusqu'à une faible distance du centre du plancher, dont une petite partie circulaire et centrale est lisse; celui-ci est déprimé en forme d'entonnoir très-évasé. La fossette septale, très-bien marquée, est assez profonde et s'avance jusqu'au tiers environ du diamètre du calice; dans le jeune âge, elle est toujours située du côté de la grande courbure et assez près de la muraille, mais par suite des torsions irrégulières du polypier, sa position est très-variable chez les individus adultes.

Ainsi que je l'ai fait observer déjà, cette espèce est très-voisine de l'*A. ibicinus*, avec lequel MM. Milne Edwards et J. Haime me semblent l'avoir confondue, en la considérant comme une variété de celle-ci. En effet, c'est à l'*A. cornu-arietis* que j'attribue la figure 1*b* de la planche II de ces auteurs; en la comparant à la figure 1*a* de la même planche, on remarque facilement la différence qui existe entre elles; c'est ainsi que la première indique la présence de vingt-huit et l'autre de trente-quatre cloisons principales et que le diamètre de la surface libre du plancher de l'une est beaucoup plus petit que celui de l'autre.

On conçoit que lorsqu'on n'a qu'un petit nombre d'échantillons à sa disposition, on puisse difficilement se résoudre à admettre l'existence des deux espèces; mais lorsqu'on a eu l'occasion d'en étudier un assez grand nombre de tout âge et de toute taille, et que l'on a pu s'assurer que les caractères de l'une et de l'autre se maintiennent et se retrouvent sur tous ces échantillons, le doute n'est plus possible.

Ainsi, le diamètre de l'*A. cornu-arietis* est toujours plus petit que celui de l'*A. ibicinus* dans des échantillons de même taille et approximativement de même âge; le nombre des cloisons principales du premier varie de vingt-quatre à trente, mais ne dépasse pas ce dernier chiffre, tandis qu'il est de trente à trente-six chez l'autre; mais ce qui le différencie avant tout, c'est l'inclinaison et l'étendue de ses cloisons, ainsi que la forme déprimée de ses planchers.

Il n'est pas impossible que l'échantillon de Tournai que M. Ludwig a décrit et figuré sous le nom de *Taeniolopas deformis* dût être rapporté à cette espèce.

Localités. — Jusqu'ici, cet *Amplexus* n'a encore été rencontré que dans le calcaire carbonifère des environs de Tournai, dans lequel MM. Le Hon et Henne en ont recueilli plusieurs échantillons.

Musées de Bruxelles et de Paris.

5. AMPLEXUS NODULOSUS.

(Pl. VI, fig. 5.)

AMPLEXUS NODULOSUS.	Phill., 1841. *Palaeoz. foss. of Cornwall*, p. 8.	
—	SERPULOÏDES. de Kon., 1842. *Descr. des anim. foss.*, p. 28, pl. B, fig. 7 et	
—	NODULOSUS. Mc Coy, 1844. *Syn. of the carb. foss. of Irel.*, p. 185.	
—	SERPULOÏDES. Michelin, 1846. *Iconogr. zoophyt.*, p. 146, pl. 59, fig. 7.	
—	— Bronn, 1848. *Index palaeont.*, p. 67.	
—	NODULOSUS. Id. Ibid., ibid.	
—	SERPULOÏDES. A. d'Orb., 1850. *Prodr. de paléont.*, t. V, p. 158.	
—	NODULOSUS. Milne Edw. et J. Haime, 1850. *Pol. foss. des terr. paléoz.*, p. 345.	
—	— Id., id. 1852. *Brit. foss. Corals*, p. 175.	
—	— J. Moris, 1854. *Cat. of brit. foss.*, p. 54.	
—	— Milne Edw., 1860. *Hist. nat. des Corall.*, t. III, p. 350.	
—	— de Fromentel, 1861. *Introd. à l'étude des pol. foss.*, p. 185.	

Polypier très-long, subcylindrique, flexueux, entouré d'une épithèque très-forte et offrant de distance en distance des bourrelets circulaires en forme d'anneaux saillants, entre lesquels on observe facilement les lignes longitudinales indiquant les bords extérieurs des cloisons. Cloisons au nombre de trente environ, très-marginales. Fossette septale peu prononcée; planchers lisses, peu distants les uns des autres et légèrement ondulés. Calice inconnu. Longueur totale du polypier, 6-8 centimètres; diamètre, 6 millimètres.

Je dois reconnaître que M. J. Phillips a distingué cette espèce avant moi, mais il l'a désignée pour ainsi dire accidentellement et d'une manière si vague dans un ouvrage presque exclusivement destiné à l'étude des fossiles dévoniens, qu'il n'est pas étonnant que je ne l'aie pas reconnue dans les quelques mots qu'il consacre à sa description et qu'en 1842, peu de temps après la publication de l'ouvrage du savant géologue anglais, je lui aie donné un autre nom, la croyant encore inédite.

Cette espèce ressemble, par la saillie de ses bourrelets, à l'*A. annulatus*, de Verneuil et J. Haime, des assises devoniennes inférieures d'Espagne et de France; elle en diffère en ce que les bourrelets de cette dernière espèce sont plus éloignés les uns des autres (2 centimètres environ) et qu'au-dessus de ces bourrelets il existe un rétrécissement assez marqué.

Localités. — Je n'ai trouvé qu'un petit nombre d'exemplaires de cette espèce dans le calcaire carbonifère de Visé. M. Phillips l'a découverte en Angleterre dans le calcaire carbonifère inférieur, mais il n'en indique pas la localité. Suivant M. Mc Coy, elle existe à Black-Lion et à Enniskillen en Irlande. Je dois faire observer néanmoins que malgré des recherches assez étendues que j'ai faites dans cette dernière localité, je ne suis pas parvenu à l'y trouver.

Musées de Bruxelles et de l'École des mines de Paris.

6. Amplexus spinosus.

(Pl. VI, fig. 6.)

Amplexus spinosus.	de Kon., 1842. *Descr. des anim. foss.*, p. 28, pl. C, fig. 1.
Cyathina ? spinosa.	Geinitz, 1846. *Grundr. der Versteinerungsk.*, p. 567.
Cyathaxonia spinosa.	Michelin, 1846. *Iconogr. zoophyt.*, p. 257, pl. 59, fig. 10.
Amplexus spinosus.	Bronn, 1848. *Nomenclator palaeont.*, p. 67.
Cyathaxonia spinosa.	A. d'Orb., 1850. *Prodr. de paléont.*, t. I, p. 158.
Calophyllum spinosum.	Mc Coy, 1850. *Brit. pal. foss.*, p. 91.
Amplexus spinosus.	Milne Edw. et J. Haime, 1851. *Polyp. foss. des terr. pal.*, p. 346.
— —	*Id.*, 1852. *Brit. foss. Corals*, p. 176.
— —	J. Morris, 1854. *Cat. of brit. foss.*, p. 46.
— —	Milne Edw., 1860. *Hist. nat. des Corall.*, t. III, p. 350.
— —	de Fromentel, 1861. *Introd. à l'étude des pol. foss.*, p. 285.

Polypier allongé, cylindro-conique, un peu contourné, à base effilée, entouré d'une épithèque rudimentaire et de bourrelets d'accroissement peu apparents. Dans sa partie inférieure, la surface est ordinairement armée

11

d'épines ascendantes. Calice assez profond, garni de seize cloisons principales très-minces et denticulées; plancher très-développé surtout chez les
jeunes sujets et faisant quelquefois saillie au centre du calice; fossette septale
fort petite et peu distincte. Hauteur totale, 3 à 4 centimètres; diamètre du
calice, environ 1 centimètre.

Dans son état normal, cette espèce est facile à distinguer de toutes ses congénères par les épines dont sa surface est garnie; mais il arrive que celles-ci
font défaut; en ce cas, la profondeur des sillons qui séparent les côtes et le
peu d'épaisseur de celles-ci peuvent encore servir à la reconnaître. Je ne
comprends pas comment M. Geinitz a pu supposer qu'elle appartient au
genre *Cyathina*.

Localités. — J'ai découvert, en 1842, l'*A. spinosus* dans le calcaire
carbonifère des environs de Tournai; depuis lors, sa présence a été signalée
dans le schiste carbonifère noirâtre de Poolwart, dans l'île de Man et de
Langside, de Broadstone et de Roughwood en Écosse (R. Craig).

Musées de Bruxelles, de Liége, de l'École des mines de Paris et de Cambridge en Angleterre.

7. AMPLEXUS LACRYMOSUS.

(Pl. VI, fig. 7.)

Polypier de forme subcylindrique, faiblement arqué, à épithèque très-
mince sous laquelle on aperçoit facilement un assez grand nombre de côtes
bien prononcées, qui, de distance en distance, se relèvent et produisent un
petit appendice spiniforme, à base très-allongée; ces appendices forment des
rangées horizontales assez régulières et équidistantes. Les bourrelets d'accroissement sont faibles et irréguliers. Le calice est inconnu, mais la grande
distance qui existe entre les planchers fait augurer qu'il a dû être assez profond. Les planchers, à peu près plans et lisses, occupent une très-grande
étendue; les cloisons sont minces, subégales, très-peu développées et au
nombre de trente-quatre. La fossette septale primaire n'est indiquée que par
une dépression peu sensible. Les planchers sont assez régulièrement séparés
les uns des autres par un espace d'environ un demi-centimètre. Il est pro-

bable que cette espèce peut atteindre une assez forte longueur; son diamètre est d'environ 2 centimètres. Les deux extrémités en sont inconnues.

Cette espèce ressemble à l'*A. coralloïdes* par la forme de ses planchers et même par celle de ses cloisons et de sa fossette septale, mais elle s'en distingue facilement par les appendices spiniformes dont sa surface extérieure est couverte et dont on n'aperçoit pas de traces sur l'*A. coralloïdes*. Il est impossible de la confondre avec l'*A. spinosus*, de Kon., à cause de ses dimensions, ainsi que de la forme et de la disposition de ses appendices. Elle a encore de l'analogie avec l'*A. arundinaceus*, Lonsdale [1], dont elle diffère principalement par ses appendices spiniformes.

Localité. — Les seuls échantillons de cette espèce que je connaisse ont été découverts par M. E. Dupont dans le calcaire carbonifère de Celle-Vêve, près Dinant.

Musée de Bruxelles.

8. AMPLEXUS HENSLOWI.

(Pl. VII, fig. 2.)

CYATHOPHYLLUM CERATITES.	Michelin, 1845. *Iconogr. zooph.*, p. 181, pl. 47, fig. 3 (non Goldf.).	
AMPLEXUS HENSLOWI.	Milne Edw. et J. Haime, 1851. *Polyp. foss. des terr. pal.*, p. 346, pl. 10, fig. 3.	
— —	*Id.*, 1852. *Brit. foss. Car.*, p. 176, pl. 34, fig. 5.	
— —	J. Morris, 1854. *Cat. of brit. foss.*, p. 46.	
— —	Milne Edw., 1860. *Hist. nat. des Corall.*, t. III, p. 351.	
— —	de Fromentel, 1861. *Introd. à l'étude des polyp. foss.*, p. 285.	

Polypier de taille moyenne, de forme turbinée, faiblement et régulièrement recourbé, recouvert d'une épithèque mince qui s'enlève facilement et met à découvert de nombreuses côtes subégales et planes; bourrelets d'accroissement faibles. Calice profond au centre, à bords épais. Trente-six cloisons minces, droites, à bords dentelés, ne dépassant que peu le pourtour du plancher; celui-ci est plan et parfaitement lisse. La fossette septale est assez petite; elle ne paraît pas correspondre au côté de la grande courbure; c'est du moins ce que j'ai pu constater sur deux échantillons du calcaire carbonifère du Tennessee qui se trouvent au Musée de Bruxelles et qui tous deux ont

---

[1] DE STRZELECKI, *Phys. descr. of New South-Wales and Van Diemens's Land*, p. 267, pl. VIII, fig. 1.

leur calice dégagé de la roche. Dans l'un de ces échantillons la fossette n'est que faiblement latérale, tandis que dans l'autre elle est tout à fait sur le côté. Les planchers paraissent être nombreux et s'étendre presque d'une paroi de la muraille à l'autre. Hauteur du polypier, environ 6 centimètres; diamètre du calice, 3 $^1/_2$.

Cette espèce se distingue de toutes les autres par la forme et la grande dimension de son calice relativement à la longueur totale des individus et par le nombre de ses cloisons.

Localités. — MM. Milne-Edwards et J. Haime indiquent cet *Amplexus* dans le calcaire carbonifère de Visé; il doit y être fort rare, car je ne l'y ai jamais observé. M. Henslow, à qui il a été dédié, l'a trouvé dans le calcaire carbonifère de l'île de Man. On le cite encore des environs de Boulogne-sur-mer. Je l'ai reçu du Tennessee, avec quelques autres fossiles carbonifères de ce pays.

Musées de Bruxelles, du Jardin des Plantes et de l'École des mines de Paris, de la Société géologique de Londres, etc.

9. AMPLEXUS ROBUSTUS.
(Pl. VI, fig. 8.)

Polypier assez long, subturbiné, fortement, mais régulièrement recourbé, recouvert d'une épithèque assez épaisse. Bourrelets d'accroissement bien prononcés. Le calice, que je ne connais que par une section longitudinale, est circulaire et peu profond. Planchers très-étendus, plans au milieu et brusquement relevés vers les bords; ils sont nombreux, rapprochés et subparallèles entre eux. Le nombre des cloisons que je n'ai pu compter qu'approximativement à l'aide de la faible apparence des côtes qui se remarque à la surface extérieure, est d'environ cinquante. Hauteur totale, environ 10 centimètres; diamètre du calice, 4 centimètres; profondeur de celui-ci, 8 millimètres. Cette espèce, qui a quelque analogie avec la précédente, s'en distingue facilement par le grand développement de ses planchers, par sa forme plus courbée et moins turbinée, ainsi que par l'épaisseur de son épithèque et celle de ses bourrelets d'accroissement.

Localité. — M. Dupont n'a trouvé qu'un seul échantillon de cette espèce dans le calcaire carbonifère jaunâtre d'Anseremme.

Musée de Bruxelles.

10. AMPLEXUS HAIMEANUS.

(Pl. VI, fig. 9, et pl. VII, fig. 3.)

Polypier de petite taille, de forme conique, faiblement courbé, à bourrelets d'accroissement assez peu marqués, entouré d'une épithèque assez forte, laissant à peine entrevoir les côtes produites par les cloisons, et portant chez quelques individus de petits prolongements spiriformes. Calice circulaire, profond, à bords tranchants, presque droits. Trente-deux cloisons principales subégales, très-minces, très-peu saillantes au-dessus, mais se recourbant au fond du calice et s'étendant sur le pourtour du plancher supérieur de manière à en laisser une partie médiane circulaire parfaitement lisse; ces cloisons alternent avec un égal nombre de cloisons intermédiaires presque aussi apparentes qu'elles, mais celles-ci s'arrêtent au fond du calice, autour duquel règne une sorte de sillon, produit par les bords déprimés du plancher, qui est assez fortement bombé. La fossette septale est remplacée par deux cloisons très-rapprochées l'une de l'autre, subparallèles, plus saillantes que toutes les autres, et situées du côté de la grande courbure. Le fond des loges formées par les cloisons est ondulé et subvésiculeux. Hauteur, environ 3 centimètres; diamètre du calice, 12 millimètres; sa profondeur, 1 centimètre.

Je ne connais aucune espèce d'*Amplexus* qui soit comparable à celle-ci. Seul l'*A. spinosus,* de Kon., s'en rapproche un peu par la forme bombée de son plancher supérieur, mais sa taille plus élancée, ses ornements extérieurs et la grande différence qui existe entre ses cloisons principales et intermédiaires, ne permettent pas de le confondre avec celui-ci, quoique sa fossette septale ne soit pas non plus très-apparente. Mais le caractère le plus saillant de l'*A. Haimeanus* consiste dans la structure pariétale de ses loges. Aucune autre espèce actuellement connue ne présente cette structure, ou du moins ne l'offre au même degré apparent. Le remplacement de sa fossette septale par une double cloison plus développée que les autres est encore une particularité qui, jointe à la structure pariétale, aurait peut-être pu suffire pour en faire le type d'un nouveau genre, si certaines espèces de *Zaphrentis* ne m'avaient offert une structure très-analogue.

Je consacre cette espèce à la mémoire de mon excellent ami, J. Haime, dont je déplore encore la mort prématurée.

Localité. — Je n'ai trouvé qu'un seul échantillon de cet *Amplexus* dans le calcaire carbonifère de Tournai.

Musée de Bruxelles.

GENRE **ZAPHRENTIS**, *Rafinesque et Clifford.*

CARYOPHYLLIA (pars).	Lesueur, 1820. *Mémoires du Muséum*, t. VI, p. 297.
ZAPHRENTIS.	Rafinesque et Clifford, 1820. *Ann. génér. des sc. phys.*, par Van Mons, Drapiez et Bory-Sᵗ-Vincent, t. V, p. 234.
TURBINOLIA (pars).	Rafinesque et Clifford, 1820. *Ann. génér. des sc. phys.*, par Van Mons, Drapiez et Bory-Sᵗ-Vincent, t. V, p. 233.
CYATHOPHYLLUM (pars).	Goldf., 1820. *Petref. German.*, t. I, p. .
ANTHOPHYLLUM (pars).	*Id.* *Ibid.*, p. 46.
CANINIA.	Michelin, 1841. *Dict. des sc. nat.*, t. I, 2ᵉ part., p. 485.
SIPHONOPHYLLIA.	Scouler, 1844. In *Mᶜ Coy, Syn. of carb. foss. of Irel.*, p. 187.
STROMBODES?	Mᶜ Coy, 1847. *Ann. and. mag. of nat. Hist.*, 1ʳᵉ ser., t. XX, p. 227.
CYATHOPSIS (pars).	*Id.*, 1850. *Brit. pal. foss.*, p. 91.
ZAPHRENTIS.	Milne Edw. et J. Haime, 1851. *Polyp. foss. des terr. pal.*, p. 164.
TAENIOCYATHUS (pars).	Ludwig, 1866. *Palaeontographica*, t. XIV, p. 199.
ASTROTHYLACUS (pars).	*Id.* *Ibid.*, p. 209.

Polypier simple, allongé, libre et finement pédicellé, entouré d'une épithèque complète. Calice plus ou moins profond; pas de columelle; une seule fossette septale très-développée, située au-devant de la cloison primaire; cloisons nombreuses et en général bien développées, à bord dentelé et s'étendant à la surface des planchers jusqu'au centre de la chambre viscérale, ou à peu près.

En comparant la définition [1] de ce genre créé en 1820 un peu au hasard, par Rafinesque et Clifford, à celle qui sert à caractériser le genre *Amplexus,*

[1] C'est à dessein que j'ai emprunté cette définition presque textuellement à MM. Milne Edwards et J. Haime.

on se demandera probablement quels sont les caractères essentiels qui les séparent l'un de l'autre. Quant à moi, je dois avouer que je ne les aperçois pas. La seule différence sensible qui existe entre les deux, consiste dans l'étendue relative des cloisons. Ainsi, tandis que chez les *Amplexus* ces cloisons sont généralement petites·et n'occupent que les bords des planchers, chez les *Zaphrentis* elles sont très-développées et s'étendent le plus souvent jusqu'au centre, ou à peu près, de ces mêmes planchers; en outre, chez ces derniers la fossette septale principale est ordinairement plus développée. On peut répondre à cette observation, qu'il existe des espèces intermédiaires, c'est-à-dire des espèces possédant des planchers lisses sur une grande partie de leur étendue et qui néanmoins ont été classées parmi les *Zaphrentis*. (Ex. *Z. cylindrica*) et d'autres qui, bien qu'ayant des planchers presque entièrement couverts de cloisons, ont été rangées parmi les *Amplexus*. (Ex. *A. spinosus.*)

Je maintiens donc l'opinion que j'ai émise, il y a vingt-cinq ans, et qui n'a pas encore été réfutée, à savoir que les *Zaphrentis* ne sont que des *Amplexus* dont la fossette septale est plus marquée et dont les planchers sont plus complétement couverts par les cloisons. Il ne me semble pas qu'une aussi minime différence ait dù apporter une modification sensible dans l'organisation de l'animal des espèces·composant ces deux groupes, qui, à mon avis, ne doivent former que des sections d'un seul et unique genre.

Néanmoins, par la considération que presque tous les paléontologistes et géologues ont adopté les deux noms, je continuerai à m'en servir tout en ne leur conservant que la signification que je viens d'indiquer, afin d'éviter les confusions que produirait le changement proposé.

J'ai déjà fait observer que les loges intercloisonnaires sont ordinairement garnies de traverses qui, ainsi que.l'a fort bien démontré le Dr Kunth, disparaissent souvent à cause de leur extrême ténuité et alors paraissent ne pas avoir existé. Elles laissent néanmoins subsister des traces de leur présence, sous forme de fossettes plus ou mois marquées et disposées en lignes verticales sur la paroi murale des loges intercloisonnaires, comme le démontre la figure 6*b*, planche X, du *Z. Delanouei*. J'ai constaté également ces traverses intercloisonnaires sur plusieurs espèces d'*Amplexus*, et principalement sur les *A. Henslowi* et *ibicinus*, Fischer. Michelin les a même indiquées dans la figure 8*a* de la planche 47, par laquelle il a représenté cette dernière espèce.

Ce même auteur, ne connaissant pas le travail de Rafinesque et de Clifford, a proposé, en 1840, le genre *Caninia* pour des espèces dont les caractères correspondent à ceux des *Zaphrentis* et pour quelques autres qui appartiennent aux *Amplexus*. C'est une nouvelle preuve de la difficulté que l'on éprouve à limiter convenablement ces deux groupes, et à leur assigner des caractères propres. Malgré cela, A. d'Orbigny partage en quatre genres distincts les *Amplexus* et les *Zaphrentis*, à savoir : en *Amplexus* proprement dits, en *Cyathopsis*, qui, d'après lui, *ne sont que des* Amplexus *ayant une partie creusée latéralement en dedans de la cellule* (calice); en Caninia, *qui sont des* Cyathophyllum, *avec une partie latérale creusée comme les* Cyathopsis; et enfin en Syphonophyllia, *qui sont des* Caninia *dont le syphon* (fossette septale) *est central au lieu d'être latéral* [1]. Il suffit d'énoncer ces caractères dont quelques-uns même n'existent pas (par exemple, le dernier), pour démontrer qu'ils ne peuvent pas servir à circonscrire une coupe générique.

Il y a quelques années, M. Ludwig a publié des recherches assez étendues sur un certain nombre de Polypes paléozoïques, parmi lesquels se trouvent des *Zaphrentis*. A cette occasion, l'auteur cherche à définir le genre d'après la méthode et la nomenclature qu'il a exposées, mais il est facile de s'apercevoir que les échantillons de Tournai qui lui ont été fournis sous les noms de *Z. ibicinus, cornucopiae* et *Delanouei*, Milne Edwards et J. Haime, n'appartiennent pas à ces espèces; que tous sont de véritables *Amplexus* et problablement même des individus d'âge différent de l'*A. ibicinus*, Fischer. La position dorsale donnée à la fossette septale par l'auteur, dans les figures qui sont censées représenter la projection et la coupe du *Z. Delanouei*, chez lequel cette fossette est ventrale, suffirait, au besoin, pour démontrer l'erreur que je signale [2].

Les *Zaphrentis* sont des Polypes essentiellement paléozoïques, qui ont

---

[1] A. d'Orbigny, *Prodrome de paléont.*, t. I, pp. 105 et 158.

[2] R. Ludwig, *Zur Palaeontologie des Urals*, p. 26, pl. VIII, fig. 3 et 4 (Palaeontographica, t. X, année 1862).

eu leur plus grand développement à l'époque carbonifère. Les terrains silurien et devonien n'en ont fourni qu'un petit nombre d'espèces.

MM. Milne Edwards et J. Haime ont partagé les *Zaphrentis* en trois groupes, comprenant :

Le premier, les espèces à planchers très-développés et à fossette septale bien marquée.

Le deuxième, les espèces à planchers médiocrement développés et à fossette septale peu prononcée.

Et le troisième, les espèces à planchers médiocrement développés et à fossette septale bien marquée.

Ce sont ces dernières qui sont les plus nombreuses.

I

1. ZAPHRENTIS EDWARDSIANA.

(Pl. VII, fig. 4.)

CANINIA CORNU-BOVIS. Michelin, 1846. *Iconogr. zoophyt.*, p. 185, pl. 47, fig, 8*b* (fig. 8*a*, exclusà).
AMPLEXUS CORNU-BOVIS. Milne Edw. et J. Haime, 1850. *Polyp. foss. des terr. paléoz.*, p. 343, pl. 2, fig. 1*e* (fig. caet. et syn. exclusis).
—   —   Pictet, 1857. *Traité de paléont.*, t. IV, p. 452, pl. 107, fig. 17*c* (fig. caet. excl.).

Polypier en cône régulièrement recourbé, de taille médiocre, assez trapu, à épithèque très-épaisse, à bourrelets d'accroissement généralement assez peu prononcés. Calice assez profond, à bords circulaires, un peu émoussés. Cloisons principales au nombre de trente à trente-quatre, bien marquées, assez régulièrement espacées entre elles, sauf quelques-unes avoisinant la fossette septale, qui sont soudées vers leur partie inférieure; ces cloisons s'étendent en lames minces sur une partie du plancher dont elles laissent le centre parfaitement lisse; les planchers sont faiblement bombés et très-rapprochés les uns des autres; la fossette septale est marginale, large et très-profonde; elle est située du côté de la grande courbure et possède la forme d'un bec d'entonnoir s'emboîtant dans celui qui se trouve immédiatement en dessous en produisant ainsi la disposition représentée d'un côté, par Michelin, et de

12

l'autre, par MM. Milne Edwards et J. Haime à l'aide des figures citées dans la synonymie. Cette disposition, que ces savants ont attribuée à l'*A. ibicinus* (*cornu-bovis* de Michelin), ne lui appartient pas, ainsi que j'ai pu m'en assurer par de nombreuses coupes; jamais un échantillon bien caractérisé de cet *Amplexus* ne m'a fourni une fossette profonde; je l'ai, au contraire, toujours trouvée courte et émoussée; d'un autre côté, je n'ai pas remarqué que l'espèce dont il est ici question, prenne le grand développement qu'offrent certains échantillons de l'*A. ibicinus* et que sa plus grande longueur dépasse 4 centimètres; le diamètre du calice est de 2 centimètres et sa profondeur de 1 centimètre environ.

Cette espèce forme en quelque sorte la transition du genre *Amplexus* au genre *Zaphrentis* et n'est comparable qu'au jeune âge de l'*A. ibicinus;* mais, ainsi que je viens de le faire observer, la fossette septale n'est jamais aussi profonde chez ce dernier que chez le *Zaphrentis,* dont, en outre, les cloisons occupent une plus grande surface du plancher.

Localité. — Cette espèce n'est pas très-rare dans le calcaire carbonifère de Tournai.

Musées de Bruxelles, de Louvain et de Liége.

2. ZAPHRENTIS CYLINDRICA.

(Pl. VII, fig. 5; pl. VIII, fig. 1, et pl. XV, fig. 1.)

CYATHOPHYLLUM FUNGITES.	Portlock, 1843. *Report on the geol. of Londonderry*, etc., p. 332 (non *Turbinolia fungites*, Flem.).
CANINIA GIGANTEA.	Michelin, 1843. *Iconogr. zooph.*, p. 81, pl. 16, fig. 1 (non *Caryophyllia gigantea*, Lesueur; nec *Zaphrentis gigantea*, Ludwig).
SIPHONOPHYLLIA CYLINDRICA.	Scouler, 1844. In Mᶜ Coy, *Syn. of the carb. foss. of Irel.*, p. 187, pl. 27, fig. 5.
CANINIA CYLINDRICA.	Lonsdale, 1845. In *Murch., de Vern. and Keyserl. Russia, and the Ural. Mount.*, t. I, p. 616.
— —	Bronn, 1848. *Nomenclator palaeont.*, p. 213.
CANINIA GIGANTEA.	Id. *Ibid.,* ibid.
— —	Mᶜ Coy, 1849. *Ann. and mag. of nat. Hist.*, 2ᵈ ser. t. III, p. 133 (non *Z. gigantea*, Ludwig).
— —	A. d'Orb., 1850. *Prod. de paléont.*, t. I, p. 158.
SIPHONOPHYLLIA CYLINDRICA.	Id. *Ibid.,* ibid.
ZAPHRENTIS CYLINDRICA.	Milne Edw. et J. Haime, 1851. *Polyp. foss. des terr. pal.*, p. 339.

CANINIA GIGANTEA. Mc Coy, 1851. *Brit. pal. foss.*, p. 89.
ZAPHRENTIS CYLINDRICA. Milne Edw. et J. Haime, 1852. *Brit. fossil Corals*, p. 171, pl. 35, fig. 1.
CANINIA LONSDALII. de Keyserl. Schrenk, *Reise in den Nordosten Russl.*, t. II, p. 88, pl. 1, fig. 1-3.
ZAPHRENTIS CYLINDRICA. Morris, 1854. *Cat. of brit. foss.*, p. 69.
— — J. Marcou, 1858. *Geol. of North Amer.*, p. 53, pl. 7, fig. 8.
— — Milne Edw., 1860. *Hist. nat. des Corall.*, t. III, p. 345.
— — d'Eichw., 1860. *Lethaea rossica*, t. I, p. 521.
— — de Fromentel, 1861. *Introd. à l'étude des pol. foss.*, p. 286.
— — J. Young, 1868. *Trans. of the geol. Soc. of Glasgow*, t. I, p. 20.
— — R. Craig, 1869. *Ibid.*, t. III, p. 290.

Polypier très-long, de forme subcylindrique un peu courbée, entouré d'une forte épithèque, à bourrelets d'accroissement très-développés. Planchers plus ou moins ondulés, de grande étendue et très-rapprochés les uns des autres; leur fossette septale est proportionnellement petite et varie beaucoup dans la position qu'elle occupe par rapport à la direction de courbure du polypier; mais elle est toujours très-rapprochée du bord extérieur. Les cloisons sont nombreuses; j'en ai compté soixante-six sur l'échantillon que j'ai figuré; elles sont minces, assez serrées, alternent avec un égal nombre de petites cloisons, et s'étendent quelquefois jusque vers le centre du plancher sous forme de fines côtes. Les loges intercloisonnaires sont remplies de traverses vésiculaires sur une épaisseur de 7 à 8 millimètres, à partir du bord extérieur; ces traverses sont indépendantes des planchers et sont plus apparentes dans cette espèce que dans d'autres à cause de sa taille gigantesque.

Il est probable que ce polypier, dont la forme n'est pas toujours très-régulière, comme le démontre la figure 1 de la planche XV, a dû atteindre une longueur de 30 à 40 centimètres et peut-être une longueur plus grande encore. Son diamètre varie de 5 à 7 centimètres; la profondeur du calice est de 18 millimètres dans l'unique échantillon sur lequel j'ai pu l'observer.

Cette espèce n'est comparable, à cause de sa grande taille, qu'aux *Z. gigantea*, Lesueur, du terrain devonien, et *Herculina*, de Kon.; elle diffère de la première par ses traverses vésiculaires, dont celle-ci ne possède aucune trace; en outre, les bourrelets d'accroissement sont mieux marqués dans le *Z. cylindrica* que dans l'espèce devonienne. On trouvera plus loin la différence qui existe entre elle et le *Z. robusta*.

Ce n'est qu'avec quelque doute que M. Lonsdale rapporte à l'espèce dont il est ici question, un fragment de polypier carbonifère, recueilli à l'Est d'Usolie, sur le Volga, quoiqu'il ait pu constater que, dans ses principales parties, ce fragment avait la plus grande analogie avec les échantillons irlandais auxquels il l'a comparé.

Selon M. d'Eichwald, le polypier décrit par M. le comte de Keyserling, sous le nom de *Caninia Lonsdalii*, appartient à cette espèce.

Il n'est pas impossible que le *Z. alveata*, constituée sur un grand fragment de polypier recueilli dans le gouvernement de Perm, soit identique avec celui-ci [1].

Localité. — En Belgique, cette espèce n'a encore été rencontrée que dans le calcaire carbonifère de Tournai [2] et de Leffe près de Dinant; elle y est même assez rare. Elle a été trouvée plus abondamment dans le calcaire de Juigné et de Sablé, en France (Michelin); en Angleterre, elle existe à Swansea, à Easkey et à Kulkeag (Milne Edwards et J. Haime); à Castleton Bay, dans l'île de Man (Mc Coy); en Écosse, dans le calcaire de Langside et de Broadstone (R. Craig) et dans le schiste calcareux de Corrie-burn (J. Young), et en Irlande, à Fermanagh (J. Morris), à Carnteel, à Clonoë (Portlock) et à Hook-head, d'où M. Hellier Baily m'a expédié quelques beaux échantillons. M. J. Marcou l'a trouvée en abondance dans le calcaire de la Sierra de Sandia et à Tigeras, en Amérique. M. d'Eichwald l'indique dans le calcaire noir de Toula aux environs du village d'Alexine et dans celui des bords de la Malaja Swetlaja, affluent de l'Indiga. Partout elle caractérise les couches inférieures du calcaire carbonifère.

Musées de Bruxelles, de Liége, de Londres, de Cambridge et de Bristol.

3. Zaphrentis bullata.

(Pl. VII, fig. 6.)

Polypier subcylindrique, à épithèque forte et épaisse, à bourrelets d'accroissement très-marqués et souvent tranchants sur les bords. Calice circulaire, profond, à bords faiblement inclinés vers la partie centrale, mais cou-

[1] Ludwig, *Zur Palaeontologie des Urals*, p. 29, pl. IX, fig. 1.
[2] Les échantillons représentés planche VII, figure 5, et planche XV, figure 1, ont été trouvés dans ce calcaire par M. le major Le Hon.

verts à l'intérieur de larges vésicules endothécales, irrégulières, sur lesquelles la terminaison des cloisons est peu marquée. Cloisons au nombre de cinquante-six principales, alternant avec le même nombre de cloisons rudimentaires qui n'atteignent pas le plancher supérieur; les cloisons principales sont extrêmement minces, subégales, assez hautes et s'étendent jusque vers le milieu du plancher, sous forme de minces côtes, très-peu élevées à partir du point où elles se mettent en contact avec lui; celui-ci, dont le diamètre égale environ le tiers du diamètre total du calice, est à peu près plan. La fossette septale n'est pas très-large, mais très-rapprochée de la partie murale, très-profonde et bien marquée; elle est partagée en deux par la cloison primaire principale, mais celle-ci est moins bien développée que ne le sont les cloisons principales adjacentes.

Je rapporte à cette espèce quelques échantillons que je considère comme en représentant le jeune âge (pl. VII, fig. 6*b* et 6*c*), mais chez lesquels les cloisons sont moins nombreuses et moins bien développées, tandis qu'ils possèdent assez bien tous les autres caractères essentiels que je viens d'indiquer.

Les deux seuls fragments d'individus adultes que j'aie eus à ma disposition et qui tous deux possèdent heureusement leur calice, démontrent que cette espèce a dû prendre un assez grand développement et que sa longueur n'a pas dû être moindre de 12 à 15 centimètres; le diamètre du calice est de 3 1/2 centimètres et sa profondeur de 2 1/2 centimètres.

Par sa forme extérieure ce *Zaphrentis* est voisin du précédent, dont il diffère par la largeur de ses vésicules et par la profondeur de son calice et de sa fossette septale.

Localité. — Tous les échantillons dont je viens de parler proviennent du calcaire carbonifère de Tournai. La plupart y ont été recueillis par M. le major Le Hon.

Musée de Bruxelles.

4. Zaphrentis patula.

(Pl. VIII, fig. 2.)

CYATHOPHYLLUM PLICATUM. de Kon., 1842. *Descrip. des anim. foss.*, p. 22, pl. C, fig. 4*b* (caet. exclusis) (non Goldfuss).
CANINIA PATULA. Michelin, 1846. *Iconogr. zoophyt.*, p. 255, pl. 59, fig. 4.

CANINIA PATULA.   M° Coy, 1849. *Ann. and mag. of nat. Hist.*, 2ᵈ ser., t. III, p. 133, pl. 59, fig. 4.
—   —   A. d'Orb., 1850. *Prod. de paléont.*, t. I, p. 158.
CYATHOPSIS FUNGITES. M° Coy, 1850. *Brit. palaeoz. foss.*, p. 91.
ZAPHRENTIS PATULA.   Milne Edw. et J. Haime, 1850. *Pol. foss. des terr. pal.*, p. 338.
—   —   *Id.,*   *id.,*   1852. *Brit. foss. Corals*, p. 171.
—   —   J. Morris, 1854. *Cat. of brit. foss.*, p. 69.
—   —   Milne Edw., 1860. *Hist. nat. des Corall.*, t. III, p. 348.
—   —   de Fromentel, 1861. *Introd. à l'étude des pol. foss.*, p. 286.
—   —   J. Young, 1868. *Trans. of the geol. Soc. of Glasgow.*, t. I, p. 56.
—   —   R. Craig, 1869.   *Ibid.,*   t. III, p. 290.

Polypier en forme de cône allongé, faiblement courbé, pédicellé et portant des bourrelets d'accroissement bien marqués. Calice grand et profond. Cloisons principales au nombre de quarante à cinquante, minces, bien développées, n'atteignant pas complétement le centre du calice, mais se courbant légèrement sur elles-mêmes au fond de celui-ci, et alternant avec un égal nombre de cloisons rudimentaires. Fossette septale large et profonde, ne s'étendant pas jusqu'au centre, mais toujours située du côté de la grande courbure. Les planchers sont bien développés et assez rapprochés. Hauteur, environ 6 centimètres, diamètre du calice, 2,5, et profondeur de celui-ci, 1,5 centimètre, dans les échantillons adultes.

Le *Z. Roemeri,* Milne Edwards et J. Haime, est l'espèce dont celle-ci se rapproche le plus, mais elle en diffère en ce que sa courbure est moins forte et ses cloisons plus minces et plus droites; sa taille relativement beaucoup plus faible et le plus grand développement de sa fossette septale serviront à le distinguer du *Z. Halli*, Milne Edwards et J. Haime.

Lorsque, en 1842, j'ai commencé la description des fossiles carbonifères de la Belgique, j'ai confondu plusieurs espèces de *Zaphrentis* ensemble, et je les ai décrites sous le nom de *Cyathophyllum plicatum,* Goldfuss. C'est sous cette dénomination que j'ai figuré un échantillon de l'espèce dont il est ici question, espèce que Michelin a reconnue peu de temps après comme inédite.

Les paléontologistes qui voudront bien se rappeler le chaos dans lequel se trouvait encore à cette époque l'histoire naturelle des animaux inférieurs, excuseront non-seulement l'erreur que je signale, mais encore quelques autres semblables dans lesquelles je suis tombé.

Localités. — Je n'ai rencontré le *Z. patula* que dans le calcaire carbonifère de Tournai. M. Éd. Dupont l'a recueilli dans le calcaire carbonifère d'Etrœng; Bouchart-Chantereaux l'a trouvé dans le calcaire carbonifère des environs de Boulogne-sur-Mer; M. Mᶜ Coy le cite de Hook, en Irlande, de Craigie, près Kilmarnock, de Glasgow et de Blyth, en Écosse; de Ronald's-Way, dans l'île de Man, et de Kendal, en Angleterre; M. R. Craig indique son existence dans le schiste carbonifère de Langside, et M. J. Young, dans celui de Corrie-burn et de Craigenglen, en Écosse. Il paraît être rare partout.

Musées de Bruxelles, du Jardin des Plantes et de l'École des mines de Paris, de Cambridge en Angleterre, etc.

II

5. Zaphrentis Herculina.
(Pl. IX, fig. 1.)

Astrothylacus giganteus. Ludwig, 1866. *Palaeontographica*, t. XIV, p. 209, pl. 56, fig. 1 (non *Caninia gigantea*, Michelin; nec *Caryophyllia gigantea*, Lesueur).

Polypier très-long, subcylindrique, irrégulièrement conformé et contourné sur lui-même, à épithèque très-forte et à bourrelets d'accroissement très-épais et irréguliers. Le calice est subcirculaire, en forme d'entonnoir très-profond et peu évasé; le nombre total de ses cloisons est de quatre-vingt-dix; elles sont minces, ondulées sur leur bord et alternativement un peu plus petites les unes que les autres; elles se dirigent en rayonnant vers le fond du calice qui paraît être formé d'un petit plancher lisse et central; la fossette septale est petite, peu distincte et située du côté de la courbure principale. Les loges interseptales sont très-vésiculeuses; les vésicules sont assez petites et s'observent facilement par l'enlèvement de la moindre partie de l'épithèque; sur celle-ci on n'observe que des traces assez confuses et assez peu marquées des cloisons; la disposition interne des planchers m'est inconnue.

Les dimensions que ce polypier peut atteindre doivent être assez considérables, puisque le seul échantillon que j'aie pu en étudier, bien que mutilé à sa base, possède encore une longueur de 17 centimètres; le diamètre de son calice est de 6 centimètres, et sa profondeur de 3 centimètres.

Par ses dimensions ce *Zaphrentis* se rapproche du *Z. cylindrica*, Scouler, avec lequel on pourrait facilement le confondre en l'absence de son calice; il en diffère surtout par la profondeur du calice, par la petite étendue lisse de ses planchers et surtout par le nombre et la disposition de ses cloisons. Il a aussi beaucoup de rapports avec le *Z. patula*, Michelin, par le nombre de ses cloisons, par la quantité considérable de ses traverses vésiculaires ainsi que par l'irrégularité de sa forme, mais on l'en distingue facilement par la forme beaucoup plus évasée de son calice, la faible étendue de son plancher supérieur et l'exiguïté de sa fossette septale et, enfin, par ses dimensions beaucoup plus considérables, ses bourrelets d'accroissement moins réguliers et plus épais.

Il suffit de comparer la figure que je donne de ce *Zaphrentis* à celle que M. Ludwig a publiée sous le nom de *Astrothylacus giganteus*, pour être persuadé que toutes deux représentent la même espèce. La forme du calice est identique et la surface des deux échantillons est recouverte en partie de l'*Aulopora gigas*, Mc Coy. Je suis convaincu que l'un et l'autre proviennent du terrain carbonifère. Cela me paraît d'autant plus certain, que M. Ludwig constate lui-même que l'échantillon décrit par lui, qui appartient au Musée grand-ducal de Hesse-Cassel, ne porte aucune indication de provenance et qu'on s'est borné à le placer parmi les polypiers devoniens, ce qui est évidemment une erreur. Je n'ai pas pu conserver le nom spécifique de *gigantea* imposé à ce *Zaphrentis* par M. Ludwig, afin de ne pas le confondre avec le *Zaphrentis gigantea*, Lesueur.

Localité. — Outre l'échantillon de cette espèce dont il vient d'être question, je ne connais que celui qui a été mis à ma disposition et qui a été recueilli dans le calcaire carbonifère de Tournai par M. le major Le Hon. Une partie de sa surface extérieure est couverte d'*Aulopora gigas*, Mc Coy.

Musées de Bruxelles et de Cassel.

6. ZAPHRENTIS TORTUOSA.

(Pl. IX , fig. 2.)

CYATHOPHYLLUM PLICATUM.	de Kon., 1842. *Descript. des anim. foss.*, p. 22, pl. C, fig. 4a (fig. caet. exclusis) (non Goldfuss).
— —	Geinitz, 1846. *Grundr. der Verstein.*, p. 571 (non Goldfuss).
ZAPHRENTIS TORTUOSA.	Milne Edw. et J. Haime, 1851. *Pol. foss. des terr. pal.*, p. 335.
— —	Milne Edw., 1860. *Hist. nat. des Corall.*, t. III, p. 342.
— —	de Fromentel, 1861. *Introd. à l'étude des pol. foss.*, p. 285.
TAENIOCYATHUS ARTICULATUS?	Ludwig, 1866. *Palaeontographica*, t. XIV, p. 200, pl. 52, fig. 3.

Polypier long, ordinairement irrégulier et tortueux, à cause de l'intermittence de son accroissement, entouré d'une forte épithèque. Le calice est grand, profond et subcirculaire, à bords droits et tranchants. Un grand nombre de cloisons très-minces, très-rapprochées les unes des autres, mais alternativement un peu différentes et se réunissant au centre en s'infléchissant un peu sur elles-mêmes à une petite distance de celui-ci. La fossette septale est subdorsale, pas très-large, mais très-apparente dans les échantillons bien conservés; elle n'occupe pas une position invariable et se trouve souvent située en dehors du plan de la courbure du polypiérite. Le nombre des cloisons peut s'élever jusqu'à cent, mais on rencontre peu d'individus qui les possèdent au complet; les loges intercloisonnaires sont remplies d'un nombre considérable de petites traverses vésiculaires, par lesquelles cette espèce se rapproche des *Cyathophyllum* et principalement du *C. multiplex*, de Keyserling. Les grands échantillons ont une longueur de 10 à 12 centimètres et le diamètre de leur calice est de 3 à 4 centimètres, avec une profondeur d'environ 2 centimètres.

MM. Milne Edwards et J. Haime supposent que c'est à ce *Zaphrentis* que se rapporte l'espèce carbonifère que M. Mc Coy désigne sous le nom de *Caninia flexuosa* et qu'il indique de Kendal [1], mais qui ne peut en aucune façon être identifiée avec l'espèce devonienne décrite par Goldfuss, sous le nom de *Cyathophyllum flexuosum*.

[1] *Ann. and mag. of nat. Hist.*, 2d ser., t. III, p, 133.

13

Ce polypier se distingue facilement de la plupart de ses congénères, par sa forme irrégulière et par le nombre de ses cloisons, lorsque son calice est visible ou lorsqu'on en fait une section; mais lorsqu'il est fortement engagé dans la roche, on pourrait facilement le confondre avec certains échantillons plus ou moins tortueux de l'*Amplexus ibicinus*, Fischer, et surtout avec le *Cyathophyllum multiplex*, de Keyserling. C'est par erreur que MM. Milne Edwards et J. Haime ont rapporté à cette espèce l'échantillon que j'ai représenté planche C, figure 4, *b* de mon ouvrage sur les animaux carbonifères de la Belgique; ainsi que je l'ai fait observer déjà, cet échantillon appartient au *Z. patula* dont il constitue un jeune individu. Il suffit d'en compter le nombre des cloisons pour s'en assurer. Le *Toeniocyathus articulatus* de M. Ludwig me paraît appartenir à cette espèce.

Localité. — Je n'ai rencontré ce *Zaphrentis* que dans le calcaire carbonifère des environs de Tournai. M. le major Le Hon m'en a prêté de beaux exemplaires.

Musées de Bruxelles, du Jardin des Plantes et de l'École des mines de Paris.

7. ZAPHRENTIS GUERANGERI.

(Pl. IX, fig. 3.)

ZAPHRENTIS GUERANGERI. Milne Edw. et J. Haime, 1851. *Polyp. foss. des terr. pal.*, p. 336, pl. 5, fig. 9.
—   — Milne Edw., 1860. *Hist. nat. des Corall.*, t. III, p. 343.

Polypier de taille moyenne, en forme de cône faiblement courbé, pédicellé, ayant des bourrelets d'accroissement peu prononcés; calice circulaire ou légèrement oval, à cavité bien évasée et à bords minces. Quarante à quarante-quatre cloisons principales très-minces, alternant avec le même nombre de cloisons intermédiaires qui n'arrivent que jusqu'au bord extérieur du plancher supérieur, tandis que les autres s'étendent jusqu'au centre de ce plancher, sur lequel elles sont un peu recourbées et relevées.

La fossette septale n'est pas très-grande; elle est située en dehors du plan de la courbure tantôt à gauche, tantôt à droite et s'étend jusqu'au centre; au fond on observe facilement la cloison primaire; l'épithèque est mince et laisse apercevoir les côtes produites extérieurement par les cloisons. Les loges intercloisonnaires sont remplies d'un nombre considérable de petites traverses subvésiculaires, qui donnent au calice un aspect tout particulier, qu'offrent très-peu d'autres espèces et qui, au premier abord, pourraient la faire prendre pour un *Cyathophyllum*. La hauteur du plus grand échantillon que j'ai sous les yeux, n'est que de 6 centimètres; le diamètre de son calice est de 3 centimètres et la profondeur de celui-ci de 1,5. Les proportions indiquées par MM. Milne Edwards et J. Haime sont un peu différentes et respectivement de 5 à 6 centimètres, de près de 4 et de près de 2 centimètres.

Il ne serait pas impossible que ce fût cette espèce dont M. d'Eichwald a indiqué la présence parmi celles recueillies par M. von Helmersen pendant son voyage dans le gouvernement de Novogorod et qu'il a rapportée à la *Turbinolia conica* de Fischer de Waldheim. Les traverses vésiculaires observées sur l'échantillon qu'il a eu sous les yeux, le lui ont fait ranger parmi les *Cyathophyllum;* mais il est allé trop loin, en supposant que probablement elle était identique avec le *Cyathophyllum Stutchburyi,* Milne Edwards et J. Haime (*Turbinolia fungites,* Phill.) [1]. Je suis très-porté à croire même que son échantillon ne peut pas se rapporter à l'espèce décrite par Fischer de Waldheim, sur la figure de laquelle on ne constate pas la présence des lamelles vésiculaires et qui paraît appartenir à un tout autre genre que celui dont je m'occupe en ce moment.

Localités. — Cette espèce se trouve dans le calcaire carbonifère de Tournai, mais elle y est rare. M. Guéranger la possède du calcaire de Juigné, dans le département de la Sarthe. M. von Helmersen semble l'avoir recueillie sur les bords de la Priksha, et moi-même je l'ai rencontrée dans le calcaire carbonifère blanc de Miatckowa. Le calice de l'un des échantillons provenant de ce calcaire a pu être complétement dégagé et ne laisse subsister aucun doute sur l'identité de l'espèce de Polype russe avec celle recueillie en Belgique.

Musées de Bruxelles, de Liége et de Paris.

[1] *N. Jahrbuch für Miner. u. Geol.* von BRONN und LEONHARDT, 1840, p. 628.

8. Zaphrentis excavata.

(Pl. VIII, fig. 3.)

Zaphrentis excavata. Milne Edw. et J. Haime, 1851. *Polyp. foss. des terr. pal.*, p. 337, pl. 2, fig. 5.
— — Milne Edw., 1860. *Hist. nat. des Corall.*, t. III, p. 343.
— — de Fromentel, 1861. *Introd. à l'étude des pol. foss.*, p. 289.

Polypier conique, pédicellé, faiblement courbé à la base; bourrelets d'accroissement peu marqués, calice subcirculaire, à bords minces, d'un grand diamètre et très-profond. Cloisons très-minces, alternativement un peu inégales et finement dentelées au bord; leur nombre est d'environ quatre-vingt-dix; les principales sont à peine courbées près du centre; quelques vésicules endothécales saillantes s'observent vers les bords du calice, dans les loges intercloisonnaires. Hauteur de 4 centimètres; diamètre du calice un peu plus; profondeur de celui-ci, près de 3 centimètres.

Cette espèce a de très-grands rapports avec la précédente, dont elle se distingue par la profondeur et le diamètre de son calice et par un nombre beaucoup moins considérable de vésicules endothécales.

Localités. — Je n'ai trouvé qu'un seul échantillon de ce *Zaphrentis* parmi un grand nombre d'autres espèces du même genre qui m'ont été communiquées par M. Fayn et qui ont été recueillies par lui dans la dolomie carbonifère des environs d'Oneux, faisant partie du gisement de plomb carbonaté et de calamine exploité dans cette localité. M. Guéranger l'a découvert dans le calcaire de Juigné avec l'espèce précédente. Il se trouve dans les couches inférieures du calcaire carbonifère des environs de Tournai.

Musées de Liége et de Bruxelles.

9. Zaphrentis Omaliusi.

(Pl. IX, fig. 4.)

Zaphrentis Omaliusi. Milne Edw. et J. Haime, 1851. *Polyp. foss. des terr. paléoz.*, p. 337, pl. 5, fig. 3.
— — Milne Edw., 1860. *Hist. nat. des Corall.*, t. III, p. 344.
— — de Fromentel, 1861. *Introd. à l'étude pol. foss.*, p. 289.

Polypier de petite taille, en forme de cône un peu allongé, faiblement recourbé, à bourrelets d'accroissement très-peu marqués; calice circulaire, assez profond, à bords minces. Vingt-quatre ou vingt-six cloisons principales assez fortes, mais s'amincissant sur les bords et s'étendant jusqu'au centre du calice, où elles sont faiblement courbées et un peu relevées; elles alternent avec un égal nombre de cloisons rudimentaires peu apparentes. La fossette septale est petite, mais assez profonde, très-distincte et située du côté de la grande courbure. La hauteur varie entre 2 et 3 centimètres; diamètre du calice 12 à 15 millimètres; la profondeur de celui-ci, 6 à 7 millimètres.

Cette espèce que MM. Milne Edwards et J. Haime ont dédiée à mon savant compatriote et confrère M. d'Omalius d'Halloy, dont les travaux importants sont connus de tous les géologues, se distingue des précédentes par sa taille peu élevée et le petit nombre de ses cloisons.

Localités. — J'ai trouvé un assez grand nombre d'échantillons de ce *Zaphrentis*, parmi ceux qui ont été recueillis par M. Fayn, dans la dolomie carbonifère d'Oneux. Je l'ai rencontré encore dans le calcaire carbonifère des environs de Tournai et d'Ath. M. E. Dupont l'a recueilli dans le calcaire de Waulsort.

Musées de Bruxelles et de Paris.

10. Zaphrentis vermicularis.

(Pl. X, fig. 1.)

Polypier petit, ayant la forme d'une corne irrégulière et plus ou moins tordue sur elle-même, à épithèque assez forte et à bourrelets d'accroissement très-bien marqués. Calice à contour légèrement oval, à bords tranchants; cloisons au nombre de vingt-deux ou de vingt-quatre et autant de cloisons rudimentaires alternant avec les principales; ces dernières relativement fortes, disposées en quatre groupes ou quarts de cercle, dont les deux principaux sont composés chacun de cinq cloisons obliques, soudées entre elles sur les côtés et le long de la fossette septale; les deux autres groupes comprennent chacun six cloisons dont une seule est soudée à la cloison latérale principale avant d'avoir atteint le centre du calice, vers lequel toutes les cloisons rayonnent. La cloison primaire principale qui se trouve au fond de la fossette septale est beaucoup moins développée que les autres, tandis que la cloison primaire opposée est peu différente de ses cloisons adjacentes.

La fossette septale est relativement grande et s'étend même jusqu'au delà du centre réel du calice; sa position est dorsale, c'est-à-dire qu'elle est située du côté de la grande courbure de la partie terminale du polypier. Longueur du polypier 1 $\frac{1}{2}$ à 2 centimètres; diamètre du calice, 8 à 9 millimètres; profondeur de celui-ci, 3 millimètres.

J'aurais pu douter que ce Polype dût constituer une espèce réelle, si je n'en avais pas eu à ma disposition plusieurs exemplaires identiques entre eux et ne présentant pas les caractères que l'on rencontre dans le jeune âge des espèces même les plus voisines.

La structure intérieure du calice a quelques rapports avec celle du *Z. Omaliusi*, Milne Edwards et J. Haime, mais les cloisons de ce dernier sont plus régulières et ne sont pas soudées ensemble; en outre, les cloisons intermédiaires sont beaucoup plus prononcées; la forme générale du polypier est plus régulière chez le *Z. Omaliusi* que chez le *Z. vermicularis*.

Localité. — Tous les échantillons de cette espèce proviennent du calcaire carbonifère de Tournai. Elle est assez rare.

Musée de Bruxelles.

III

11. ZAPHRENTIS PHILLIPSI.

(Pl. X., fig. 2.)

ZAPHRENTIS PHILLIPSI. Milne Edw. et J. Haime, 1851. *Polyp. foss. des terr. paléoz.*, p. 332, pl. 5, fig. 1.
— — Id., id., 1852. *Brit. foss. Corals*, p. 34, fig. 2.
— — Pictet, 1857. *Traité de paléont.*, t. IV, p. 452, pl. 107, fig. 16.
— — Milne Edw., 1860. *Hist. nat. des Corall.*, t. III, p. 339.
— — R. Owen, 1861. *Palaeontology*, p. 26, fig. 5.

Polypier de taille moyenne, en forme de cône courbé, ordinairement garni de bourrelets d'accroissement assez prononcés et présentant souvent même une véritable solution de continuité dans la muraille. L'épithèque est assez forte et, lorsqu'elle est bien conservée, elle laisse difficilement apercevoir les côtes. Le calice est circulaire, à bords minces et à cavité très-profonde. Les cloisons principales sont au nombre de trente-deux ; elles sont très-minces et nettement partagées en quatre groupes correspondant aux quatre quarts de cercle indiqués par le Dr Kunth. Celles occupant les deux quarts primaires situés du côté de la fossette septale sont légèrement flexueuses. Toutes alternent avec un égal nombre de cloisons rudimentaires. La fossette septale est grande, profonde, située du côté de la grande courbure et s'étend jusqu'au centre du calice ; la cloison primaire qui se trouve au fond est très-apparente. Hauteur, 2,5 centimètres ; diamètre et profondeur du calice, 15 millimètres.

Cette espèce se distingue surtout de ses congénères par la forme et l'étendue de sa fossette septale. Les espèces les plus voisines sont les *Z. intermedia*, de Koninck et *Z. Konincki*, Milne Edwards et J. Haime. Dans la première la fossette septale est moins large, mais plus étendue ; dans la seconde, les cloisons sont plus épaisses à leur extrémité supérieure et forment un lobe saillant à leur extrémité opposée. J'ai eu occasion d'observer sur un échantillon de cette espèce, la présence d'un grand nombre de traverses intercloisonnaires qui n'avaient nullement été altérées dans les loges même du calice. J'en ai représenté une partie par la figure 2*b* de la planche X. Leur existence confirme entièrement l'opinion du Dr Kunth que j'ai mentionnée page 17, en parlant des *Rugosa*.

Localités. — J'ai rencontré cette espèce assez abondamment dans le calcaire carbonifère des environs de Tournai et d'Ath ; elle est beaucoup plus rare dans le calcaire d'Engis. Elle se trouve encore à Sablé, dans le département de la Sarthe, et en Angleterre, à Frome et à Slat-House (Milne Edwards et J. Haime).

Musées de Bruxelles, de Liége, de Paris, de Londres et de Bristol.

12. ZAPHRENTIS KONINCKI.

(Pl. X, fig. 3.)

ZAPHRENTIS KONINCKI. Milne Edw. et J. Haime, 1851. *Polyp. foss. des terr. pal.*, p. 331, pl. 5, fig. 5.
—   —   Milne Edw., 1860. *Hist. nat. des Corall.*, t. III, p. 358.
—   —   ' de Fromentel, 1861. *Introd. à l'étude des pol. foss.*, p. 287.

Polypier assez petit, en forme de cône allongé, un peu courbé, finement pédicellé, à bourrelets d'accroissement peu apparents. Calice circulaire, assez profond, garni de trente cloisons principales, alternant avec le même nombre de cloisons tout à fait rudimentaires, épaisses dans leur partie supérieure, minces du côté opposé et formant un lobe saillant près de la fossette septale. Cette fossette est profonde, mais elle n'est pas tout à fait dorsale; elle est plus large au milieu qu'à ses extrémités et se trouve placée du côté de la grande courbure. Hauteur, 2 centimètres; diamètre et profondeur du calice, près de la moitié de la hauteur

Cette espèce est très-voisine du *Z. intermedia*, de Koninck, dont elle possède à peu près les proportions, mais elle s'en distingue par la forme circulaire de son calice, l'épaisseur de ses cloisons et la forme moins allongée de sa fossette septale.

MM. Milne Edwards et J. Haime, en me dédiant cette espèce que je leur avais communiquée avec les autres provenant des environs de Tournai et d'Ath qu'ils ont si parfaitement décrites et figurées, ont bien voulu me rendre cette justice, qu'avant de les leur expédier, *je les avais très-bien distinguées* [1]; c'est une preuve que déjà en 1851, époque à laquelle ils ont publié leur premier travail sur ces fossiles, j'avais en grande partie rectifié les erreurs commises en 1842 et que le *résultat de mes recherches* ne leur ont pas été inutiles.

Localité. — J'ai découvert cette espèce dans le calcaire carbonifère des environs de Tournai. Récemment, je l'ai rencontrée assez abondamment parmi les fossiles provenant du gite métallifère d'Oneux, près Theux.

Musées de Paris et de Bruxelles.

---

[1] *Polyp. foss. des terr. paléoz.*, p. 331.

13. Zaphrentis intermedia.

(Pl. X, fig. 4.)

Zaphrentis cornucopiae. Milne Ed. et J. Haime, 1851. *Polyp. foss. des terr. pal.*, p. 331, pl. 3, fig. 4 (non *Caninia cornucopiae*, Michelin).
Cyathopsis cornucopiae? Mc Coy, 1851. *Palaeoz. fossils*, p. 90.
Zaphrentis cornucopiae. Bronn u. F. Roemer, 1851. *Lethaea geogn.*, Th. II, p. 192, pl. V¹, fig. 17.
— — Milne Edw. et J. Haime, 1852. *Brit. foss. Corals*, p. 167.
— — J. Morris, 1854. *Cat. of brit. fossils*, p. 69.

Polypier de petite taille, en forme de cône assez svelte, pédicellé, à bourrelets d'accroissement peu marqués. Calice ovalaire, profond, à fossette septale centro-dorsale allongée. Trente-deux cloisons principales un peu épaissies du côté de la muraille, mais assez minces dans le reste de leur étendue; en arrivant aux bords de la fossette septale, elles se recourbent légèrement et se soudent entre elles en se relevant un peu; elles alternent avec un égal nombre de cloisons intermédiaires plus minces qu'elles, mais assez bien développées. La hauteur de ce polypier dépasse rarement 2 centimètres. Le grand diamètre du calice ainsi que sa profondeur sont d'environ 1 centimètre.

Il me paraît évident que MM. Milne Edwards et J. Haime ont commis une erreur en identifiant l'espèce que je viens de décrire avec celle que Michelin a désignée sous le nom de *Caninia cornucopiae*. Il ne peut pas y avoir le moindre doute que cette dernière ne soit la même que celle que représentent les figures 5*a*, 5*b* et 5*c* de la planche C de mon ouvrage sur les fossiles carbonifères de la Belgique; la synonymie donnée par Michelin en fait foi. Mais, d'un autre côté, MM. Milne Edwards et J. Haime ont reconnu eux-mêmes que ces figures ne se rapportent aucunement à l'espèce décrite par eux sous le nom de *Z. cornucopiae*, puisqu'ils citent ces figures comme représentant leur *Z. Delanouei*, ce qui est une autre erreur, cette espèce ayant la fossette septale située du côté de la petite courbure, tandis que je l'ai figurée du côté opposé.

Comme on le voit, deux espèces bien distinctes ont été confondues ensemble, et c'est afin d'éviter désormais cette confusion que je propose de donner

14

le nom de *Z. intermedia* à celle décrite par MM. Milne Edwards et J. Haime, et de réserver le nom de *Z. cornucopiae* à celle qui a été nommée ainsi par Michelin et que j'ai désignée moi-même, erronément, sous le nom de *Cyathophyllum mitratum*.

J'ai déjà fait observer que ce *Zaphrentis* est très-voisin du précédent, et j'ai indiqué en même temps les caractères à l'aide desquels on parviendra à les distinguer l'un de l'autre.

Localités. — J'ai trouvé cette espèce dans le calcaire carbonifère des environs de Tournai où elle est assez rare. M. Mᶜ Coy croit l'avoir rencontrée à Red-Castle, à Maset-Rath, à Glasgow, dans l'île de Man et à Kendal. Il ne serait pas impossible qu'il l'eût confondue avec la suivante qui est beaucoup moins rare, en Belgique au moins.

14. Zaphrentis cornucopiae.

(Pl. X, fig. 5, et pl. XV, fig. 2.)

Cyathophyllum mitratum.	de Koninck, 1842. *Descr. des anim. foss. du terr. carb. de la Belgique*, p. 22, pl. C, fig. 5a, 5b, 5c (caeteris exclusis).
— —	Geinitz, 1846. *Grundr. der Verstein.*, p. 571 (non Schlot).
Caninia cornucopiae.	Michelin, 1846. *Iconogr. zooph.*, p. 256, pl. 59, fig. 5 (non *Zaphrentis cornucopiae*, Milne Edw. et J. Haime).

Polypier de taille médiocre, en forme de cône allongé assez fortement recourbé, finement pédicellé, à bourrelets d'accroissement peu marqués et à épithèque mince. Calice circulaire, à bords amincis et assez profond; trente à trente-deux cloisons principales bien développées, assez fortes, surtout vers leur partie supérieure, mais ne s'étendant pas jusqu'au centre où se trouve un petit plancher lisse d'environ 2 millimètres de diamètre. La plupart des cloisons sont droites, il n'y a que celles qui sont le plus rapprochées de la fossette septale qui s'infléchissent un peu avant de se rejoindre; elles alternent avec le même nombre de cloisons rudimentaires peu apparentes. La fossette septale, qui est assez grande et profonde, s'étend du centre du calice jusqu'à la muraille; elle est située du côté de la grande courbure. Hauteur, 4 à 5 centimètres, diamètre et profondeur du calice, 1,5 à 2 centimètres.

Ainsi que je l'ai fait observer déjà, MM. Milne Edwards et J. Haime ont confondu cette espèce avec la précédente, dont elle se distingue néanmoins par sa taille qui est beaucoup plus grande, quoique le diamètre du calice soit à peu près le même, et, en outre, par l'existence du petit plancher rudimentaire que l'on observe au fond de sa cavité viscérale et dont il n'existe pas de traces dans le *Z. intermedia.* Elle est très-voisine du *Z. Delanouei,* Milne Edwards et J. Haime, et en possède même la plupart des caractères, sauf celui que l'on peut tirer de la position de la fossette septale, laquelle est dorsale dans le *Z. cornucopiae,* tandis qu'elle est ventrale dans le *Z. Delanouei.*

Il ne serait pas impossible que quelques-uns des moules internes décrits par M. Ludwig se rapportassent à cette espèce, mais je laisse à d'autres la solution de cette question.

Localités. — J'ai trouvé le *Z. cornucopiae* dans le calcaire carbonifère des environs de Tournai et d'Ath où il n'est pas rare. On le rencontre encore dans le calcaire d'Engis.

· Musées de Bruxelles, de Liége et de Louvain.

15. Zaphrentis Delanouei.

(Pl. X, fig. 6.)

Caninia ibicina?	Lonsdale, 1848. *Murch., de Vern. et de Keyserl., Russia and the Ural Mount.,* t. I, p. 607, pl. A, fig. 6.
Zaphrentis Delanouei.	Milne Edw. et J. Haime, 1851. *Polyp. foss. des terr. pal.,* p. 332, pl. 5, fig. 2 (syn. exclusâ).
— —	Milne Edw., 1860. *Hist. nat. des Corall.,* t. III, p. 359.
Zaphrentis Delanouei.	de Fromentel, 1861. *Introd. à l'étude des pol. foss.,* p. 288.
— —	Kunth, 1869. *Zeits. der deuts. geol. Gesells.,* p. 665, pl. 18, fig. 6.

Polypier en forme de cône peu recourbé, n'offrant que de faibles bourrelets d'accroissement. Le calice est circulaire, à bords minces et assez profond. Les cloisons principales, au nombre de vingt-huit ou trente, sont assez robustes, mais étroites dans leur partie supérieure; elles alternent avec le même nombre de cloisons rudimentaires; celles qui sont placées du côté ventral sont un peu flexueuses et s'unissent entre elles sur les bords de la fossette septale. Cette fossette, qui a son origine aux bords d'un petit plancher central et lisse, est profonde, un peu plus large à cette origine que du côté opposé et située du côté de la petite courbure. Hauteur, 3 centimètres; diamètre et profondeur du calice, 1,5.

J'ai déjà eu occasion de faire observer que MM. Milne Edwards et J. Haime ont été induits en erreur, lorsqu'ils ont assimilé cette espèce à celle que j'ai figurée sous le nom de *Cyathophyllum mitratum*, et à laquelle Michelin a donné le nom de *Z. (Caninia) cornucopiae*. Il suffit en effet, de jeter un coup d'œil sur les figures que j'en ai données en 1842, pour s'assurer que la fossette septale s'y trouve située du côté de la grande courbure, tandis que chez le *Z. Delanouei* elle est placée du côté opposé. C'est même par ce caractère que les deux espèces se distinguent principalement l'une de l'autre. C'est sur un fragment du *Z. Delanouei* que le Dr Kunth a observé les rangées de fossettes creusées dans la muraille des loges intercloisonnaires (pl. X, fig. 6*b* et 6*c*) et dont il attribue l'origine à l'existence de lamelles subvésiculaires disparues [1].

Je doute fort que le *Caninia ibicina* [2], Lonsdale, se rapporte à cette espèce, comme le supposent MM. Milne Edwards et J. Haime. Il me semble avoir plus de rapports avec l'espèce précédente, mais les figures sont trop incomplètes pour l'affirmer d'une manière absolue.

J'ai déjà fait remarquer ailleurs [3] que les figures données par M. Ludwig sous le nom de cette espèce, ne peuvent pas lui être attribuées, par la raison que dans ces figures la fossette septale est placée du côté opposé à celui qu'elle devrait occuper.

Localités. — Le *Z. Delanouei* n'est pas très-rare dans le calcaire carbonifère des environs de Tournai; M. Fayn en a recueilli un certain nombre d'échantillons dans la dolomie carbonifère d'Oneux. M. Dupont l'a rencontré dans le calcaire de Waulsort et M. Malaise dans celui de Feluy.

Musées de Bruxelles, de Liége et de Paris.

---

[1] Voir les caractères généraux des *Rugosa*, p. 15.
[2] *Russia and Ural Mount*, t. I, p. 617, pl. A, fig. 6.
[3] Page 82.

16. Zaphrentis cyathina.
(Pl. X, fig. 7, et pl. XV, fig. 5.)

Polypier petit, subconique, sessile, à bourrelets d'accroissement à peine visibles. Calice circulaire, profond, à bords très-minces et droits, au centre duquel se trouve un plancher rudimentaire vers lequel rayonnent régulièrement les vingt-sept cloisons principales, dons la cavité viscérale est garnie; ces cloisons sont très-minces, très-peu proéminentes dans leur partie supérieure et dentelées sur les bords; elles alternent avec un égal nombre de cloisons plus petites, mais encore bien apparentes; la forme de la fossette septale est toute spéciale : elle est produite par deux cloisons principales convergentes formant entre elles un angle aigu; la cloison primaire, qui est la vingt-huitième cloison principale, n'existe qu'à l'état rudimentaire au milieu de la fossette, et ne se distingue guère des cloisons intermédiaires qui se trouvent à ses côtés. Hauteur, 1 centimètre; diamètre du calice, 1 centimètre; profondeur du calice, 5 millimètres.

J'ai longtemps hésité à établir cette espèce, dont je ne connais qu'un seul échantillon, mais la forme si distincte de sa fossette septale, le diamètre si considérable de son calice relativement à la hauteur de sa taille et surtout la propriété de s'attacher par une certaine étendue de sa base aux corps étrangers, m'ont donné la conviction qu'elle ne pouvait se rapporter à aucune des espèces déjà connues. Celle dont elle se rapproche le plus est certainement le *Z. Koninckii*, dont la taille est beaucoup plus grande et dont la fossette septale est d'une forme toute différente.

Localité. — Ce *Zaphrentis* provient du calcaire carbonifère des environs de Tournai. Il y est très-rare.

Musée de Bruxelles.

17. Zaphrentis Nystiana.
(Pl. X, fig. 8.)

Polypier en forme de cône fortement, mais régulièrement courbé, à bourrelets d'accroissement assez faiblement indiqués, recouvert d'une forte épithèque laissant à peine apercevoir les côtes cloisonnaires, à pédicelle grêle et pointu; calice circulaire assez profond, orné de vingt-huit ou trente cloisons principales, alternant avec le même nombre de cloisons rudimentaires de peu d'étendue et dont la longueur ne dépasse pas celle des parois du calice; cloisons principales, minces, espacées assez régulièrement autour du calice et s'étendant toutes jusque vers le centre du plancher, à l'exception des deux ou trois qui se trouvent de chaque côté de la fossette septale et qui se soudent entre elles avant d'avoir atteint le centre; cette fossette infondibuliforme, mais qui n'est ni très-large, ni très-profonde et qui se dirige obliquement du centre vers la paroi extérieure, est située du côté de la grande courbure et n'occupe que les deux tiers du diamètre du calice; elle est partagée en deux par la cloison primaire principale, très-petite et peu apparente, s'étendant jusqu'au fond; la cloison principale opposée est un peu plus saillante que toutes les autres et s'étend au delà du centre, jusque sur le bord de la fossette septale. Les planchers sont très-développés, légèrement bombés dans leur milieu, parfaitement lisses en dessous et assez régulièrement séparés l'un de l'autre par un espace d'environ un millimètre en moyenne. Hauteur du polypier, 30 à 35 millimètres; diamètre du calice, 12 à 13 millimètres; profondeur de celui-ci, environ 10 millimètres.

Ce *Zaphrentis* que je dédie à mon savant confrère et ami M. Nyst, bien connu par ses travaux sur les fossiles tertiaires de Belgique, est très-voisin par la forme de son calice et par la disposition de ses cloisons, du *Z. Bowerbanki*, Milne Edwards et J. Haime. Je l'aurais probablement identifié avec ce dernier, si je n'avais pas eu à ma disposition un assez grand nombre d'exemplaires pour ne conserver aucun doute sur la constance de ses caractères. Jamais sa taille n'atteint celle du *Z. Bowerbanki*, quoique le nombre de ses cloisons soit toujours supérieur à celui que possède ce dernier; enfin sa forme est beaucoup plus grêle et plus arquée et ses bourrelets d'accroissement moins prononcés. Il a aussi de grands rapports avec le *Lophophyllum Dumonti*, Milne Edwards et J. Haime, sur la position générique duquel il me paraît exister des doutes sérieux, ainsi que j'en ai fait l'observation dans la description de cette espèce [1]. Il diffère de celle-ci par le moindre déve-

---

[1] Voir p. 56.

loppement de la cloison primaire opposée faisant saillie sur le plancher et surtout par la disposition régulière des autres cloisons, tandis que chez le *L. Dumonti*, deux des cloisons latérales se soudent entre elles avant d'atteindre le centre ; en outre, la fossette septale est beaucoup plus profonde et dirigée moins obliquement chez le *L. Dumonti* que chez le *Z. Nystiana ;* il forme pour ainsi dire la transition entre les genres *Zaphrentis* et *Lophophyllum*.

Localité. — Je n'ai rencontré cette espèce que dans le calcaire carbonifère de Tournai, où elle n'est pas fort rare.

Musées de Bruxelles et de Louvain.

18. Zaphrentis Cliffordana?

(Pl. X, fig. 9.)

Zaphrentis Cliffordana. Milne Edw. et J. Haime, 1851. *Polyp. foss. des terr. pal.*, p. 329, pl. 3, fig. 5.
—   —   Milne Edw., 1860. *Hist. nat. des Corall.*, t. III, p. 337.
Zaphrentis Cliffordi.   de Fromentel, 1861. *Introd. à l'étude des pol. foss.*, p. 287.

Polypier en forme de cône faiblement courbé, à bourrelets d'accroissement peu marqués. Épithèque très-mince, laissant apparaître des côtes sensiblement égales, minces, mais nettement séparées les unes des autres par de petits sillons. Calice circulaire assez profond, à bords minces. Fossette septale assez grande, oblongue, située du côté de la petite courbure, mais n'atteignant pas le centre. Trente-deux à trente-six cloisons principales, subégales, plus épaisses en dehors qu'en dedans, s'étendant en rayons assez réguliers sur le plancher supérieur dont elles n'atteignent pas tout à fait le centre, qui reste lisse sur une très-faible étendue et qui est un peu concave ; les cloisons alternent avec un égal nombre de cloisons rudimentaires ; toutes sont dentelées sur leurs bords. La cloison primaire correspondant à la fossette septale est située au fond de cette fossette et peu apparente.

La structure interne du calice et la situation de la fossette septale du *Z. Cliffordana* sont très-analogues à celles qu'offre le *Z. Delanouei*, mais l'épithèque de celui-ci est beaucoup plus forte et ne permet pas d'apercevoir des côtes semblables à celles qui ornent la surface de l'espèce à laquelle il est comparé. Sous ce rapport, ce dernier a une grande similitude avec le

Z. centralis, dont il diffère par un plus petit nombre de cloisons et par la situation moins centrale de sa fossette septale.

Localités. — Je ne connais qu'un petit nombre d'échantillons de ce *Zaphrentis* provenant du calcaire carbonifère des environs de Tournai; quelques autres en ont été recueillis par M. Fayn dans la dolomie carbonifère d'Oneux et m'ont été communiqués par cet ingénieur, mais ils sont en très-mauvais état.

Musées de Bruxelles, de Liége et de Paris.

19. Zaphrentis Le Honiana.

(Pl. X, fig. 10.)

Polypier en forme de cornet régulièrement courbé, à épithèque assez forte et à bourrelets d'accroissement peu sensibles et assez réguliers. Calice parfaitement circulaire, à bords assez épais; cloisons principales au nombre de quarante, assez minces, bien saillantes, à section courbe, s'arrêtant à une petite distance du bord et se réunissant toutes au centre du calice en se prolongeant sur le plancher; ces cloisons alternent avec des cloisons intermédiaires presque aussi saillantes qu'elles, mais ne s'étendant pas sur le plancher. La fossette septale est assez petite et limitée par deux cloisons principales auxquelles sont soudées les cloisons intermédiaires qui se trouvent placées entre elles et la cloison primaire; cette dernière occupe le milieu de la fossette, mais elle est moins saillante que toutes les autres. Longueur du polypier, 26 millimètres; diamètre du calice, 15 millimètres; profondeur de celui-ci, 8 millimètres.

Par sa forme générale et par la disposition de ses cloisons, cette espèce a quelque analogie avec la suivante, qui s'en distingue facilement par la profondeur de son calice. Elle diffère du *Z. Konincki*, Milne Edwards et J. Haime, par le développement plus considérable de ses cloisons et la forme moins allongée de sa fossette septale, et du *Z. intermedia* par le nombre et la longueur de ses cloisons.

J'ai dédié cette espèce à M. le major Le Hon, à qui je dois la communication d'un grand nombre de superbes échantillons, qui ont servi pour mon travail et qui m'ont permis de le rendre plus complet sous plusieurs rapports.

Localité. — Je ne connais qu'un seul échantillon de cette espèce ; je l'ai trouvé dans le calcaire carbonifère de Tournai.

Genre **DUNCANIA**, *De Kon.*

Polypier libre ayant la forme d'un cône plus ou moins recourbé et muni d'une forte épithèque. Chambre viscérale occupant presque toute la longueur du polypier, limitée au fond par une muraille intérieure mince et en forme de cornet ou d'entonnoir et faisant fonction de plancher. Cloisons bien prononcées, très-distinctes et occupant presque toute l'étendue du polypier, réunies entre elles par des traverses endothécales plus ou moins nombreuses vers la base du polypier. Aucune trace de columelle.

Ce genre, par lequel je rends hommage au talent de l'un des meilleurs actinologistes actuels, est remarquable par la grande simplicité de structure des polypiers qui y appartiennent et par la grande étendue de leur chambre viscérale. Sous ce rapport, il a la plus grande analogie avec le genre *Petraia*, et par la longueur de ses cloisons il se rapproche du genre *Cyathaxonia*. Pas plus que l'un et l'autre de ces deux genres, il ne possède de planchers véritables, mais il se distingue du premier par l'existence de sa muraille intérieure et par les traverses endothécales qui relient les cloisons entre elles, et du second, par l'absence complète de la moindre trace de columelle. La section longitudinale (pl. XI, fig. 1*b*) démontre suffisamment l'un et l'autre de ces caractères, par lesquels je suis conduit à placer les *Duncania* dans la famille des CYATHOPHYLLIDAE, section des ZAPHRENTINAE, immédiatement après le genre *Zaphrentis*.

Je ne connais encore qu'une seule espèce de ce genre, lequel, jusqu'à présent, est exclusivement carbonifère.

DUNCANIA SIMPLEX.
(Pl. XI, fig. 1.)

Polypier de taille moyenne, de forme conique régulièrement courbée, à épithèque forte et à bourrelets d'accroissement peu prononcés. Calice subcirculaire, à bords tranchants, très-profond. Cloisons principales au nombre de quarante-quatre, épaisses et subégales, alternant avec un égal nombre de cloisons rudimentaires ; ces cloisons sont coupées en biseau vers leur partie supérieure et s'étendent jusqu'au fond du calice derrière la petite muraille interne qui s'y trouve et qui affecte la forme d'un entonnoir ; la fossette septale située du côté de la grande courbure est limitée par deux cloisons principales n'atteignant que la moitié de la longueur de la plupart des autres et qui est aussi celle de la cloison primaire occupant le milieu de la fossette. La longueur de ce polypier est de 3 ¹/₂ centimètres ; la profondeur de son calice est de 2 ¹/₂ centimètres, et le diamètre de celui-ci est de 17 millimètres.

Cette espèce est remarquable par sa forte épithèque, par la forme de ses cloisons et la seule que je puisse rapporter au genre *Duncania*, à l'établissement duquel elle m'a servi de type.

Localité. — Ce *Duncania* a été découvert par M. l'ingénieur Fassin dans le gîte calaminaire du Dos, près Engis, et dans le calcaire carbonifère de la même localité. Il y est très-rare.

Musée de Bruxelles.

Famille II. — CYATHAXONIDAE, *Milne Edw.* et *J. Haime.*

—

Genre CYATHAXONIA, *Michelin.*

STYLINA.	Parkinson, 1822. *Introd. to the study of foss. org. rem.*
CYATHOPHYLLUM (pars).	de Kon., 1842. *Descr. des anim. foss.*, p. 22.
CYATHAXONIA.	Michelin, 1846. *Iconogr. zoophyt.*, pp. 253 et 258.

Polypier simple, libre ou adhérent, finement pédicellé, ayant la forme d'un cône allongé et courbé. Épithèque complète. Fossette septale très-apparente, située du côté de la grande courbure. Cloisons nombreuses, lisses, dont les principales occupent toute la longueur du polypier et s'étendent de la paroi extérieure à une columelle centrale, styliforme et très-saillante, dont l'extrémité supérieure seule est lisse. Ni planchers, ni traverses vésiculaires apparents.

Ce genre créé en 1846, par Michelin, n'a été qu'imparfaitement défini par lui. Ce n'est qu'en 1850 que MM. Milne Edwards et J. Haime en ont fait ressortir convenablement les caractères. Déjà en 1842 j'en avais figuré deux espèces, mais trompé par des caractères accidentels que présentaient quelques échantillons incomplets, je fus conduit à considérer ces espèces comme formant le jeune âge de certains *Zaphrentis* que l'on rencontre fréquemment avec elles. Mais peu de temps après, je fus assez heureux pour découvrir, aux environs d'Ath et de Tournai, un grand nombre de polypiers carbonifères d'une conservation parfaite et qui, pour la plupart, ont servi de type aux descriptions que MM. Milne Edwards et J. Haime en ont faites dans leur classique travail sur *les polypiers fossiles des terrains paléozoïques*, et j'eus ainsi l'occasion de rectifier en grande partie les erreurs commises précédemment. L'auteur même du genre n'en a pas bien saisi les limites, et des trois espèces qu'il y place, une seule doit y être retenue. Je crois avoir démontré suffisamment déjà que son *Cyathaxonia tortuosa* est un véritable *Lophophyllum*, et l'on verra un peu plus loin que le *Cyathaxonia* représenté planche C, figure 4f et 4g, de mon ouvrage sur les fossiles carbonifères de la Belgique, ne peut pas être confondu avec lui. D'un autre côté, MM. Milne Edwards et J. Haime ont reconnu que le *Cyathaxonia spinosa* est bien un *Amplexus*, ainsi que je l'avais établi moi-même en 1842.

La plupart des espèces déterminées sous le nom générique de *Cyathaxonia* par M. Ludwig [1], ne sont que des *Lophophyllum;* l'inspection des figures qu'il a données suffit pour s'en convaincre; il en est probablement de même de l'espèce représentée en 1866 par M. Geinitz, planche 5, figure 4, dans son travail intitulé : *Carbonformation und Dyas in Nebraska*.

J'ai déjà fait observer, page 54, que les *Cyathaxonia* se distinguent des *Lophophyllum* par l'absence complète de planchers; j'ajouterai que la columelle des premiers est formée d'une pièce unique, creuse dans toute son étendue chez certaines espèces, et ayant son origine à l'extrémité inférieure du polypier [2]. La columelle du calice des *Lophophyllum*, au contraire, n'est

---

[1] *Zur Palaeontologie des Urals* 1862, et *Corallen aus palaeolit. Formationen*, 1865-1866.
[2] J'ai eu l'occasion de vérifier ces caractères sur quelques échantillons calcareux du *C. cynodon* du Kentucky.

pas indépendante et appartient au plancher supérieur dont elle ne forme qu'un appendice proéminent dans lequel s'emboîte la columelle du plancher qui lui est immédiatement inférieur. Je doute fort que le *Cyathaxonia Dalmani*, Milne Edwards et J. Haime, puisse rester dans le genre dans lequel ces auteurs l'ont placé; mais ne possédant pas cette espèce, je ne puis me prononcer d'une manière définitive à cet égard. Il est à supposer que c'est par inadvertance seulement que M. de Fromentel ne mentionne pas ce genre dans son énumération des polypiers fossiles, puisqu'il n'en cite même pas les espèces typiques, ce qu'il n'eût pas manqué de faire s'il eût cru à un double emploi.

Ce genre qui résume à lui seul la famille des CYATHAXONIDAE ne comprend qu'un petit nombre d'espèces, qui probablement sont toutes carbonifères [1].

1. CYATHAXONIA CORNU.

(Pl. XI, fig. 2.)

STYLINA SIMPLE.	Parkinson, 1822. *Introd. to the study of foss. org. rem.*, pl. 10, fig. 4.
CYATHOPHYLLUM MITRATUM (pars).	de Kon., 1842. *Descr. des anim. foss.*, p. 22, pl. C, fig. 5e et 5f (caeteris exclusis) (non Goldf.).
CYATHAXONIA CORNU.	Michelin, 1846. *Iconogr. zoophyt.*, p. 258, pl. 59, fig. 9.
CYATHOPHYLLUM CAERATITES (pars).	Bronn, 1848. *Nomenclator palaeont.*, p. 367 (non Goldf.).
CYATHAXONIA MITRATA.	A. d'Orb., 1850. *Prodr. de paléont.*, t. I, p. 158.
— —	McCoy, 1850. *Brit. palaeoz. foss.*, p. 109.
CYATHAXONIA CORNU.	Milne Edw. et J. Haime, 1851. *Polyp. foss. des terr. paléoz.*, p. 320, pl. 1, fig. 3.
— —	Bronn u. F. Roemer, 1851. *Lethaeageogn.*, Th. II, p. 191, pl V¹, fig. 16.
— —	Milne Edw. et J. Haime, 1852. *Brit. foss. Corals*, p. 166.
— —	Morris, 1854. *Cat. of brit foss.*, p. 50.
— —	McCoy, 1855. *Brit. pal. foss.*, p. 109.
— —	Pictet, 1857. *Traité de paléont.*, t. IV, p. 451, pl. 107, fig. 15.
— —	Milne Edw., 1860. *Hist. nat. des Corall.*, t. III, p. 329.
— —	Ludwig, 1866. *Corallen aus palaeolitischen Format.* (PALAEONTOGRAPHICA, t. XIV), p. 175, pl. 46, fig. 2.

[1] M. McCoy décrit sous le nom de *Cyathaxonia siluriensis* un petit polypier garni d'un axe central et dont la coupe horizontale ressemble assez bien à celle des *Cyathaxonia*, mais comme on n'en connaît pas le calice, on n'est pas certain s'il appartient au genre dans lequel il a été placé. (*Brit. pal. foss.*, p. 36, pl. I C, fig. 11.)

Polypier petit, assez grêle, de la forme d'un petit cône arqué, très-effilé à son extrémité; entouré d'une épithèque mince, ne présentant que de faibles bourrelets d'accroissement dépourvus de prolongements spiriformes; ces bourrelets se remarquent principalement sur la moitié ou sur les deux tiers supérieurs de la surface, tandis que la moitié ou le tiers inférieur de celle-ci est ordinairement garnie de petites côtes cloisonnaires, disposées d'après la loi énoncée par le Dr Kunth. Calice circulaire, relativement profond, à bords droits et minces. Columelle saillante, un peu comprimée latéralement et lisse à son extrémité supérieure; elle est creuse dans toute son étendue, ses parois paraissent compactes et nullement feuilletées. La fossette septale, quoique étroite, est facile à distinguer; elle pénètre jusqu'à la base du polypier. Cloisons au nombre de trente-huit, très-minces, dont la moitié s'étend directement jusqu'à la columelle et forme les cloisons principales; les autres alternent avec celles-ci et se soudent à elles avant d'atteindre la columelle, en sorte que lorsque celle-ci est isolée, on n'y remarque que les traces des dix-neuf cloisons principales, séparées par un petit sillon l'une de l'autre. Le sillon correspondant à la fossette septale est un peu plus large et plus profond que les autres, et au fond on aperçoit une faible trace d'une vingtième cloison, qui est la cloison primaire du Dr Kunth. Ces cloisons principales offrent en général, avant d'arriver à la columelle, un petit lobe arrondi, qui fait que le pourtour du calice est plus profond que le centre et que la

coupe verticale prend l'aspect ci-contre. Hauteur du polypier, 10 à 18 millimètres; diamètre du calice, 5 millimètres; profondeur de celui-ci, 3 millimètres.

La forme de cette espèce a quelque ressemblance avec celle du *C. cynodon*, Rafinesque et Clifford, qui n'en diffère que par sa taille beaucoup plus grande et par la présence de petites épines dont son épithèque est armée et dont on n'observe pas de traces sur le *C. cornu*. Le *C. Konincki*, Milne Edwards et J. Haime, est beaucoup plus trapu, et le nombre de ses cloisons est plus considérable que ne l'est celui du *C. cornu*.

Parmi les échantillons de cette dernière espèce figurés par M. Ludwig, il s'en trouve dont la forme n'est pas normale et dont l'axe central sort du plan de courbure des échantillons réguliers.

Localités. — Cette espèce n'est pas très-rare dans le calcaire carbonifère des environs de Tournai et d'Ath. Elle se trouve encore dans le Derbyshire et à Kendal, dans le Westmoreland (Milne Edwards et J. Haime), ainsi que dans le schiste carbonifère de Hausdorf, près Grätz (Ludwig). Je l'ai observée parmi quelques Polypes des environs de Fermanagh, en Irlande, qui m'ont été cédés par M. Wood.

Musées de Liége, de Bruxelles, de Louvain, de Paris et de Cambridge.

2. CYATHAXONIA KONINCKI.

(Pl. XI, fig. 3.)

CYATHOPHYLLUM PLICATUM (pars). de Kon., 1842. *Descr. des anim. foss.*, p. 22, pl. C, fig. 4*f* et 4*g* (fig. caet. exclusis) (non Goldf.).

CYATHAXONIA PLICATA.   A. d'Orb., 1850. *Prodr. de paléont.*, t. I, p. 158.

CYATHAXONIA KONINCKI.   Milne Edw. et J. Haime, 1851. *Polyp. foss. des terr. paléoz.*, p. 321.

—   —   Milne Edw. 1860. *Hist. nat. des Corall.*, t. III, p. 331.

Polypier subpédicellé et légèrement courbé, adhérent par le côté de sa grande courbure. Épithèque très-forte et un peu plissée. Calice subcirculaire, médiocrement profond et à bords minces; columelle très-saillante et fortement comprimée à son sommet; vingt-six cloisons principales, fort minces, alternant avec un égal nombre de cloisons rudimentaires. Hauteur, 6 millimètres; grand diamètre du calice à peu près autant.

Je ne connais les caractères de cette espèce que par la description qui en a été faite par MM. Milne Edwards et J. Haime, et par l'étude de l'échantillon que j'ai fait dessiner. Toutefois je suis porté à croire que l'individu désigné par moi sous le nom de *Cyathophyllum plicatum*, planche C, figure 4*f* et 4*g*, appartient à cette même espèce, plutôt qu'à celle décrite par Michelin, sous le nom de *Cyathaxonia tortuosa*, par la raison que cet individu porte également des marques d'une large adhérence et possède les autres caractères sus-énoncés. On a vu, au reste, qu'à mon avis, le *C. tortuosa* est un véritable *Lophophyllum*, tandis que le *C. Konincki* appartient bien réellement au genre dans lequel il a été placé.

Localité. — Cette espèce n'a encore été signalée que dans le calcaire carbonifère de Tournai. Elle y est fort rare.

Muséum de Paris.

Famille III. — PETRAIADAE, *de Kon.*

Polypier simple, fixé par sa base. Cavité viscérale, ne présentant que des cloisons rudimentaires, ni columelle ni planchers. Épithèque mince, stries costales bien prononcées.

Les polypiers de cette famille exclusivement formée du seul genre dont la description suivra un peu plus loin, sont remarquables par l'absence complète de planchers. Sous ce rapport, ils ne sont comparables qu'aux Cyathaxonidae et aux Auloporidae; mais tandis qu'ils s'éloignent des premiers par l'absence de toute trace de columelle, ils se distinguent des seconds par leurs cloisons, dont on constate parfaitement l'existence vers l'origine embryonnaire du polypier, et en même temps par leur structure symétrique bilatérale. Ce dernier caractère démontre que les Petraiadae appartiennent bien certainement à l'ordre des Rugosa, et non pas à celui des Tubulosa dans lequel, à première vue, on serait tenté de les placer.

Cette opinion est aussi celle du Dr Kunth, qui, le premier, a fait sortir du chaos le genre *Petraia* et l'a parfaitement défini. C'est à cette définition que je me suis arrêté.

Genre PETRAIA, *Münster.*

Petraia.	v. Münster, 1839. *Beitr. zur Petrefaktenkunde*, t. I, p. 42.
Patella (pars).	*Id.*, 1840. *Ibid.*, t. II, p. 23 (non King nec Lonsdale, etc.).
Cyathina? (pars).	Gein., 1846. *Grundr. der Verstein.*, p. 566 (non Ehrenb.).
Cyathophyllum (pars).	A. d'Orb., 1850. *Prodr. de paléont. strat.*, t. I, p. 105.
Liocyathus.	Ludwig, 1866. *Palaeontogr.*, t. XIV, p. 191.
Ptychocyathus.	*Id.* *Ibid.*, p. 194.
Taeniocyathus.	*Id.* *Ibid.*, p. 199.

Polypier simple, sessile, de forme conique ou turbinée plus ou moins évasée. Chambre viscérale s'étendant d'une extrémité à l'autre et entièrement exempte de toute production endothécale. Épithèque généralement mince et laissant facilement apercevoir les côtes cloisonnaires extérieures. Cloisons consistant en petites lames très-minces, s'élargissant un peu vers l'extrémité embryonnaire et s'y groupant entre elles par quart de cercle. Planchers et tissu vésiculaire nuls.

Lorsque, en 1839, le comte de Münster soumit à ses recherches les fossiles devoniens recueillis par lui dans le calcaire du Fichtelgebirge, il groupa, sous le nom générique de *Petraia*, un certain nombre d'espèces qui ne lui semblèrent pas de nature à pouvoir être introduites dans aucun autre genre bien défini à cette époque; mais quoiqu'il reconnût à ses fossiles quelques-uns de leurs principaux caractères, la dureté de la roche qui les enveloppait et l'état imparfait de la plupart d'entre eux s'opposèrent à ce qu'il se rendît un compte exact des rapports qu'ils avaient avec les autres espèces qui les accompagnaient et de la classe dans laquelle il fallait les ranger. Il observa fort bien la différence qui existait dans la structure des *Petraia* et celle de la plupart des Polypes, et fut frappé surtout de l'absence de toute partie solide à l'intérieur de leur cavité viscérale et de la propriété de s'attacher à d'autres corps. Par ces considérations, il fut conduit à classer parmi les GASTÉROPODES, le genre créé par lui, et à le rapprocher de celui que Defrance avait désigné depuis longtemps sous le nom de *Capulus*, tout en faisant observer qu'il ne serait pas impossible qu'il eût des rapports avec les *Cyathophyllum*.

Cette dernière opinion prévalut bientôt généralement et, à l'exception de de Münster lui-même, je ne connais pas de paléontologiste sérieux qui ait adopté la première.

Cependant l'état défectueux des échantillons types n'ayant point permis au comte de Münster de décrire, ni de figurer convenablement ni le genre, ni les espèces, et ces espèces étant peu répandues dans les collections, il a été impossible de s'en faire une idée nette; il n'est donc pas étonnant que plusieurs auteurs très-recommandables aient décrit, sous le nom générique de *Petraia*, une quantité d'objets qui n'ont aucun rapport avec lui. Cette confusion fut cause que le genre fut assez généralement abandonné. M. Geinitz d'abord et d'Orbigny ensuite donnent l'exemple de cet abandon, le premier, en confondant avec les *Cyathina*, et le second, en introduisant parmi les *Cya-*

thophyllum, les espèces décrites par le comte de Münster. MM. Milne Edwards et J. Haime n'allèrent pas aussi loin et se bornèrent à mentionner ces mêmes espèces, comme imparfaitement connues, à la suite du genre *Cyathophyllum*.

Il est probable que si ces derniers auteurs avaient eu à leur disposition un certain nombre d'échantillons bien conservés, ils n'auraient pas méconnu le caractère particulier des *Petraia*, qui, sans aucune contestation, appartiennent aux RUGOSA et forment un genre bien distinct des *Cyathophyllum*.

En 1866, M. Ludwig a figuré et décrit un assez grand nombre d'espèces de *Petraia*, sous trois noms génériques différents que l'on trouvera ci-dessus indiqués parmi les synonymes. C'est dans ces conditions que M. le Dr Kunth reprit l'étude de plusieurs préparations habilement exécutées; il parvint à démontrer que le genre créé par de Münster devait non-seulement être conservé comme groupe générique, mais encore que ce groupe se distinguait de tous les autres appartenant au même ordre, par son mode tout spécial de développement et méritait de constituer une famille [1].

Le même auteur a pu constater sur quelques moules internes la présence, dans les loges interseptales, de la ponctuation particulière qu'il a été l'un des premiers à signaler et qu'il attribue à la présence des petites lames intercloisonnaires dont j'ai fait mention à la page 17.

L'existence des *Petraia* n'a pas encore été indiquée d'une manière positive dans le terrain silurien, quoique l'on ait décrit sous ce nom générique quelques espèces de Polypes qui y ont été recueillis. La plupart des espèces appartiennent aux étages supérieurs du terrain devonien. M. le Dr Kunth a remarqué que le plus grand nombre des échantillons étaient fixés à un fragment de tige de Crinoïde.

M. Ludwig a décrit une espèce de ce genre provenant du calcaire carbonifère de Tournai, mais il l'a confondue avec une espèce devonienne avec laquelle elle a beaucoup d'analogie. C'est la seule que je connaisse de ce terrain, à moins que le *Pyrgia Labechii* de MM. Milne Edwards et J. Haime, ne doive en faire partie. M. King a reconnu lui-même que le Polype per-

---

[1] *Zeitschr. der deuts. geol. Gesells.*, 1870, p. 97.

mien qu'il a rapporté à ce genre, n'en possède pas les caractères et il en a fait le type de son genre *Polycoelia*.

PETRAIA BENEDENIANA.

(Pl. XI, fig. 4.)

PTYCHOCYATHUS EXCELSUS. Ludwig, 1866. *Palaeontographica* von Meyer u. Dunker, t. XIV, p. 195, pl. 49, fig. 5 (fig. 2a-b exclusis).

Polypier en forme de cornet évasé, de taille médiocre, très-pointu à son origine, par laquelle il adhère souvent aux corps étrangers sur une assez grande étendue. Les côtes sont bien prononcées et montrent aisément la disposition symétrique bilatérale des cloisons; elles sont traversées par de fines stries d'accroissement et par quelques rides plus épaisses. La cavité calicinale est en forme d'entonnoir, à bord circulaire et tranchant. Cloisons principales au nombre de vingt-trois, de dimension sensiblement égale, auxquelles il faut ajouter la cloison primaire qui s'en distingue aisément par sa position dorsale et par un peu plus de saillie. Ces cloisons sont très-minces et très-étroites vers la partie supérieure et se dirigent vers le fond du calice, où elles se rencontrent en s'élargissant; des cloisons rudimentaires alternent avec elles, mais ne s'étendent pas au delà des deux tiers de la longueur du polypier. Hauteur, 1 ½ centimètre; diamètre du calice, 8-9 millimètres.

Cette espèce que je dédie à mon savant ami et confrère Van Beneden, a été figurée par M. Ludwig et confondue par lui avec une espèce devonienne dont elle se rapproche beaucoup. Mais en comparant l'une à l'autre, on remarquera facilement que les côtes de cette dernière, qui devra conserver le nom spécifique de *Petraia excelsa*, sous lequel le paléontologiste de Cassel l'a fait connaître, sont plus épaisses et plus nombreuses; que les dimensions du polypier sont proportionnellement plus grandes et que les cloisons sont au nombre de trente-six, tandis que l'on n'en compte que vingt-quatre dans l'espèce carbonifère.

Localité. — Cette espèce n'a encore été trouvée que dans le calcaire carbonifère de Tournai. Elle y est très-rare.

Musée de Bruxelles.

II. — TABULATA, *Milne Edw.* et *J. Haime.*

—

Famille III. — FAVOSITIDAE, *Milne Edw.* et *J. Haime* [1].

—

A. — HALISITINAE, *Milne Edw.* et *J. Haime.*

Genre RHIZOPORA [2], *de Koninck.*

Polypier fasciculé, composé de polypiérites cylindriques, plus ou moins flexueux, se multipliant par gemmation latérale, à épithèque forte et complète, à calices circulaires, à bords minces. Cloisons rudimentaires. Planchers composés de larges vésicules, irrégulièrement disposées les unes au-dessus des autres, mais n'occupant pas isolément le fond du calice, dont un côté est ordinairement plus déprimé que l'autre.

Je me suis trouvé dans la nécessité de créer ce genre pour quelques rares échantillons de Polypes que je n'ai pu introduire dans aucun des genres déjà existants.

Celui dont il se rapproche le plus est le genre *Fletcheria*, que MM. Milne Edwards et J. Haime ont établi en faveur d'une espèce silurienne. En effet, celui-ci a été institué pour un polypier composé, comme celui-ci, de polypiérites cylindriques, n'ayant aucune connexion avec leurs voisins par des tubes latéraux ou des expansions murales. Mais tandis que la multiplication des *Fletcheria* se fait par gemmation calicinale, celle des *Rhizopora* s'opère par gemmation latérale.

Un autre caractère distinctif consiste dans la forme des planchers; ceux-ci sont complets, plans et très-développés dans les premiers et sont incomplets,

---

[1] La première et la seconde famille de cet ordre, désignées sous les noms de THECIDAE et de SERIATOPORIDAE par MM. Milne Edwards et J. Haime, ne sont représentées jusqu'ici dans le calcaire carbonifère que par une seule espèce (*Rhabdopora megastoma*) découverte en Angleterre et décrite par M. Mc Coy; les MILLEPORIDAE, qui forment la quatrième famille, ne comprennent que deux espèces carbonifères (*Fistulipora minor*, et *F. major*, Mc Coy).

[2] De μίζα, racine.

vésiculaires et plus ou moins déprimés sur un de leurs côtés chez les seconds. Chez les uns, comme chez les autres, la surface de ces planchers est lisse.

En un mot, les *Rhizopora* sont aux *Beaumontia* ce que les *Fletcheria* sont aux *Chaetetes*. L'un et l'autre de ces deux genres se distinguent des autres Halysitines par l'isolement de leurs polypiérites qui ne sont soudés entre eux qu'à leur point de naissance.

Rhizopora tubaria.

(Pl. X, fig. 5.)

Polypier fasciculé, formé de la réunion d'un petit nombre de polypiérites tubuleux, subcylindroïdes, courbés ou flexueux, à muraille assez épaisse et recouverte d'une forte épithèque complète, irrégulièrement plissée; calices circulaires, à bords tranchants, assez profonds, laissant apercevoir aisément les diverses vésicules dont son plancher se compose. Les cloisons sont peu apparentes, quoiqu'elles manifestent leur présence par de faibles indices de côtes extérieures; elles sont en assez grand nombre (36 à 40).

Le diamètre des grands calices est de 7 millimètres; leur profondeur moyenne est d'environ 6 millimètres. La longueur du plus grand individu que j'aie pu étudier n'est que de 25 millimètres.

Localité. — Cette espèce est rare et n'a été rencontrée, jusqu'ici, que dans le calcaire carbonifère de Tournai.

Musées de Bruxelles et de Liége.

Genre SYRINGOPORA, *Goldf.*

Madrepora.	Fougt, 1749. *Linnaeus, Amaen. academ.*, t. I, p. 105.
Tubipora.	Linné, 1767. *Syst. nat.*, édit. XII, p. 1271.
Tubiporites.	Martin, 1809. *Petrificata derb.*, p. 19.
Catenipora (pars).	Lamarck, 1816. *Hist. des anim. sans vertéb.*, t. II, p. 207.
Antopora (pars).	Wahlenb., 1821. *Nova acta Soc. sc. Upsal.*, t. VIII, p. 99.
Syringopora.	Goldf., 1826. *Petref. Germ.*, t. I, p. 75.
Harmodites.	Fischer, 1828. *Notice sur les polyp. tubip. foss.*, p. 19.
Liodendrocyathus.	Ludwig, 1866, *Palaeontogr.*, t. XIV, p. 215.
Ptychodendrocyathus.	*Id.*	*Ibid.*,	*ibid.*
Taeniocalamocyathus.	*Id.*	*Ibid.*,	p. 219.

Polypier fasciculé, formé de polypiérites cylindroïdes très-longs, souvent sensiblement parallèles entre eux, quelquefois un peu contournés ou courbés, libres sur la majeure partie de leur étendue et unis, de distance en distance, par des tubes de connexion horizontaux. Murailles bien développées et entourées d'une forte épithèque. Calices circulaires, à bords minces. Cloisons peu apparentes, en nombre variable et garnies, au moins dans quelques espèces, de petites épines saillantes. Planchers très-étendus, subinfundibuliformes, s'emboîtant irrégulièrement les uns dans les autres.

Ce genre, remarquable par le grand développement des colonies produites par la plupart de ses espèces, et surtout par celles qui appartiennent au calcaire carbonifère, se distingue particulièrement par la forme des planchers de ses polypiérites et par les tubes de communication par lesquels les individus sont reliés entre eux. Ces tubes existent dans toutes les espèces, mais ils sont plus nombreux et mieux développés chez les unes que chez les autres.

On a pu douter longtemps de l'existence des cloisons dans les espèces de ce genre, parce qu'il est rare de rencontrer des échantillons assez parfaits pour permettre de les y constater. Cependant MM. Milne Edwards et J. Haime *ont observé de la manière la plus nette, chez un grand nombre d'exemplaires bien conservés, des traces non équivoques de l'appareil septal*, dont aucun auteur avant eux n'avait fait mention.

J'ai été assez heureux pour trouver parmi les fossiles que j'ai reçus de l'Yorkshire, et dont je suis en grande partie redevable à mon excellent ami M. Edw. Wood, des échantillens des *Syringopora geniculata*, Phillips, *reticulata*, var. et *parallela*, Fischer, sur lesquels j'ai pu confirmer l'observation faite par les savants naturalistes français. J'ai pu en outre m'assurer sur l'un de ces échantillons, de l'existence des petites épines dont ces cloisons sont armées et de la persistance même de ces épines et des cloisons sur toute la longueur du polypiérite. M. Ludwig a fait la même remarque et a figuré la section longitudinale de quelques polypiérites appartenant au *S. parallela*, qui donne une assez bonne idée de leur structure interne [1].

De son côté, le Dr Kunth a démontré l'existence d'une disposition sem-

---

[1] Ludwig, *Palaeontographica*, t. X, pl. XIII, fig. 1e.

blable sur un échantillon de *S. ramulosa* recueilli dans le calcaire carbonifère de Hausdorf et dont il a figuré une section transversale [1].

La présence des épines cloisonnaires bien constatée sur deux espèces,
permet de croire que ce caractère est général et qu'il est probable que s'il n'a
pas encore été signalé chez les autres espèces, cela tient uniquement à leur
état de fossilisation et à leur conservation imparfaite. L'existence des cloisons,
dont il n'est plus permis de douter, démontre, contrairement à l'opinion qui
a prévalu pendant longtemps, que les *Syringopora* n'ont aucun rapport avec
les TUBIPORES, parmi lesquels M. Ludwig continue néanmoins à les classer [2]
et que par conséquent ils ne peuvent pas faire partie de l'ordre des ALCYO-
NAIRES.

Quant aux planchers, le D\[r\] Kunth fait observer qu'on ne peut pas les comparer *à des entonnoirs reçus les uns dans les autres*, parce que leur coupe
transversale ne démontre pas toujours l'existence de semblables formés qui,
dans ce cas, devraient se révéler par des lignes courbes ou circulaires, tandis
que ces lignes sont brisées et produisent des figures polyédriques entourant
un tube central cylindrique, dont les parois ont le double d'épaisseur de celle
des autres parties représentées par les lignes brisées.

L'observation du paléontologiste berlinois est parfaitement exacte et j'ai
pu moi-même la contrôler sur un échantillon de *S. ramulosa*, de Tournai.
Mais je dois avouer, en même temps, que je ne suis pas parvenu à constater
cette même disposition dans les diverses autres espèces carbonifères belges,
quoique j'aie eu l'occasion d'en étudier un grand nombre de sections, soit naturelles, soit artificielles. Dans ces dernières espèces, les planchers affectent la
forme d'entonnoirs qui, bien qu'assez réguliers, ne conservent pas toujours
la même direction verticale; il résulte de ce fait, que l'extrémité inférieure
d'un plancher s'appuyant tantôt sur l'un des côtés et tantôt sur l'autre du
plancher qui le précède, il est impossible d'obtenir par une section transversale de plusieurs polypiérites adjacents, des figures parfaitement identiques
les unes aux autres.

---

[1] KUNTH, *Zeits. d. deuts. geol. Gesells.*, 1869, pl. II, fig. 7*a* et 7*b*.
[2] LUDWIG, *Palaeontographica*, t. X, p. 57.

Les caractères distinctifs des diverses espèces de ce genre ne sont pas faciles à saisir, et il n'est pas impossible que quelques-uns des échantillons qui ont été envisagés comme devant constituer des espèces distinctes, ne soient en réalité que des individus plus ou moins modifiés par l'âge ou par le milieu dans lequel ils ont vécu. L'écartement plus ou moins considérable qui existe entre les divers polypiérites d'une colonie, ou entre les tubes qui les relient les uns aux autres, de même que la conformation plus ou moins rectiligne ou géniculée, ne suffisent pas toujours pour distinguer les espèces entre elles. Ces caractères sont trop sujets à varier par les influences externes qui peuvent intervenir, pour être invoqués avec toute sécurité.

Les *Syringopora* se multiplient par gemmation latérale, et bien que dans certains cas cette multiplication se produise par des bourgeons divergents, comme chez les *Aulopora*, cette disposition est loin d'être générale, car j'ai observé des bourgeons isolés et nullement divergents, insérés sur des polypiérites à diverses distances.

Ce genre est exclusivement paléozoïque et ses espèces sont réparties en nombre à peu près égal dans les terrains silurien, devonien et carbonifère. Néanmoins le nombre des individus des espèces les plus récentes est en général beaucoup plus considérable que celui des espèces plus anciennes et leurs colonies possèdent des dimensions qui sont rarement atteintes par celles d'autres Polypes.

Je ne partage pas l'avis de MM. Milne Edwards et J. Haime, qui considèrent les *Aulopora gigas* et *campanulata*, Mc Coy, comme de jeunes *Syringopora*, par des motifs que je compte développer plus loin, lorsqu'il sera question de ces espèces.

1. Syringopora distans.

(Pl. XI, fig. 6.)

HARMODITES DISTANS.	Fischer, 1828. *Notice sur les pol. tubip. foss.*, p. 19, fig. 1.		
— STOLONIFERA.	*Id.*	*Ibid.,*	p. 21.
— RAMOSA ?.	*Id.*	*Ibid.,*	p. 22.
— DISTANS.	Fischer, 1830. *Oryct. du gouv. de Moscou*, pl. 37, fig. 1.		
— STOLONIFERA.	*Id.*	*Ibid.,*	ibid., fig. 4.
— RAMOSA ?	*Id.*	*Ibid.,*	ibid., fig. 5.

HARMODITES DISTANS.	Fischer, 1837. *Oryct. du gouv. de Moscou*, p. 161, pl. 37, fig. 1 (fig 2 exclusâ).
ᐟAULOPORA SERPENS.	Fischer, 1837. *Oryct. du gouv. de Moscou*, p. 162, pl. 37, fig. 4 (non Goldf.).
— INTERMEDIA ?	Fischer, 1837. *Oryct du gouv. de Moscou*, p. 162, pl. 37, fig. 5.
SYRINGOPORA RAMOSA.	von Buch, 1841. Karsten u. v. Dechen, *Archiv. für Miner.*, t. XV, p. 66.
HARMODITES CATENATUS.	de Kon., 1842. *Descr. des anim. foss. du terr. carb. de Belg.*, p. 14, pl. B, fig. 4 (syn. exclusâ) (non *Tubiporites catenatus*, Martin).
SYRINGOPORA DISTANS.	Lonsdale, 1845. *Murch. de Vern. et de Keyserl., Russia und the Ural Mount.*, t. I, p. 592.
HARMODITES DISTANS.	de Keyserl., 1846. *Reise in das Petchora-Land*, p. 174.
— CATENATUS.	Michelin, 1846. *Iconogr. zooph.*, pp. 80 et 258, pl. 16, fig. 2, et pl. 60, fig. 6.
HARMODITES CATENATUS (pars).	Geinitz, 1846. *Grundr. der Versteiner.*, p. 565.
SYRINGOPORA DISTANS.	Bronn, 1848. *Nomencl. palaeont.*, p. 1213.
HARMODITES DISTANS.	A. d'Orb., 1850. *Prodr. de paléont. strat.*, t. I, p. 162.
SYRINGOPORA DISTANS.	Milne Edw. et J. Haime, 1851. *Polyp. foss. des terr. palaeoz.*, p. 286, pl. 20, fig. 1.
— —	Milne Edw., 1860. *Hist. nat. des Corall.*, t. III, p. 296.
— —	de Fromentel, 1861. *Introd. à l'étude des polyp. foss.*, p. 257.

Polypiérites allongés, ordinairement assez droits, quelquefois un peu con-tournés et géniculés, très-grêles, entourés d'une forte épithèque ornée d'un grand nombre de stries d'accroissement bien marquées; ces polypiérites sont éloignés les uns des autres de 4 à 6 millimètres et n'ont eux-mêmes qu'un diamètre de 1 à 2 millimètres. Les tubes de connexion sont généralement distants de 5 à 8 millimètres, mais dans certains échantillons cette distance est plus forte encore.

L'un des échantillons représentés par Michelin (pl. 60, fig. 6*a*) fournit la preuve que cette espèce est sessile. Des observations assez nombreuses m'ont démontré que sa multiplication s'opère par des bourgeons latéraux qui se développent ordinairement à des distances plus ou moins éloignées chez les adultes, mais que dans le jeune âge le bourgeonnement est quelquefois diver-gent, ainsi que cela a été observé par MM. Milne Edwards et J. Haime, et qu'on peut le constater sur l'échantillon figuré planche XI, figure 6*a*.

Dans ce cas, les premières parties des polypiérites sont presque horizon-tales, tandis que le restant se prolonge verticalement. Fischer de Waldheim a représenté un exemplaire dans cette position (pl. 37, fig. 4). Il n'est pas toujours facile de distinguer cette espèce de quelques-autres avec lesquelles

elle a des rapports, surtout lorsqu'elles sont engagées plus ou moins complète-
ment dans une roche compacte, parce que, dans ce cas, il est souvent impossible de s'assurer de la manière dont les polypiérites sont en connexion.
Néanmoins on peut dire qu'en général cette espèce diffère de ses congénères
carbonifères, par la grande distance qui existe entre ses tubes de connexion;
le diamètre de ses polypiérites est à peu près le même que celui des polypiérites du *S. parallela*, Fischer, mais il est plus petit que celui des polypiérites
des *S. geniculata* [1] Phill. et *ramulosa* [2], Goldf., et plus grand que celui des
polypiérites des *S. conferta* [3], Keyserling, et *capillacea* [4], Ludwig.

Localités. — J'ai rencontré cette espèce dans le calcaire carbonifère de
Tournai, de Comblain-au-Pont, de Fond-de-Forêt, de Soignies, de Feluy et
des Écaussinnes; M. Dupont l'a trouvée aux Awirs. C'est par erreur que je
l'ai signalée dans le calcaire de Visé. En France, MM. Milne Edwards et
J. Haime admettent avec doute son existence dans le calcaire de Sablé. En
Russie, elle est indiquée par ces mêmes savants comme se trouvant à Ilinsk,
sur la rivière Tchussovaïa; à Rimosa, près Vitegra; Fischer de Waldheim
cite encore Archangelski, sur les bords de la Moskowa, à dix verstes de Moscou, les bords de la Setounka, près du Mont-Vorobief, les rives de la Pakhra,
près de Podolsk, Grégorievo et Karachova, et M. de Keyserling, Ylytsch. Je
l'ai observée dans le calcaire de Hookhead en Irlande.

Musées de Liége, de Paris et de Londres.

2. SIRYNGOPORA RETICULATA.

(Pl. XI, fig. 7, et pl. XII, fig. 1.)

MINERAL CORAL.   J. Beaumont, 1683. *Philos. transact.*, t. XIII, p. 280, n° 150, fig. 26.
TUBIPORA STRUES.   Park., 1808. *Organ. remains*, t. II, pl. 2, fig. 1.
ERYSMATHOLITHUS TUBIPORITES (CATENATUS), var. *compacta*. W. Martin, 1809. *Petrif. derbiens.*, p. 19,
pl. 42, fig. 2 (fig. 1 exclusà).

[1] GOLDFUSS, *Petrefacta Germaniae*, p. 76, pl. 25, fig. 7.
[2] PHILLIPS, *Geology of Yorkshire*, t. II, p. 202, pl. 2, fig. 1.
[3] KEYSERLING, *Beob. auf einer Reise in das Petschora-Land*, p. 172, pl. 3, fig. 3.
[4] LUDWIG, *Zur Palaeontologie des Urals*, p. 42, pl. 16, fig. 1-4. Peut-être cette dernière n'est-
elle qu'une variété de la précédente.

17

SYRINGOPORA RETICULATA.   Goldf., 1826. *Petref. German.*, t. I, p. 76, pl. 25, fig. 8.
TUBIPORA STRUES.   Flem., 1828. *Brit. anim.*, p. 529.
HARMODITES PARALLELA.   Fischer de Waldh., 1828. *Notice sur les polyp. tubip. foss.*, p. 23.
   —   RADIANS.   *Id.*   *Ibid.*,   p. 20. fig. 2 et 3.
   —   CONFUSA.   *Id.*   *Ibid.*,   p. 21.
TUBIPORA STRUES.   Woodward, 1830. *Syn. tabb. of brit. org. remains*, p. 5.
HARMODITES CONFUSA.   Fischer de Waldh., 1830. *Oryct. du gouv. de Moscou*, pl. 37, fig. 2 et 3.
   —   RADIANS.   Bronn, 1835. *Lethaea geogn.*, t. I, p. 51, pl. 5, fig. 7.
SYRINGOPORA RETICULATA.   Phill., 1836. *Geol. of Yorks.*, t. II, p. 201.
HARMODITES PARALLELUS.   Fischer de Waldh., 1837. *Oryct. du gouv. de Moscou*, p. 161, pl. 37, fig. 6.
AULOPORA CONGLOMERATA.   *Id.*   *Ibid.*,   p. 163, pl. 37. fig. 2 et 3.
SYRINGOPORA RETICULATA.   Portl., 1843. *Report on the geol. of Londonderry*, etc., p. 337, pl. 22, fig. 7.
   —   CATENATA.   Mᶜ Coy, 1844. *Syn. of the carbon. foss. of Irel.*, p. 189.
   —   PARALLELA.   Lonsdale, 1845. *Murch., de Vern. and Keyserl., Russia and the Ural. Mount*,
                          t. I, p. 591.
HARMODITES PARALLELUS.   Keyserl., 1846. *Beob. auf einer Reise in das Petsch.-Land*, p. 173.
SYRINGOPORA PARALLELA.   Bronn, 1848. *Nomencl. palaeont.*, p. 1213.
   —   CATENATA.   *Id.*   *Ibid.*,   *ibid.*
HARMODITES STRUES.   A. d'Orb., 1850. *Prodr. de paléont.*, t. I, p. 162.
   —   RETICULATA.   *Id.*   *Ibid.*,   *ibid.*
SYRINGOPORA   —   Milne Edw. et J. Haime, 1851. *Polyp. foss. des terr. paléoz.*, p. 290.
   —   PARALLELA.   *Id.*   *Ibid.*,   p. 288.
   —   RETICULATA.   *Id.*,   1852. *Brit. foss. Cor.*, p. 162, pl. 46, fig. 1.
   —   —   J. Morris, 1854. *Cat. of brit. foss.*, p. 67.
   —   —   Milne Edw., 1860. *Hist. nat. des Corall.*, t. III, p. 292.
   —   PARALLELA.   *Id.*   *Ibid.*,   *ibid.*
   —   RETICULATA.   d'Eichw., 1860. *Lethaea rossica*, t. I, p. 499.
   —   PARALLELA.   *Id.*   *Ibid.*,   p. 502, pl. 25, fig. 10.
   —   —   de Fromentel, 1861. *Introd. à l'étude des polyp. foss.*, p. 257.
   —   RETICULATA.   *Id.*   *Ibid.*   p. 258.
HARMODITES PARALLELUS.   Ludwig, 1861. *Bull. de la Soc. des nat. de Moscou*, p. 594.
   —   —   *Id.*,   1862. *Zur Palaeont. des Urals*, p. 37, pl. 13, fig. 1a-e.
   —   RAMULOSUS.   *Id.*   *Ibid.*   p. 41, pl. 13, fig. 1-b (non S. ramu-
                          losa, Goldf.).
SYRINGOPORA RETICULATA.   Winkler, 1863. *Cat. syst. de la coll. paléont. du Musée Teyler*, p. 28 (Syn. excl.).

Polypiérites très-longs, faiblement convergents, généralement assez droits, quelquefois un peu flexueux, presque parallèles entre eux, distants les uns des autres d'environ leur diamètre total et entourés d'une forte épithèque finement plissée; tubes de connexion assez nombreux et assez régulièrement espacés et distants entre eux de 2 à 4 millimètres, selon les échantillons. Diamètre des polypiérites, 1 ¹/₂ millimètre en moyenne.

L'étude d'un grand nombre de *Syringopora* recueillis dans le calcaire carbonifère de Belgique, de Russie, d'Angleterre et d'Irlande, m'a donné la conviction que les *Syringopora parallela* et *reticulata* ne forment que des variétés d'une seule et même espèce. Il m'a été impossible de saisir sur les nombreux échantillons que j'ai eus à ma disposition, un caractère distinctif bien prononcé, qui pût me permettre de les distinguer spécifiquement les uns des autres. Il est vrai que dans certains échantillons, les polypiérites ou leurs tubes de connexion étaient un peu plus distants et un peu moins ou un peu plus régulièrement espacés que dans d'autres, mais j'ai pu m'assurer que ces mêmes différences existaient parfois entre deux parties d'un même polypier. L'avis émis par MM. Milne Edwards et Haime, ainsi que par M. d'Eichwald, que l'*Harmodites gracilis* de M. de Keyserling ne serait qu'une variété à petits polypiérites du *Syringopora reticulata*, vient encore à l'appui de mon opinion. Il me paraît évident que M. Ludwig a confondu cette espèce avec le *S. ramulosa* de Goldfuss.

Localités. — J'ai rencontré ce *Syringopora* dans le calcaire carbonifère de Tournai, de Soignies, de Comblain-au-Pont; dans le gîte calaminifère d'Oneux, près Theux, dans le calcaire compacte de cette dernière localité, et dans la dolomie carbonifère de Fond-de-Forêt, dans laquelle il forme de grandes masses. Il se trouve encore en France, à Sablé (Milne Edwards et J. Haime); en Angleterre, à Bristol, à Lilleshall; à Kendal, à Winster et à Buxton (Martin); à Ashfell, dans le Derbyshire (Phillips); en Irlande, à Clogher et à West-Longfield (Portlock); en Russie, à Ilinsk sur la Tchussowaja, à Miatchkowa, à 30 verstes de Moscou (Fischer); à Vitegra (Lonsdale); sur les bords de la rivière Sobljassa, dans le pays de la Petschora (de Keyserling); à Sysran, dans le gouvernement de Simbirsk et sur les bords de la Stela, dans le pays des Cosaques du Don; aux environs d'Odoyeff, dans la Russie centrale (d'Eichwald); enfin dans le calcaire à *Productus*, près Nischni-Parogi, sur les bords de l'Uswa, dans le gouvernement de Perm (Ludwig). J'en ai trouvé un échantillon parmi les fossiles provenant du calcaire carbonifère qui se développe au sud du Schleifsteinberg, dans l'Oural, dont je suis redevable à la direction de l'École des mines de St.-Pétersbourg.

Musées de Bruxelles, de Paris, de Londres, de Haarlem, de Moscou, etc.

3. SYRINGOPORA RAMULOSA.

(Pl. XII, fig. 2.)

TUBIPORA.	Knorr et Walch., 1775. *Recueil des monum. des catastr. que le globe a essuyées*, t. III, p. 168, pl. 6, fig. 1.
SYRINGOPORA RAMULOSA.	Goldf., 1826. *Petref. Germ.*, t. I, p. 76, pl. 25, fig. 7.
— —	Morren, 1832. *Descript. Corall. in Belg. repert.*, p. 69.
— —	Phill., 1836. *Geol. of Yorks.*, t. II, p. 201, pl. 2, fig. 2.
— —	Portlock, 1843. *Report on Londond.*, p. 337.
— —	McCoy, 1844. *Syn. of the carb. foss. of Irel.*, p. 190.
HARMOLITES RAMULOSUS.	de Keyserl., 1846. *Beob. auf einer Reise in das Petsch.-Land*, p. 174.
SYRINGOPORA RAMULOSA.	Bronn, 1848. *Nomencl. palaeont.*, p. 1213.
HARMODITES RAMULOSUS.	A. d'Orb., 1850. *Prodr. de paléont.*, t. I, p. 162.
SYRINGOPORA RAMULOSA.	Milne Edw. et J. Haime, 1851. *Polyp. foss. des terr. paléoz.*, p. 289.
	Id., 1852. *Brit. foss. Cor.*, p. 161, pl. 46, fig. 3.
— —	Morris, 1854. *Cat. of brit foss.*, p. 67.
— —	Milne Edw., 1860. *Hist. nat. des Corall.*, t. III, p. 295.
— —	d'Eiehw., 1860. *Lethaea rossica*, t. I, p. 488.
— —	de Fromentel, 1861. *Introd. à l'étude des polyp. foss.*, p. 257 (non Goldf.).
— —	Winkler, 1863. *Cat. syst. de la coll. paléont. du Musée de Teyler*, p. 2.
PTYCHODENDROCYATHUS FURCILLATUS.	Ludwig, 1866. *Corall. aus pal. Format.* (PALAEONTOGRAPHICA, t. XIV, p. 215, pl. 64, fig. 2.)
TAENIOCALAMOCYATHUS CALLOSUS.	Ludwig, 1866. *Corall. aus pal. Format.* (PALAEONTOGRAPHICA, t. XIV, p. 219, pl. 62, fig. 1.)
SYRINGOPORA RAMULOSA.	Kunth, 1869. *Zeitsch. der Deuts. geol. Gesell.*, p. 189, pl. 2, fig. 7 (non Goldf.).
— —	R. Craig, 1869. *Trans. of the geol. Soc. of Glasgow*, t. III, p. 190.

Polypiérites très-allongés, flexueux, subparallèles, distants entre eux d'environ 2 millimètres et couverts d'une épithèque fortement plissée en travers. Les tubes de connexion assez robustes et distants d'environ 1 centimètre les uns des autres. Le diamètre des polypiérites peut atteindre exceptionnellement jusqu'à 3 millimètres; d'ordinaire, il n'en a que 2 à 2 ½.

C'est sur cette espèce que M. Ludwig a le premier fait l'observation que les cloisons sont armées de petites pointes saillantes à l'intérieur du calice, et que ces cloisons sont au nombre de trente-six. Cette disposition a été confirmée par le Dr Kunth, qui paraît être d'avis qu'elle n'appartient pas uniquement au *S. ramulosa*, mais qu'elle est commune à toutes les espèces du genre, dont elle constituerait ainsi un caractère essentiel [1]. Ce même paléontologiste a remarqué dans cette espèce la structure spéciale que j'ai signalée plus haut [2] et qui me paraît être l'un de ses meilleurs caractères distinctifs.

Le *S. ramulosa* a beaucoup de rapports avec le *S. distans*, avec lequel M. d'Eichwald l'identifie, mais dont il se distingue néanmoins par le plus grand diamètre de ses polypiérites et par la forme plus flexueuse et parfois géniculée de ceux-ci. Il forme des masses très-considérables et dont le diamètre atteint 40 à 50 centimètres.

Localités. — Cette espèce est très-répandue dans le calcaire carbonifère. Je l'ai rencontrée à Tournai et à Theux; M. Dupont en a trouvé des échantillons volumineux aux environs de Dinant. Goldfuss la cite d'Olne, petite localité située entre Nessonvaux et Soumagne, dans la province de Liége et non pas dans le Limbourg, comme semble le faire croire l'indication du paléontologiste allemand. Elle a été signalée en Allemagne, à Ratingen (Goldfuss); à Hausdorf et à Altwasser (Kunth); en Écosse, à Auchenskeoch (R. Craig); en Angleterre, à Oswestry, Mold et Bradwell (Milne Edwards et J. Haime); à Bolland, Kirby-Londsdale, Ash-Fell et Mendip (J. Phillips); dans l'île de Man (Mc Coy); en Irlande, à Kilkronaghan et à Clogher (Portlock); et enfin, en Russie, à Utkinsk (M. Edwards et J. Haime); sur les bords des fleuves Ylytsch et Voga, à Arkangel, près de Moscou, aux environs de Podmokloje, dans le gouvernement de Toula, sur les bords de l'Occa, à Karowa, aux environ d'Ilyinsk, sur le versant occidental de l'Oural et de Jekaterinebourg, sur le versant oriental de la même chaîne de montagnes (d'Eichwald).

4. SYRINGOPORA GENICULATA.

(Pl. XI, fig. 8.)

TUBIPORA MUSICA, AFFINIS. Park, 1808. *Org. rem. of a former World*, t. II, pl. 9, fig. 1 et 2.
— CATENATA. Flem., 1828. *Brit. anim.*, p. 529 (non Martin).
— RAMULOSA. S. Woodw., 1830. *Synopt. table of brit. organ. remains*, p. 5 (non *S. ramulosa*, Goldf.).

[1] LUDWIG, *Palaeontographica*, t. XIV, pl. 64, fig. 2b, et KUNTH, *Zeitsch. der deutsch. geol. Gesells.*, 1869, p. 191.
[2] Page 119.

Syringopora geniculata.   J. Phill., 1836. *Geol. of Yorks.*, t. II, p. 201, pl. 2, fig. 1.
Harmodites distans (pars). Fischer, 1837. *Oryct. du gouvern. de Moscou*, p. 161, pl. 37, fig. 2 (fig. 1 exclusá).
Syringopora geniculata.   Portl., 1843. *Report on Londond.*, p. 337, pl. 22, fig. 6.
—   —   Mᶜ Coy, 1844. *Syn. of the carb. foss. of Irel.*, p. 190.
—   —   Bronn, 1848. *Nomencl. palaeont.*, p. 1213.
Harmodites geniculata.   A. d'Orb., 1850. *Prodr. de paléont.*, t. 1, p. 162.
Syringopora geniculata.   Milne Edw. et J. Haime, 1851. *Polyp. foss. des terr. paléoz.*, p. 291.
—   —   Id.   1852. *Brit. foss. Corals*, p. 163, pl. 26, fig. 2, 2a, et fig. 4.
—   —   Pictet, 1857. *Traité de paléont.*, t. IV, p. 445, pl. 107, fig. 8.
—   —   Milne Edw., 1860. *Hist. nat. des Corall.*, t. III, p. 294.
—   —   de Fromentel, 1861. *Introd. à l'étude des polyp. foss.*, p. 258.

Polypiérites très-longs, subparallèles, très-rapprochés, assez régulièrement placés à distance égale les uns des autres, très-peu flexueux, d'un diamètre de 1 ¹/₂ à 2 millimètres, et entourés d'une épithèque épaisse, fortement plissée en travers. Les tubes de connexion sont nombreux, comprimés latéralement et courts par suite du rapprochement des polypiérites, qui, en général, ne sont distants les uns des autres que d'environ 1 millimètre; la distance qui sépare ces tubes entre eux n'est pas grande et varie de 2 à 3 millimètres. Le nombre des cloisons s'élève généralement à quatorze; elles sont minces, toutes égales entre elles, droites et peu serrées.

Cette espèce, quoique connue depuis longtemps, n'a été bien caractérisée, en premier lieu, que par M. Phillips. Elle se distingue de la plupart de ses congénères, par la longueur et la régularité de ses polypiérites, ainsi que par le nombre considérable et le rapprochement de ses tubes de connexion.

Localités. — Elle a été trouvée dans le calcaire carbonifère de Tournai. En Angleterre, MM. Milne Edwards et J. Haime citent Kendal, M. Phillips Ash-Fell et Mendip; en Irlande, M. Portlock désigne Derryloran, Errigal-Keerogue et Crevenish. En Russie, Fischer de Waldheim l'indique à Miatch-kova, près Moscou.

Musées de Bruxelles, de Liége et de Paris.

B. — FAVOSITINAE, *Milne Edw.* et *J. Haime.*

Genre EMMONSIA, *Milne Edw. et J. Haime.*

FAVOSITES (pars). J. Hall, 1843. *Geol. of New-York*, p. 137.
— — Michelin, 1846. *Iconogr. zooph.*, p. 255.
CALAMOPORA (pars). Castelnau, 1843. *Terr. silur. de l'Amér. du Nord.*
ALVEOLITES (pars). A. d'Orb., 1850. *Prodr. de paléont.*, t. I, p. 49.
EMMONSIA. Milne Edw. et J. Haime, 1851. *Polyp. des terr. paléoz.*, p. 247.

Polypier en masse convexe ou à surface plane, composé de polypiérites basaltiformes intimement soudés par leurs murailles. Plateau commun, recouvert d'une épithèque mince. Murailles bien développées, offrant des perforations régulières et espacées. Calices à peu près perpendiculaires à l'axe des polypiérites, polygonaux ou subcirculaires, mais jamais triangulaires. Cloisons formées par des séries de poutrelles. Planchers de deux sortes : les uns complets, s'étendant dans toute la largeur de la chambre du polypiérite et à peu près horizontaux; les autres incomplets, obliques ou subvésiculeux s'appuyant sur les précédents et restant en général libres par leur bord externe, de façon à laisser plusieurs cellules communiquer entre elles.

Ce genre a été créé par MM. Milne Edwards et J. Haime en faveur de trois espèces actuellement connues et également réparties dans les trois systèmes du terrain paléozoïque. L'espèce carbonifère semble avoir été découverte par A. d'Orbigny aux environs de Tournai. Je ne la connais que par la description qui en a été faite par MM. Milne Edwards et J. Haime et que je transcris ici :

EMMONSIA ALTERNANS.

EMMONSIA ALTERNANS. Milne Edw. et J. Haime, 1851. *Polyp. foss. des terr. paléoz.*, p. 248.
— — Milne Edw., 1860. *Hist. nat. des Corall.*, t. III, p. 258.
— — de Fromentel, 1861. *Introd. à l'étude des polyp. foss.*, p. 270.

Polypier massif. Calices polygonaux, peu inégaux et larges d'environ 3 millimètres. Trous disposés tantôt sur une seule ligne verticale, mais ordinairement en deux séries sur chaque pan de la muraille, quelquefois alternes, le plus souvent opposés et très-espacés ; en général placés environ à 2 milli-mètres les uns au-dessus des autres dans chaque série verticale. Planchers irréguliers.

Localité. — Tournai?

Collection de A. d'Orbigny.

Genre MICHELINIA, *de Koninck.*

Manon (partim).	Goldfuss, 1826. *Petref. Germ.,* p. 4.
Porites (partim).	Fleming, 1828. *Brit. anim.,* p. 511, et S. Woodward, 1830. *Syn. table of brit. org. rem.,* p. 6.
Favastraea.	de Blainville, 1830. *Dict. des sc. nat.,* t. LX, p. 340, et *Man. d'actin.,* p. 375.
Calamopora (partim).	Phillips, 1836. *Illustr. of geol. of Yorkshire,* p. 201.
Michelinia.	de Kon., 1842. *Anim. foss. du terr. carb.,* p. 29.
Dictuophyllia.	Mc Coy, 1844. *Syn. of the carb. foss. of Irel.,* p. 191.
Favosites? (partim).	Id. Ibid., p. 192.
Favosites (pars).	Geinitz, 1845. *Grund. der Verstein.,* p. 527.
— —	A. d'Orb., 1850. *Prodr. de paléont.,* t. I, p. 160.
Michelinea	Mc Coy, 1855. *Brit. palaeoz. fossils,* p. 80.
Liochartocyathus.	Ludwig, 1865. *Palaeontogr.,* t. XIV, p. 231.
Taeniochartocyathus (pars).	Id. Ibid., p. 234.

Quoique je sois l'auteur de ce genre, je dois reconnaître que la diagnose que j'en ai donnée en 1842, suffisante à cette époque, pour le distinguer de ceux avec lesquels on l'avait confondu jusqu'alors, ne saurait plus servir en ce moment et qu'il est nécessaire de la modifier et de la compléter pour la mettre au niveau de la science. Voici la nouvelle définition qui lui est appli-cable :

Polypier souvent massif, à surface convexe ou subplane ; plateau commun, recouvert d'une forte épithèque plissée, présentant quelquefois des prolonge-ments radiciformes. Polypiérites ordinairement assez courts, prismatiques, intimement soudés par leurs murailles qui sont percées de trous petits et en général peu nombreux. Calices polygonaux placés dans le prolongement de l'axe des polypiérites. Cloisons produites par de simples stries. Planchers très-irréguliers et plus ou moins vésiculaires, à surface granulée.

Ce genre a quelques rapports avec le précédent dont il se distingue principalement par la forme et la disposition de ses planchers, ainsi que par le nombre et le diamètre des trous dont ses murailles sont percées. L'absence de ces mêmes trous chez les *Beaumontia* forme la différence essentielle qui existe entre ceux-ci et les *Michelinia*.

On ne connait jusqu'ici que sept espèces bien caractérisées de ce genre, dont deux appartiennent au système devonien et les cinq autres à l'étage inférieur du système carbonifère. M. de Fromentel croit devoir y rapporter deux fossiles de l'étage corallien [1].

1. MICHELINIA FAVOSA.

(Pl. XIII, fig. 1.)

POLYPIER IMITANT LES PETITS GUÊPIERS.	Witry, 1780. *Mém. de l'Acad. imp. et roy. des sc. et belles-lettres de Bruxelles*, t. III, p. 35, pl. 4, fig. 7 et 8.
HONEY COMB.	Parkinson, 1808. *Org. rem. of a former World*, t. II, p. 39, pl. 5, fig. 9.
SPONGITES FAVUS.	Schlotheim, 1816. *Petrefaktenkunde*, p. 369.
FAVOSITES FAVITES.	Krüger, 1823. *Geschichte der Urwelt*, t. II, p. 251.
MANON FAVOSUM.	Goldfuss, 1826. *Petref. German.*, t. I, p. 4, pl. 1, fig. 11.
CYATHOPHYLLUM QUADRIGEMINUM.	*Id.,* *Ibid.* p. 243.
PORITES CELLULOSA.	Fleming, 1828. *Hist. of brit. anim.*, p. 511.
FAVASTRAEA MANON.	de Blainville, 1830. *Dict. des sc. nat.*, t. LX, p. 340.
—	*Id.* *Manuel d'actin.*, p. 375.
PORITES CELLULOSA.	S. Woodward, 1830. *Syn. table of brit. org. rem.*, p. 6.
MICHELINIA FAVOSA.	de Koninck, 1842. *Descr. des anim. foss. des terr. carb. de Belg.*, p. 30, pl. C, fig. 2.
FAVOSITES ALVEOLATA.	Geinitz, 1846. *Grundr. der Verstein.*, p. 572.
MICHELINIA FAVOSA.	Michelin, 1846. *Iconogr. zoophyt.*, p. 254, pl. 59, fig. 2.
— —	Bronn, 1848. *Nomenclator palaeont.*, p. 723.
— —	A. d'Orbigny, 1850. *Prodr. de paléont.*, t. I, p. 60.
— —	Milne Edw. et J. Haime, 1851. *Pol. foss. des terr. paléoz.*, p. 251.
— —	Bronn u. F. Roemer, 1851. *Lethaea geogn.*, Th. II, p. 176, pl, V¹, fig. 15.
— —	Milne Edw. et J. Haime, 1852. *Brit. foss. Corals*, p. 154, pl. 44, fig. 2.
— —	Morris, 1854. *Cat. of brit foss.*, p. 59.

[1] Comme je ne connais pas ces espèces, il m'est impossible d'émettre un avis au sujet de leur détermination.

18

Michelinia favosa.   Pictet, 1857. *Traité de paléont.*, t. IV, p. 444, pl. 107, fig. 2.
—   —   Milne Edw., 1860. *Hist. nat. des Corall.*, t. III, p. 160.
—   —   de Fromentel, 1861. *Introd. à l'étude des polyp. foss.*, p. 271.
—   —   de Kon., 1863. *Quart. journ. of the geol. Soc. of London*, t. XIX, p. 4.
—   —   *Id.*   *Mém. de la Soc. roy. des sc. de Liége*, t. XVIII, p. 574.
Taeniochartocyathus favosus. Ludwig, 1865. *Palaeontographica*, t. XIV, p. 234.

J'ai peu de chose à ajouter à la description que j'ai faite de cette espèce en 1842. Les calices que j'ai anciennement désignés sous le nom de cellules terminales, ont leurs bords épaissis par des vésicules endothécales ordinairement assez petites, peu régulières, dont l'enlèvement près du bord supérieur de la muraille permet de distinguer les stries cloisonnaires; celles-ci sont au nombre de trente à quarante-cinq, peu prononcées et à peu près égales entre elles. Les pores de la muraille sont petits et disposés par séries horizontales. Le diamètre des calices varie avec l'âge et atteint chez certains polypiérites jusqu'à 10 millimètres; ordinairement il est plus petit, et varie de 4 à 8. Cette espèce étant la seule sur laquelle on ait observé des prolongements radiciformes de l'épithèque, ne peut être confondue avec aucune autre.

Localités. — C'est une des espèces le plus répandues et le plus caractéristiques de l'étage inférieur du calcaire carbonifère. Elle est assez abondante dans l'argile carbonifère des environs de Tournai, dans laquelle on trouve quelquefois des échantillons ayant 20 à 25 centimètres de diamètre. Je l'ai rencontrée dans le calcaire de Feluy, de Soignies, des Écaussinnes [1], de Chanxe et de Comblain-au-Pont. Je l'ai trouvée dans celui de Ratingen en Prusse et des environs d'Enniskillen, en Irlande. MM. Milne Edwards et J. Haime la signalent encore dans ce dernier pays à Hook-Point et à Wexford, ainsi qu'en Angleterre dans le Derbyshire et à Masburg, près Mendip, dans le Somersetshire. Je l'ai reconnue parmi les fossiles que M. le Dr Fleming, d'Édimbourg, a recueillis dans le Punjaub.

Musées de Bruxelles et de Louvain; Muséum et École des mines à Paris; Muséum de Cambridge, près Boston. (États-Unis.)

---

[1] Les dalles des trottoirs de Bruxelles, qui proviennent généralement de ces localités, en sont remplies.

2. MICHELINIA TENUISEPTA.

(Pl. XIII, fig. 2.)

CALAMOPORA TENUISEPTA.	Phillips, 1836. *Illustr., of the geol. of Yorks.*, t. II, p. 201, pl. 2, fig. 30.
MICHELINIA TENUISEPTA.	de Kon., 1842. *Descr. des anim. foss. des terr. carb. de Belg.*, p. 31, pl. C, fig. 3.
— —	Michelin, 1843. *Iconogr. zoophyt.*, pp. 83 et 254, pl. 16, fig. 3.
FAVOSITES (MICHELINIA) TENUISEPTA.	Mc Coy, 1844. *Syn. of the carb. limest. foss. of Irel.*, p. 193.
MICHELINIA TENUISEPTA.	Bronn. 1848. *Nomenclator palaeont.*, p. 723.
MICHELINEA GLOMERATA.	Mc Coy, 1849. *Ann. and mag. of nat. Hist.*, 2d ser., t. III, p. 122.
MICHELINIA TENUISEPTA.	A. d'Orb., 1850. *Prodr. de paléont.*, t. I, p. 160.
FAVOSITES —	*Id. Ibid., ibid.*
MICHELINEA GLOMERATA.	Mc Coy, 1852. *Brit. palaeoz. foss.*, p. 80, pl. 3B, fig. 14.
MICHELINIA TENUISEPTA.	Milne Edw. et J. Haime, 1852. *Brit. foss. Corals*, p. 155, pl. 44, fig. 1.
— —	Morris, 1854. *Cat. of brit. foss.*, p. 59.
— GLOMERATA.	*Id. Ibid., ibid.*
— TENUISEPTA.	Milne Edw., 1860. *Hist. nat. des Corall.*, t. III, p. 260.
— —	de Fromentel, 1861. *Introd. à l'étude des polyp. foss.*, p. 271.
— —	R. Craig, 1869. *Trans. of the geol. Soc. of Glasgow*, t. III, p. 290.

Contrairement à la précédente, cette espèce prend un assez grand développement vertical. Elle est entourée d'une forte épithèque irrégulièrement plissée en travers, mais n'offrant jamais des prolongements radiciformes. En revanche elle se fixe souvent solidement sur d'autres corps. C'est ainsi que M. Malaise en a rencontré un échantillon dont le pédicelle enveloppe près de la moitié du périmètre d'un fragment de tige de crinoïde (voir pl. XIII, fig. 2). Calices polygonaux, inégaux, ornés de trente à quarante stries cloisonnaires. Planchers très-minces, nombreux, très enchevétrés et finement granulés à leur surface. Hauteur, 10 à 12 centimètres; diamètre des calices, 6-8 millimètres. M. Hellier Baily a eu l'obligeance de m'en expédier un exemplaire irlandais, qui a plus de 20 centimètres de diamètre.

Cette espèce a quelques rapports avec le *M. convexa*, d'Orb., du terrain devonien des États-Unis; elle s'en distingue facilement par la forme plus élancée du polypier et par celle de ses vésicules endothécales dont la convexité est beaucoup moins prononcée.

Localité. — J'ai observé cette espèce dans l'argile carbonifère des environs de Tournai où elle est assez commune; je l'ai encore rencontrée dans le calcaire carbonifère des Écaussinnes et de Visé. Elle est très-rare dans ce dernier. En Angleterre, à Bolland et à Mendip (Phillips), aux environs de Bristol, à Masbury (Milne Edwards et J. Haime) et dans le Derbyshire; en Écosse, à Longside et Broadstóne (Craig); en Irlande, à Ballycananna-Point dans le comté de Limerick (Hellier-Baily) et en France, à Juigné et à Sablé (Milne Edwards et J. Haime).

Musée de Bruxelles; Muséum et École des mines à Paris; Muséum de Cambridge (États-Unis.)

3. Michelinia megastoma.

(Pl. XIII, fig. 3.)

Calamopora megastoma.	Phillips, 1856. *Illustr. of the geol. of Yorks.*, t. II, p. 201, pl. 2, fig. 29.
Favosites megastoma.	Mc Coy, 1844. *Syn. of the carb. föss. of Irel.*, p. 192.
Michelinea grandis.	*Id.,* 1849. *Ann. and magaz. of nat. Hist.*, 2ᵈ ser., t. III, p. 123.
Favosites megastoma.	A. d'Orb., 1850. *Prodr. de paléont.*, t. I, p. 160.
Michelinia megastoma.	Milne Edw. et J. Haime, 1851. *Polyp. foss. des terr. paléoz.*, p. 251.
Michelinea grandis.	Mc Coy, 1852. *Brit. palaeoz. foss.*, p. 84, pl. 3C, fig. 1.
Michelinia megastoma.	Morris, 1854. *Cat. of brit. foss.*, p. 59.
— grandis.	*Id.* *Ib.,* *ibid.*
— megastoma.	Milne Edw. et J. Haime, 1855. *Brit. foss. Corals*, p. 156, pl. 44, fig. 3.
— —	Milne Edw., 1860. *Hist. nat. des Corall.*, t. III, p. 261.
— —	de Fromentel, 1861. *Introd. à l'étude des polyp. foss.*, p. 271.
Liochartocyathus megastoma.	Ludwig, 1865. *Palaeontographica*, t. XIV, p. 251.

Cette espèce est remarquable par le grand diamètre de ses calices, qui atteint 15 à 18 millimètres et qui a suggéré à M. Phillips le nom sous lequel il l'a désigné. Le polypier est subturbiné et pédiculé. Le plateau commun est garni d'une épithèque épaisse et ridée, dépourvue d'appendices radiciformes. Calices peu profonds, légèrement variables dans leur forme, garnis de stries cloisonnaires nombreuses et très-peu prononcées. Planchers complétement représentés par des vésicules un peu inégales et fortement convexes, mais cependant toujours plus larges que hautes.

Cette espèce est facile à distinguer du *M. favosa* par l'absence des prolongements radiciformes; les *M. concinna* et *antiqua* en diffèrent par l'étendue et l'horizontalité de leurs planchers, et les *M. convexa* et *tenuisepta* par la forme de leurs vésicules endothécales, qui chez le *M. megastoma* sont moins connexes que celles du *M. tenuisepta* et plus bombées que celles du *M. convexa*.

Localités. — Le *M. megastoma* n'a encore été trouvé en Belgique qu'à Attre, près Ath; en Angleterre il a été rencontré à Kendal, à Bolland et dans l'île de Man. Le Musée de Bruxelles en possède un bel exemplaire provenant du calcaire carbonifère du Schleifsteinberg, situé dans le pays de la Petschora. C'est la première fois que cette espèce est signalée en Russie.

Musées de Bruxelles et de Londres, etc.

4. MICHELINIA ANTIQUA.

(Pl. XIV, fig. 1.)

DICTUOPHYLLIA ANTIQUA.	Mᶜ Coy, 1844. *Syn. of the carb. foss. of Irel.*, p. 191, pl. 26, fig. 10.
MICHELINIA COMPRESSA.	Michelin, 1846. *Iconogr. zoophyt.*, p. 254, pl. 59, fig. 3.
— ANTIQUA.	A. d'Orb., 1850. *Prodr. de paléont.*, t. I, p. 160.
— —	Milne Edw. et J. Haime, 1851. *Polyp. foss. des terr. paléoz.*, p. 252.
— —	*Id.,* 1852. *Brit. foss. Corals*, p. 156.
— —	Morris, 1854. *Cat. of brit. foss.*, p. 59.
— —	de Fromentel, 1861. *Introd. à l'étude des polyp. foss.*, p. 271.

Polypier en lame mince, incrustante, à surface supérieure subplane; calices polygonaux très-peu profonds, de forme un peu inégale et à bords en arêtes peu saillantes; quarante à cinquante stries cloisonnaires, à peu près semblables entre elles, subvermiculées, qui s'avancent sur les planchers à une petite distance de la muraille; planchers serrés; irréguliers dans les parties latérales des chambres des polypiérites, presque horizontaux dans leur milieu. Le diamètre des calices est de dix à quinze millimètres et quelquefois même un peu plus.

Cette espèce a beaucoup d'analogie avec le *M. geometrica*, du terrain devonien, mais il est facile de l'en distinguer par la forme irrégulière de ses calices et la disposition de ses stries cloisonnaires, qui s'avancent sur les planchers, disposition qui ne s'observe pas dans l'espèce devonienne. Ce dernier caractère ne permet pas non plus de la confondre avec le *M. concinna*; la presque horizontalité de ses planchers l'éloigne des *M. favosa*, *tenuisepta* et *megastoma*.

Localité. — J'ai rencontré assez rarement cette espèce dans l'argile carbonifère des environs de Tournai. M. Mc Coy l'a trouvée à Hoek-Point, en Irlande. M. le comte de Looz en possède un bel exemplaire provenant du calcaire carbonifère belge, mais dont la localité n'est pas parfaitement connue.

Genre FAVOSITES, *Lamarck*.

MADREPORA (pars)	Fougt, 1749. *Linnaei Amaen. academicae*, t. 1, p. 1000.
FUNGITES (pars).	Th. Pennant, 1757. *Phil. Trans.*, t. 59, p. 513.
TUBIPORA (pars).	Lamarck, 1801. *Hist. des anim. sans vertèb.*, p. 377.
MADREPORITES (pars).	Blumenb., 1803. *Comment. Soc. scient. Götting.*, t. XV, p. 154.
MADREPORA (pars).	Parkinson, 1808. *Organ. rem. of a form. World*.
FAVOSITES (pars).	Lamk., 1816. *Hist. des anim. sans vertèb.*, t. II, p. 204.
CALAMOPORA.	Goldf., 1826. *Petref. Germ.*, t. I, p. 77.
BALBOPORITES?	Pander, 1830. *Beitr. zur Geogn. des Russ. Reiches*, p. 106.
THAMNOPORA.	Steininger, 1831. *Mém. de la Soc. géol. de France*, t. I, p. 335.
ALVEOLITES (pars).	Lonsdale, 1839. *Murch. sil. syst.*, p. 683.
FAVOSITES.	Milne Edw. et J. Haime, 1851. *Polyp. foss. du terr. paléoz.*, p. 230.
ASTROCERIUM (pars).	J. Hall, 1852. *Palaeont. of New-York*, t. II, p. 120.
ASTROPHLOEOCYATHUS.	Ludwig, 1865. *Palaeontographica*, t. XIV, p. 237.

Polypier en masse plus ou moins globuleuse ou dendroïde, composé de polypiérites basaltiformes, intimement soudés entre eux par leurs murailles; plateau commun recouvert d'une épithèque mince; murailles polygonales bien développées, à perforations régulièrement espacées; calices placés dans l'axe des polypiérites, dont la forme est ordinairement hexagonale, parfois pentagonale, mais jamais triangulaire; cloisons trabiculaires; planchers complets, disposés perpendiculairement à la direction de l'axe et régulièrement superposés.

Ce genre, dont on doit la création à Lamarck, a été mal défini par son auteur, qui n'y comprenait cependant que deux espèces, mais dont l'une a dû en être distraite pour l'introduire dans le genre *Cyathophyllum* auquel elle semble appartenir et dont l'autre (*Favosites gothlandica*) a servi de type au groupe dont il est ici question et dont Goldfuss a assez bien tracé les limites. Seulement, le savant paléontologiste allemand a eu le tort de changer le nom proposé par Lamarck en celui de *Calamopora*, qui pendant longtemps a prévalu, mais qu'il a fallu abandonner comme moins ancien, d'après les principes généralement admis. La division établie par Steininger pour les *Favosites* dendroïdes, sous le nom de *Thamnopora,* ne mérite pas non plus d'être conservée, parce que la forme qui en constitue le principal caractère distinctif, est trop variable, même chez les individus appartenant à la même espèce, pour être prise en considération.

Il n'est pas toujours facile de distinguer les *Favosites* des *Alveolites,* lorsque les échantillons ne sont pas parfaitement dégagés de la roche. On y parviendra par l'observation de la forme des calices qui est droite et polygonale chez les premiers et oblique et subtriangulaire chez les seconds. La forme plane et perpendiculaire à la direction de l'axe des polypiérites de ses planchers, qui en outre sont complets, permettra de ne pas les confondre avec les *Emmonsia* et les *Michelinia,* chez lesquels ils sont vésiculeux et entremêlés, ni avec les *Roemeria,* où ils sont infundibuliformes. Le genre *Koninckia* est plus rapproché encore des *Favosites* que ceux que je viens de citer; mais il en diffère par la grandeur, l'irrégularité et le rapprochement de ses pores muraux, qui donnent à la muraille l'apparence d'un réseau, tandis que dans ce dernier genre, les murailles consistent en lames percées de trous assez petits et réguliers.

Quoique le nombre des espèces soit assez considérable, il n'y en a que fort peu qui appartiennent au terrain carbonifère. Le terrain devonien est celui qui en renferme le plus.

1. Favosites parasitica.

(Pl. XV, fig. 4.)

Calamopora parasitica.	Phillips, 1836. *Geol. of Yorks.*, t. II, p. 201, pl. 1, fig. 61 et 62.
Favosites parasitica.	J. Morris, 1843. *Cat. of brit. foss.*, p. 36.
Favosites? parasitica.	Mᶜ Coy, 1844. *Syn. of the carb. foss. of Irel.*, p. 192.
— —	Bronn, 1848. *Nomencl. palaeont.*, p. 491.
Favosites parasitica.	A. d'Orb., 1850. *Prodr. de paléont.*, t. I, p. 160.
— —	Milne Edw. et J. Haime, 1851. *Polyp. foss. des terr. paléoz.*, p. 244.
— —	Id., 1852. *Brit. foss. Cor.*, p. 153, pl. 45, fig. 2.
— —	J. Morris, 1852. *Cat. of brit. foss.*, 2ᵈ edit., p. 54.
— —	Milne Edw., 1860. *Hist. nat. des Corall.*, t. III, p. 254.
— —	de Fromentel, 1861. *Introd. à l'étude des polyp. foss.*, p. 269.
— —	Kunth, 1869. *Zeits. d. deutsch. geol. Gesells.*, p. 189.
— —	R. Craig, 1869. *Trans. of the geol. Soc. of Glasgow*, t. III, p. 290.

Polypier formant de petites masses plus ou moins globuleuses ou ovoïdes, souvent fixé sur des fragments de tiges d'encrines ou sur d'autres polypiers.

Les polipiérites ont des formes très-variées et leur diamètre est très-irrégulier. A côté des plus gros, qui ont environ 2 millimètres de diamètre, on en observe des petits qui n'atteignent pas le quart de ce diamètre; leur calice est très-profond et la section en est généralement hexagonale.

Comme cette espèce se présente ordinairement sous forme de petites masses globulaires, elle est facile à distinguer de la plupart des autres, qui sont généralement plus volumineuses et dont les polypiérites sont plus égaux entre eux. Il faut en excepter néanmoins le *F. Forbesi*, Milne Edwards et J. Haime, dont elle représente en quelque sorte la miniature, mais dont les calices sont relativement beaucoup plus larges et moins profonds.

Localités. — Cette petite espèce est assez répandue. On la trouve dans le calcaire carbonifère inférieur d'Étrœng (Ed. Dupont); je l'ai rencontrée dans le calice d'un *Zaphrentis cylindrica* de Tournai. En Angleterre elle existe à Bolland, dans l'Yorkshire; en Écosse, à Howood (R. Craig); en Irlande, à Boyle et à Roscommon (Mc Coy) et en Allemagne à Hausdorf (Kunth). M. Marcou a trouvé à Button-Mould-Knobs, près Louisville, un polypier à calices un peu plus petits que ceux des échantillons d'Europe, mais que MM. Milne Edwards et J. Haime considèrent comme devant se rapporter à la même espèce [1].

Musée de Bruxelles.

2. Favosites Haimeana.

. (Pl. XV, fig. 5.)

Favosites Gothlandica ? Portlock, 1843. *Report on the geol. of Londond.*, etc., p. 326.
—   —   Mc Coy, 1844. *Syn. of the carb. foss. of Irel.*, p. 192.

Polypier en masse assez considérable, à surface presque plane, composé de polypiérites rayonnants, possédant des calices sensiblement égaux, à section hexagonale et dont le diamètre est d'environ 1 $\frac{1}{2}$ millimètre. Les mu-

[1] *Polyp. foss. des terr. palaeoz.*, p. 244.

railles sont extrêmement minces, et les planchers sont nombreux et distants entre eux de la moitié du diamètre du calice. Les trous de communication dont j'ai pu constater l'existence, sont très-petits, mais il m'a été impossible d'en observer le nombre et la disposition.

Je suis porté à croire que c'est cette espèce que MM. Portlock et Mc Coy ont confondue avec le *F. gothlandica*, Lamarck, avec lequel elle a, en effet, assez de ressemblance, sauf la différence qui existe dans le diamètre des polypiérites. Ces rapports sont plus marqués encore avec le *F. Forbesi* que Goldfuss a figuré et décrit comme une variété de son *F. gothlandica* [1] et dont MM. Milne Edwards et J. Haime ont fait une espèce, en sorte que la confusion que je viens de signaler ne me surprend pas.

Localités. — Le seul échantillon belge de cette espèce qui me soit connu, provient du calcaire carbonifère de Comblain-au-Pont, dans lequel il a été découvert par M. Dejardin, capitaine du génie. Si, comme je suis porté à le croire, les échantillons carbonifères désignés par MM. Portlock et Mc Coy sous le nom de *F. gothlandica*, appartiennent à la nouvelle espèce et non à la *F. parasitica*, Phill., comme le pensent MM. Milne Edwards et J. Haime, elle se rencontrerait en Irlande, à Derryloran, et en Angleterre dans le Derbyshire et dans l'île de Man.

Je la dédie à la mémoire de mon excellent ami J. Haime, à qui la science est redevable d'un grand nombre de travaux importants.

Musée de Bruxelles.

C. — CHAETETINAE.

Genre BEAUMONTIA, *Milne Edw. et J. Haime.*

Columnaria (pars).	de Kon., 1842. *Descript. des anim. foss. du terr. carb. de Belg.*, p. 25 (non Goldf.).
Favastrea (pars).	A. d'Orb., 1850. *Prodr. de paléont.*, t. I, p. 160 (non de Blainville).
Beaumontia.	Milne Edw. et J. Haime, 1851. *Polyp. foss. des terr. paléoz.*, p. 276.
Baumontia.	de Fromentel, 1861. *Introd. à l'étude des polyp. foss.*, p. 272.

Polypier massif à polypiérites prismatiques, soudés par leurs murailles; murailles imperforées, minces et entourées d'une épithèque assez bien déve-

---

[1] Goldfuss, *Petrefacta Germaniae*, t. I, p. 78, pl. XXVI, fig. 4b.

19

loppée. Planchers vésiculeux, présentant quelquefois des stries cloisonnaires sur leur surface.

Ce groupe, composé d'un petit nombre d'espèces, est remarquable par la forme de ses planchers par laquelle il se rapproche des *Michelinia*. C'est le seul qui parmi les CHAETETINAE offre cette disposition. Il occupe dans cette famille la place correspondante à celle que les *Michelinia* occupent parmi les FAVOSITIDAE à murailles perforées.

En 1842 j'ai rapporté au genre *Columnaria* de Goldfuss la seule espèce de *Beaumontia* qui jusqu'ici se soit rencontrée en Belgique.

Les espèces de *Beaumontia* actuellement connues sont au nombre de cinq, dont trois appartiennent au terrain carbonifère et deux au terrain silurien.

1. BEAUMONTIA SENILIS.

(Pl. XIV, fig. 2.)

COLUMNARIA SENILIS. de Kon., 1842. *Descript. des anim. foss. du terr. carb. de L'elg.*, p. 25, pl. B, fig. 9.
—   —   Bronn, 1848. *Nomenclator palaeont.*, p. 321.
FAVASTREA SENILIS. A. d'Orb., 1850. *Prodr. de paléont. stratigr.*, t. I, p. 160.

Polypier de grande dimension, à polypiérites allongés, prismatiques, de forme assez variable, ordinairement hexagonaux, recouverts d'une épithèque assez fortement ridée en travers; rides d'accroissement obliques à l'axe; murailles soudées ensemble, se détachant assez facilement sous le choc, mais ne laissant apercevoir aucune trace d'ouverture de communication d'un polypiérite à l'autre; planchers formés de larges vésicules lisses, convexes en haut, irrégulièrement disposées les unes au-dessus des autres, mais ne formant jamais à elles seules un plancher complet. Les polypiérites extérieurs sont en partie arrondis, mais ne portent pas de traces de prolongements muraux. Leur multiplication me paraît s'être faite par gemmation latérale.

En 1842 j'ai décrit cette espèce sous le nom de *Columnaria senilis*. A cette époque aucun genre de polypier n'était bien défini et beaucoup d'erreurs ont été commises avant le travail d'ensemble exécuté par MM. Milne Edwards et de Haime. Vers 1846, je crus reconnaître dans les échantillons que je possédais alors, des individus altérés de la *Michelinia favosa* [1], et c'est sous ce nom même que j'en envoyai un exemplaire à l'École des mines. J'avais été conduit à cette opinion par la similitude des planchers des polypiérites de l'une et de l'autre espèce. Mais lorsque, plus tard, je pus étudier les caractères distinctifs des *Michelinia* et des *Beaumontia*, je ne tardai pas à m'assurer que les murailles de mes échantillons ne portaient aucune trace de perforation et que c'était parmi les derniers qu'ils devaient être rangés.

Un autre caractère qui ne permet pas de confondre l'espèce dont il est ici question avec le *M. favosa*, consiste dans l'absence complète des prolongements radiciformes dont l'épithèque de cette dernière est garnie. Je suis surpris que ces observations aient échappé à la sagacité de mon savant ami J. Haime, et qu'il n'ait pas relevé l'erreur dans laquelle j'étais tombé.

Le *B. senilis* se distingue aisément de ses congénères par l'épaisseur de ses polypiérites, ses fortes rides d'accroissement et l'obliquité bien prononcée de ses planchers et probablement aussi de ses calices. Plusieurs des polypiérites que j'ai eu occasion d'observer sur place, avaient de 15 à 20 centimètres de long; leur diamètre est variable, mais, en moyenne, il est d'environ 1 centimètre.

Localité. — J'ai découvert cette espèce dans le calcaire carbonifère de Visé et je ne l'ai jamais rencontrée dans aucune autre localité.

Musée de l'École des mines de Paris et Musée Harvard, à Cambridge (Massaschusetts).

Genre MONTICULIPORA, *A. d'Orbigny.*

CALAMOPORA (pars).	Goldfuss, 1826. *Petrefacta German.*, t. I, p. 77.
FAVOSITES.	Pander, 1830. *Beitr. zur Geogn. des rüss. Reiches*, p. 105 (non Lamarck).
MILLEPORA? (pars).	Phill., 1836. *Geol. of Yorks.*, t. II, p. 199.
DISCOPORA (pars).	Lonsdale, 1839. In Murchison *Silur. syst.*, p. 697.
CHAETETES (pars).	*Id.* *Ibid.*, p. 596 (non Fischer).
ALVEOLITES (pars).	de Koninck, 1842. *Descript. des anim. foss. du terr. carb. de Belgique*, p. 11.
CYATHOPORA?	D. D. Owen, 1844. *Rep. of a geol. explor. of part. of Iowa*, etc., p. 72.
VERTICILLOPORA (pars).	Mc Coy, 1844. *Syn. of the carb. foss. of Irel.*, p. 194 (non Defr.).

[1] Voir MILNE EDWARDS et J. HAIME, *Pol. foss. des terr. paléoz.*, p. 249.

STENOPORA (pars).   Lonsd., 1845. In Murch., de Vern. et de Keys., *Russia and the Ural Mount.*, t. I, p. 632.
CERIOPORA (pars).   Michelin, 1845. *Iconogr. zooph.*, p. 190 (non Goldfuss).
MONTICULIPORA.   A. d'Orbigny, 1850. *Prodr. de paléont.*, t. I, p. 25.
PTILODYCTIA (pars).   *Id.*   *Ibid.*,   p. 21. (non Lonsdale)..
NEBULIPORA.   Mc Coy, 1850. *Ann. and mag. of nat. Hist.*, 2d ser., t. VI, p. 283.

Polypier en masse turbinée, frondescente ou rameuse, composée de polypiérites allongés, basaltiformes dont la surface est parsemée de petites élévations sur lesquelles se trouvent les calices les mieux développés. Calices
subpolygonaux, souvent inégaux dépourvus de cloisons? Murailles bien développées non perforées. Planchers horizontaux, complets? Multiplication
gemmipare.

Ce genre créé par A. d'Orbigny, d'abord rejeté par MM. Milne Edwards
et J. Haime, ensuite repris par ces savants actinologistes, est loin d'être parfaitement défini et bien limité. Les deux naturalistes éminents que je viens
de citer en dernier lieu, se sont bornés à faire observer que les MONTICULIPORA
ont une très-grande ressemblance avec les CHAETETES *et qu'ils ont en général
leur surface parsemée de petites élévations sur lesquelles se trouvent les
calices les mieux développés.* Mais cette différence, abstraction faite du
mode de multiplication qui n'a pas toujours pu être constaté, suffit-elle
pour établir une division générique? Je suis très-porté à résoudre négati-
vement cette question et à admettre qu'il faut chercher la différence entre
les deux genres, dans d'autres caractères. Ainsi ne serait-il pas impossible
que les vrais *Monticulipora* fussent dépourvus de planchers et de cloisons?
Il est d'autant plus permis de le supposer, que, dans la description des espèces, MM. Milne Edwards et J. Haime n'en citent que deux [1] chez lesquelles
l'existence des planchers a été directement observée et une seule (*M. petropolitana*) sur laquelle ils ont pu constater quelques vestiges de cloisons.

Défini, comme je viens de le faire, le genre *Monticulipora* s'identifie avec
le genre *Myriolithes* de M. d'Eichwald, indiqué parmi les synonymes, mais
qui, étant postérieur à celui de d'Orbigny, doit être abandonné. Il se pourrait
même que le nom proposé par A. d'Orbigny dût être remplacé par celui de

---

[1] *M. petropolitana* et *Trigeri*. Il est probable que le *M. Panderi*, très-voisin du premier, se
trouve dans le même cas.

Cyathopora donné par M. Dale D. Owen à un fossile mal défini et mal figuré et que je suppose être identique au *Monticulipora tumida*.

Si ma supposition venait à se confirmer par des observations ultérieures, les *Monticulipora* proprement dits devraient faire partie de l'ordre des ALCYO-NAIRES, ordre dans lequel M. de Keyserling a déjà classé les *Chaetetes ;* en effet, l'absence de cloisons et le mode de groupement de leurs polypiérites auraient probablement suffi pour faire prévaloir cette opinion, si leur ana-logie considérable avec les *Favosites* et surtout avec les *Beaumontia,* où la présence des cloisons est incontestable, n'eût milité en faveur de l'opinion contraire, adoptée par MM. Milne Edwards et J. Haime et acceptée par la plupart des naturalistes qui les ont suivis. On verra plus loin que le même doute existe relativement à deux petits genres dont j'aurai à m'occuper, à savoir les genres *Cladochonus* et *Aulopora.*

Les *Monticulipora* sont exclusivement paléozoïques et la plupart appar-tiennent au terrain silurien; le terrain carbonifère n'en renferme que deux espèces et le terrain permien une seule.

1. MONTICULIPORA TUMIDA.

(Pl. XIV, fig. 3.)

VERMISSEAU DE MER.	Witry, 1780. *Mém. de l'Acad. imp. et roy. de Brux.,* t. III, p. 36, pl. 2, fig. 2.
RAMOSE MILLEPORITE.	Park., 1808. *Org. rem.,* t. II, pl. 8, fig. 3.
MILLEPORA RAMOSA.	Woodw., 1830. *Syn. table of brit. org. rem.,* p. 5.
CALAMOPORA TUMIDA.	Phill., 1836. *Geol. of Yorks.,* t. II, p. 200, pl. 1, fig. 49-57.
MILLEPORA RHOMBIFERA?	*Id. Ibid.,* p. 199, pl. 1, fig. 34 et 35.
CERIOPORA NODOSA.	Fischer de Waldh., 1837. *Oryct. du gouv. de Moscou,* p. 66, pl. 30, fig. 9 et 10.
FAVOSITES SCABRA.	de Kon., 1842. *Descript. des anim. foss. du terr. carb. de Belgique,* p. 9, pl. B, fig. 1 et 5.
ALVEOLITES IRREGULARIS.	de Kon., 1842. *Descript. des anim. foss. du terr. carb. de Belg.,* p. 11, pl. B, fig. 2.
FAVOSITES TUMIDA.	Portlock, 1843. *Rep. on the geol. of Londond.,* p. 326, pl. 22, fig. 4.
— —	Morris, 1843. *Cat. of brit. foss.,* p. 37.
— —	Mc Coy, 1844. *Syn. of the carb. foss. of Irel.,* p. 193.
CYATHOPORA IOWENSIS?	D. D. Owen, 1844. *Rep. of a geol. expl. of a part. of Iowa,* p. 69, pl. 11, fig. 1.
VERTICILLIPORA DUBIA.	Mc Coy, 1844. *Syn. of the carb. foss. of Irel.,* p. 194, pl. 27, fig. 12.
STENOPORA TASMANIENSIS.	Lonsdale, 1845. De Strzelecki, *Descr. of New South-Wales and v. Diemen's Land,* p. 262, pl. 8, fig. 2.
STENOPORA OVATA.	Lonsdale, 1845. De Strzelecki, *Descr. of New South-Wales and v. Diemen's Land,* p. 265, pl. 8, fig. 3.

CERIOPORA BIGEMNUS.	de Keyserl., 1846. *Beobacht. auf ein. Reise in das Petsch.-Land*, p. 184.	
ALVEOLITES IRREGULARIS.	Geinitz, 1846. *Grundr. der Petrefakt.*, p. 652.	
— TUMIDA.	Michelin, 1846. *Iconogr. zooph.*, p. 259, pl. 60, fig. 2.	
— IRREGULARIS.	*Id.* *Ibid.*, p. 260, pl. 60, fig. 4.	
— SCABRA.	*Id.* *Ibid.*, p. 259, pl. 60, fig. 3.	
— FUNICULINA.	*Id.* *Ibid.*, p. 260, pl. 60, fig. 5.	
FAVOSITES TUMIDA.	Bronn, 1848. *Nomencl. palaeont.*, p. 491.	
CERIOPORA IRREGULARIS.	A. d'Orb., 1850. *Prodr. de paléont.*, t. I, p. 161.	
— DUBIA.	*Id.* *Ibid.*, *ibid.*	
— TUMIDA.	*Id.* *Ibid.*, *ibid.*	
FAVOSITES —	*Id.* *Ibid.*, p. 160.	
CHAETETES TUMIDUS (pars).	Milne Edw. et J. Haime, 1851. *Polyp. foss. des terr. paléoz.*, p. 270.	
CYATHOPORA IOWENSIS?	*Id.* *Ibid.*, p. 469.	
CHAETETES TUMIDUS (pars).	*Id.*, 1852. *Brit. foss. Corals*, p. 159, pl. 45, fig. 3?	
STENOPORA SCABRA.	J. Morris, 1854. *Cat. of brit. foss.*, p. 64.	
— TUMIDA.	*Id.* *Ibid.*, *ibid.*	
MONTICULIPORA TUMIDA (pars).	Milne Edw., 1860. *Hist. nat. des Corall.*, t. III, p. 278.	
CYATHOPORA IOWENSIS.	*Id.* *Ibid.*, p. 455.	
CHAETETES TUMIDUS.	d'Eichw., 1860. *Lethaea rossica*, t. I, p. 483.	
STENOPORA ARBUSCULA.	*Id.* *Ibid.*, p. 417, pl. 30, fig. 8.	
MYRIOLITHES NODOSUS.	*Id.* *Ibid.*, p. 451.	
— MONTICOLA?	*Id.* *Ibid.*, p. 452.	
CHAETETES TUMIDUS.	de From., 1861. *Introd. à l'étude des polyp. foss.*, p. 274.	
CERIOCAVA CRESCENS.	Ludwig, 1862. *Zur palaeont. des Urals*, p. 45, pl. 17, fig. 4.	
CHAETETES TUMIDUS.	J. Thomson, 1863. *On the geolog. of the Campbeltown districts*, p. 14.	
STENOPORA TUMIDA.	J. Young, 1868. *Trans. of the geol. Soc. of Glasgow*, t. I, p. 65.	

Polypier rameux, formé de branches cylindroïdes ordinairement libres et divergentes, quelquefois anastomosées, de grosseur variable, mais dont le diamètre atteint rarement un centimètre. Ces polypiers paraissent quelquefois comme encroûtants et formant plusieurs couches concentriques. Ordinairement les polypiérites ont leur origine au centre des branches et rayonnent obliquement vers la surface extérieure; comme ils sont prismatiques, il se fait que la forme de leur calice affecte celle d'un losange ou d'un ovale, se disposant en quinconce dans les parties régulières du polypier, surtout pendant le jeune âge; dans les parties, au contraire, où les polypiérites arrivent perpendiculairement à la surface, les calices ont une forme arrondie ou polyédrique plus régulière et nullement allongée, mais ils ont ordinairement alors un diamètre très-variable. Une autre disposition qui résulte de l'état de fossilisation dans lequel se trouve l'individu, consiste dans l'existence de petites protubérances produites par la saillie que forme la roche dont chacune des chambres viscérales des polypiérites a été remplie et qui persiste après la dissolution ou l'enlèvement des parties externes du polypier. Ce sont ces différents aspects qui, se manifestant par les diverses modifications d'une seule et même espèce, ont induit en erreur un certain nombre de paléontologistes et qui la leur ont fait désigner sous des noms différents et quelquefois même fait introduire dans des genres distincts.

Dans leur état normal, les calices ont leurs bords légèrement épaissis ; leur diamètre est petit et n'a en moyenne qu'un quart de millimètre. Les mamelons semblent ne pas exister dans le jeune âge et il m'a été impossible d'en découvrir sur aucun des nombreux échantillons que j'ai eu l'occasion d'examiner ; chez les adultes, ils sont rares, très-peu saillants, mais assez compactes et offrant des calices un peu plus grands que les autres, suivant MM. Milne Edwards et J. Haine. Dans leur magnifique travail sur les polypiers fossiles des îles Britanniques, ces deux naturalistes ont fait figurer, planche XLV, figure 3a, une section longitudinale d'un échantillon qu'ils rapportent à cette espèce et sur lequel ils ont parfaitement observé l'existence de nombreux planchers. Malgré tous les soins que j'ai mis à constater cette structure, je n'y suis pas parvenu. J'ai employé à cet effet un grand nombre d'échantillons belges et irlandais et pas un seul ne portait la moindre trace de l'existence de ces planchers. Je me suis demandé si c'était l'état de fossilisation ou le hasard qui me servait mal, ou bien encore, si malgré tout leur talent, les actinologistes français n'avaient pas été induits en erreur sur l'espèce de l'échantillon qu'ils ont étudié et si celui-ci ne constituait pas le jeune âge d'un véritable *Chaetetes?* Il est à désirer que de nouvelles recherches, faites sur une plus grande échelle, puissent fournir la solution de ces questions.

En attendant, je ne puis pas admettre, avec ces mêmes savants, que le *Monticulipora* décrit par moi sous le nom de *Calamopora inflata* soit identique au *M. tumida*, et je continue à les considérer comme spécifiquement différents, par les raisons que j'exposerai un peu plus loin.

En revanche, on pourra s'assurer, par la synonymie, que j'identifie avec l'espèce dont il est ici question, un grand nombre de polypiers décrits sous une foule de noms différents par divers auteurs.

Il est rare de rencontrer des échantillons assez complets pour qu'on puisse indiquer les dimensions exactes que cette espèce peut acquérir. Parmi les jeunes individus que j'ai observés, et qui presque tous ont environ 1 millimètre de diamètre, il s'en trouve qui ont jusqu'à 5 centimètres de longueur; le diamètre des échantillons adultes ne dépasse guère 7 à 8 millimètres, mais leur longueur peut atteindre 10 à 12 centimètres.

Localités. — Cette espèce est très-répandue dans le calcaire carbonifère à crinoïdes. Elle se trouve assez fréquemment à Tournai, où l'abbé de Witry l'a déjà signalée en 1780. Je l'ai rencontrée à Feluy, aux Écaussinnes, à Soignies et à Comblain-au-Pont, sur l'Ourthe. J'en ai rapporté deux échantillons des carrières de Miatchkowa, près Moscou, et j'ai obtenu ainsi la certitude, que le *Ceriopora nodosa* de Fischer de Waldheim s'identifiait avec elle. Elle a été trouvée, en outre, dans le calcaire à Fusilines du Maghilne-Karnen, près Lithwinsk (gouvernement de Perm) (Ludwig), sur les rives du Wol, affluent de la rivière Wytschegda, dans le Petschora (de Keyserling) et aux environs de Valtowa (d'Eichwald); en Angleterre, à Harrowgate, Greenhowhill, Brough, Kirby-Lonsdale, Middleham, Florence-Court, Arran (Phillips); Kendal, dans le Derbyshire et dans l'île de Man (Portlock); en Écosse, à Corrie-burn (J. Young) et à Campbeltown (J. Thomson); en Irlande, à Kulkrag, Clogher et Benburn (Portlock); à Lackagh, Drumquin, Malahide, Cookstown (Mc Coy) et à Hook-Point où je l'ai observée moi-même, et enfin, très-probablement dans le calcaire carbonifère de l'Iowa (D. Owen) et dans celui des monts Wellington et Dromedary et de Norfolk Plains, dans le pays de Van Diemen (Lonsdale).

Musées de Paris, de Londres, de Bruxelles et de Liége.

2. MONTICULIPORA? INFLATA.

(Pl. XIV, fig. 4.)

CALAMOPORA INFLATA.	de Kon., 1842. *Descript. des anim. foss. du terr. carb. de Belg.*, p. 10, pl. A, fig. 8a et 8b.
FAVOSITES —	Mc Coy, 1849. *Ann. and mag. of nat. Hist.*, 2d ser., t. III, p. 134.
CERIOPORA —	A. d'Orb., 1850. *Prodr. de paléont.*, t. I, p. 161.
CHAETETES TUMIDA (pars).	Milne Edw. et J. Haime, 1851. *Polyp. foss. des terr. paléoz.*, p. 270 (non *Cal. tumida*, Phill.).

Chaetetes tumida (pars).   Milne Edw. et J. Haime, 1852. *Brit. foss. Corals*, p. 159 (fig. exclusis).
Monticulipora tumida (pars).   Milne Edw., 1860. *Hist. nat. des Cor.*, t. III, p. 278 (n. *Cal. tumida*, Phill.).
Chaetetes tumida (pars).   de Fromentel, 1861. *Introd. à l'étude des polyp. foss.*, p. 274 (non *Calamopora tumida*, Phill.).
Calamopora inflata.   Winkler, 1863. *Cat. syst. de la coll. paléont. du Musée Teyler*, p. 31 (syn. exclusâ).

Polypier de forme très-variable, offrant ordinairement l'aspect de grosses branches irrégulièrement bosselées, à extrémités obtuses et arrondies. Quel que soit cependant le diamètre de ces branches, le polypier proprement dit n'en occupe qu'une faible partie, qui se présente sous la forme d'une couche très-mince, d'une épaisseur égale dans toute son étendue, et n'atteignant généralement pas au delà d'un demi-millimètre.

Les polypiérites sont donc extrêmement courts et ne possèdent pas cette disposition rayonnante qu'ils affectent dans l'espèce précédente. La surface du polypier n'est nullement rugueuse et son aspect a quelque chose de celui du velours; elle est composée de la réunion d'une infinité de calices, de forme polygonale, à angles plus ou moins effacés et qui, bien que ne présentant pas tous le même contour, ont très-approximativement le même diamètre (voir pl. XIV, fig. 4 *b*). Ce diamètre est très-petit, et sur une ligne droite ayant 5 millimètres d'étendue, j'ai compté vingt-huit calices, ordinairement représentés par autant de petits mamelons, par suite de la disparition des bords calicinaux. C'est surtout par ces derniers caractères et par l'absence d'un bourrelet plus ou moins épaissi autour des calices, que le *M. inflata* se distingue de l'espèce précédente, dont vingt polypiérites seulement, placés sur une même ligne, occupent une longueur de 5 millimètres et avec laquelle MM. Milne Edwards et J. Haime l'ont confondue. Elle en diffère encore par le peu de longueur de ses polypiérites et surtout par la longueur et le diamètre considérable que peuvent atteindre les polypiers. En effet, j'en ai vu qui avaient jusqu'à 10 à 12 centimètres de long et dont l'épaisseur dépassait 2 centimètres. Jamais l'espèce précédente n'atteint ces dimensions.

Localité. — Je ne connais que Visé, en Belgique, dont le calcaire renferme cette espèce, laquelle, sans y être bien rare, ne s'y trouve pas souvent en bon état de conservation. M. Mc Coy la cite de Kendal, en Angleterre.

Musées de Bruxelles, de Paris et de Cambridge (Massachusetts).

III. — TUBULOSA, *Milne Edwards* et *J. Haime.*

—

Cette section, établie en 1850 par MM. Milne Edwards et J. Haime, a été placée par eux entre les Rugosa et les Tabulata; mais, comme il existe encore quelque incertitude sur l'organisation même des polypiers de l'unique famille dont elle se compose, et que l'on ne possède pas les éléments nécessaires pour décider si elle doit faire partie de la classe des Polypes proprement dits ou Zoanthaires, ou de celle des Hydrozoaires, j'ai pensé qu'en attendant il convenait de la rapprocher le plus possible de la première de ces classes, en faisant précéder la description des Tubulosa par celle des Tabulata.

Famille unique. — AULOPORIDAE, *Milne Edw.* et *J. Haime.*

—

Genre AULOPORA, *Goldfuss.*

Milleporites.	Knorr et Walch., 1775. *Recueil des Monuments*, etc., t. III, p. 157.
Tubiporites.	Schlotheim, 1820. *Petrefactenk.*, t. I, p. 366.
Aulopora.	Goldf., 1826. *Petref. German.*, t. I, p. 82.
Harmodites (pars).	Fischer de Waldh., 1828. *Notice sur les pol. tubipores fossiles*, p. 19.
Stomatopora.	Bronn, 1829. *Jarhbuch für Min. u. Geol.*, t. I, p. 341.
Alecto.	Steininger, 1831. *Mém. de la Soc. géol. de France*, t. I. 541 (non Lamouroux).

Polypier sessile, rampant, composé de polypiérites se multipliant par gemmation latérale, ayant la forme de petits cylindres ou de cornets distincts et plus ou moins libres entre eux, recouverts d'une forte épithèque et généralement dirigés vers le même côté. Chambre viscérale des premiers-nés, communiquant librement avec celles des individus auxquels eux-mêmes donnent naissance. Stries cloisonnaires peu distinctes ou nulles.

La ressemblance extérieure des *Aulopora* avec certaines espèces de Bryozoaires est si grande, que plusieurs auteurs ont été induits en erreur et ont compris, dans un même groupe générique, des espèces qui n'avaient pas le moindre rapport entre elles. L'auteur même du genre n'a pu éviter cette confusion, qui s'explique, jusqu'à un certain point, par la difficulté que l'on a de se procurer des échantillons sur lesquels on puisse parfaitement observer les caractères servant à les distinguer nettement des Bryozoaires; parmi ces caractères on peut citer en première ligne, la communication des chambres des divers polypiérites.

Les *Aulopora* ressemblent encore, dans certains cas, à de jeunes *Syringora*, au point que plusieurs auteurs ont confondu les uns avec les autres; c'est ainsi que Fischer de Waldheim a décrit, sous le premier de ces noms génériques, de vrais *Syringopora*, tandis que MM. Milne Edwards et J. Haime ont commis l'erreur inverse et ont pris pour de jeunes *Syringopora* certaines espèces d'*Aulopora* carbonifères, parfaitement caractérisées. C'est par ce motif, sans doute, qu'ils étaient d'avis que, à l'époque où ils ont publié leur magnifique travail sur les polypiers paléozoïques (1851), si souvent cité dans ce qui précède, la présence des *Aulopora* n'avait encore été bien constatée que dans le terrain devonien[1].

Quant à moi, je n'ai pas le moindre doute que les espèces décrites par M. Mc Coy, sous les noms d'*Aulopora gigas* et *campanulata* [2], n'appartiennent réellement au genre auquel elles ont été rapportées.

1. Aulopora gigas.

(Pl. IX, fig. 5.)

Aulopora gigas.	Mc Coy, 1844. *Syn. of the carb. foss. of Irel.*, p. 190, pl. 27, fig. 14.
— —	A. d'Orb., 1850. *Prodr. de paléont. strat.*, t. I, p. 162.
Syringofora (jeune).	Milne Edw. et J. Haime, 1851. *Polyp. foss. des terr. paléoz.*, p. 296.

[1] *Pol. foss. des terr. paléoz.*, p. 296.

[2] Cette espèce avait déjà été figurée par Fischer de Waldheim et confondue par lui, d'abord avec l'*Alecto acaulis* de Lamarck (Oryct. du Gouvern. de Moscou, pl. XXX, fig. 2, 1re édit., 1830), et ensuite, avec l'*Aulopora tubaeformis* de Goldfuss (*ibid.*, pp. 163 et 193, pl. XXX, fig. 2, 2e édit., 1837), quoique déjà en 1831, il lui eût donné le nom d'*Aulopora macrostoma* (Bulletin de la Soc. imp. des natur. de Moscou, t. III, p. 287, pl. 5, fig. 6); c'est ce dernier nom, antérieur à celui proposé par M. Mc Coy, qui devra être conservé. Les *Aulopora glomerata* de M. Ludwig (Zur Palaeont. des Urals, p. 44, pl. 17, fig. 1), et *hians* de M. d'Eichwald (Lethaea rossica, t. I, p. 512, pl. 28, fig. 11), me semblent encore appartenir à la même espèce.

AULOPORA GIGAS.   Morris, 1854. *Cat. of brit. foss.*, p. 47.
SYRINGOPORA (jeune). Milne Edw., 1861. *Hist. nat. des Corall.*, t. III, p. 298.
AULOPORA.....   Ludwig, 1866. *Palaeontographica*, t. XIV, p. 210, pl. 56, fig. 1.

Polypier rampant, composé de tubes minces, formant à la surface du corps auquel il adhère, un réseau à mailles assez grandes, mais de forme peu régulière. Les polypiérites, adhérents sur presque toute leur étendue, ne se relèvent que faiblement à leur extrémité supérieure ou calicinale. La gemmation a lieu près du calice et assez généralement par bifurcation latérale. Les polypiérites sont creux dans toute leur étendue et n'offrent pas la moindre apparence des planchers infundibuliformes qui devraient s'y observer, s'ils constituaient de jeunes individus d'un *Syringopora,* comme l'ont admis MM. Milne Edwards et J. Haime. La longueur des polypiérites varie entre 6 et 8 millimètres, tandis que leur diamètre ainsi que celui de leur calice atteignent rarement 1 millimètre.

Cette espèce a quelque ressemblance avec le jeune âge et certaines variétés de l'*A. repens*, mais elle ne forme jamais, comme ce dernier, des réseaux serrés ou des plaques continues; en outre, les polypiérites de l'espèce carbonifère sont généralement plus minces et leur calice moins élevé.

Localités. — Du terrain carbonifère de Tournai et de Ballentrillick, en Irlande (Mᶜ Coy). Tous les échantillons que je connais sont fixés sur la surface extérieure de grands polypiers, tels que le *Z. cylindrica* et le *Z. herculina,* sur lesquels ils trouvaient un plus grand espace que sur toute autre espèce pour se développer.

Musées de Bruxelles et de Cassel.

2. GENRE CLADOCHONUS, *Mᶜ Coy.*

JANIA.   Mᶜ Coy, 1844. *Syn. of the carb. foss. of Irel.*, p. 198 (non Lamouroux).
CLADOCHONUS.   *Id.*,   1847. *Ann. and mag. of nat. Hist.*, 1ʳᵉ ser., t. XX, p. 227.
PYRGIA.   Milne Edw. et J. Haime, 1851. *Polyp. foss. des terr. paléoz.*, p. 310.
SYRINGOPORA (jeune âge).   *Id.*   *Ibid.,*   p. 296.
AULOPORA (pars).   d'Eichwald, 1860. *Leth. rossica*, t. I, p. 512.
LIODENDROCYATHUS (pars). Ludwig, 1866. *Palaeontologica,* t. XIV, p. 215.

Polypier composé de polypiérites non rampants, se multipliant par gemmation latérale, ayant la forme d'un cornet muni d'un pédicule cylindrique de longueur variable, et entourés d'une forte épithèque. Calice circulaire assez profond, à surface interne garnie de faibles stries cloisonnaires. Plancher nul.

Les polypiers appartenant à ce genre ont d'abord été confondus par M. Mc Coy avec les *Jania* de Lamouroux, avec lesquels ils offrent quelque ressemblance extérieure. En 1847, le paléontologiste irlandais reconnut son erreur et leur imposa le nom générique sous lequel ils devront dorénavant être désignés.

Cependant, en 1851, MM. Milne Edwards et J. Haime, n'ayant à leur disposition que des échantillons incomplets de l'espèce de ce genre qui se trouve dans le calcaire carbonifère de Tournai, n'y reconnurent point les caractères des *Cladochonus*, créèrent pour ces échantillons le genre *Pyrgia* et émirent l'avis que les espèces décrites par M. Mc Coy sous les noms de *Jania bacillaria* et de *Cladochonus brevicollis* et *tenuicollis* devaient être considérées comme des *Syringopora*. Ils ne conservèrent des doutes que sur la nature des *Jania antiqua* et *crassa* du même auteur [1]. M. Milne Edwards a maintenu encore cette même opinion en 1860 [2], quoique M. Morris eût, à juste titre, identifié les *Pyrgia* avec les *Cladochonus* [3]. M. d'Eichwald en a introduit une belle espèce dans le genre *Aulopora* [4], dont il est, au reste, trèsvoisin.

Ce genre a été placé par les éminents actinologistes français que je viens de citer, dans la famille des *Auloporidae*, et cette classification a été adoptée par la généralité des naturalistes. M. de Fromentel est le seul qui, à ma connaissance, fasse exception. Partant de l'idée erronée que les *Cladochonus* (*Pyrgia*) sont des polypiers simples et libres, il divise les Tubulata en Monastraea et en Disastraea, dont les premiers comprennent la famille des Pyrgiens, composée du seul genre *Pyrgia*, et les seconds, la famille des Auloporiens, formée de l'unique genre *Aulopora* [5].

---

[1] *Pol. foss. des terr. paléoz.*, p. 296. Je partage ces doutes relativement à la *Jania antiqua*, qui évidemment n'est pas un *Cladochonus*.

[2] *Hist. nat. des Corall.*, t. III, p. 298.

[3] Morris, *Cat. of brit. foss.*, p. 49.

[4] *Lethaea rossica*, t. I, p. 512, pl. 28, fig. 11. Cette espèce me paraît identique au *C. brevicollis*, Mc Coy.

[5] *Introd. à l'étude des polyp. foss.*, p. 348.

M. Mc Coy, trompé par la régularité avec laquelle s'opère la multiplication de certaines espèces de ce genre, avait pensé y reconnaître un caractère constant que je ne puis admettre. Dans ces espèces chaque polypiérite ne produit qu'un seul individu, qui prend naissance à l'angle de la partie géniculée immédiatement au-dessous du calice et qui, se dirigeant alternativement à droite et à gauche, forme ainsi une sorte de zig zag, dont chaque angle serait orné d'un clocheton, comme l'indique la figure ci-contre.

On verra plus loin que les polypiérites du *Cladochonus Michelini* donnent généralement naissance à deux nouveaux individus et quelquefois même à trois; que la position de ces nouveau-nés n'est pas toujours aussi régulière que l'avait supposé M. Mc Coy et que, par conséquent, le caractère établi par lui sur une disposition particulière et individuelle, doit être abandonné.

Aussi définira-t-on parfaitement les *Cladochonus* en disant que ce sont des *Aulopora* non rampants, car ils en possèdent tous les autres caractères. En partant de cette considération, je doute fort que le *Pyrgia Labechii*, Milne Edwards et J. Haime [1], soit un véritable *Cladochonus*, et je suis porté à croire que cette espèce devra être placée à côté de celle que j'ai décrite sous le nom de *Petraia Benedeniana*.

M. Ludwig, qui se plaît à changer systématiquement et sans la moindre utilité les noms des genres le mieux établis, a transformé celui-ci en *Liodendrocyathus*, et l'a si mal défini qu'il y comprend, sans aucune raison plausible, certaines espèces d'*Aulopora* parfaitement connues depuis longtemps.

Néanmoins l'espèce de *Cladochonus* qu'il a décrite sous le nom de *Liodendrocyathus tubaeformis* offre un certain intérêt. C'est la première et la seule qui jusqu'ici ait été signalée dans le terrain devonien; toutes les autres sont carbonifères et l'une de celles-ci a cela de particulier, qu'elle a été découverte en Australie [2].

---

[1] *Brit. fossil Corals*, p. 166, pl. 46, fig. 5.
[2] *Cladochonus tenuicollis*, Mc Coy (ANN. UND MAG. OF NAT. HIST., 1er ser., t. XX, p. 227, pl. 11, fig. 8.

Cladochonus Michelini.

(Pl. XV, fig. 6.)

Pyrgia Michelini. Milne Edw. et J. Haime, 1851. *Polyp. foss. des terr. paléoz.*, p. 310, pl. 17, fig. 8.
— — Quenstedt, 1852. *Handbuch der Petrefaktenk.*, p. 638, pl. 56, fig. 18.
— — Milne Edw., 1860. *Hist. nat. des Corall.*, t. III, p. 322.
— — de Fromentel, 1861. *Introd. à l'étude des polyp. foss.*, p. 318.

Polypier composé d'une série de polypiérites qui, lorsqu'ils sont isolés, rappellent assez bien la forme d'une pipe ordinaire et prennent généralement naissance les uns sur les autres, vers la base de leur calice, où ils sont légèrement courbés, et se prolongent en un long pédicelle droit et subulé. L'insertion est souvent isolée, mais il n'est pas rare non plus d'en observer deux et même trois sur le même individu; lorsqu'il y en a deux, elle est opposée l'une à l'autre et divergente; la troisième, lorsqu'elle existe, est située plus bas et, dans ce cas, le calice forme un cône plus allongé. L'épithèque est forte et ne laisse apercevoir que de faibles stries d'accroissement. Tous les polypiérites sont creux et communiquent librement les uns avec les autres. Vers la moitié de la longueur des calices, on observe des stries cloisonnaires, courtes et peu apparentes, au nombre de vingt environ. Longueur des polypiérites, 12 à 14 millimètres; diamètre de leur calice, 3 à 4 millimètres, et du pédicelle, 1 millimètre.

Le *Cladochonus Michelini* a quelque ressemblance avec le *C. bacillaria*, Mc Coy, dont il diffère principalement par la longueur plus considérable et le diamètre plus faible de son pédicelle, ainsi que par le diamètre plus considérable de ses calices. Sous ce dernier rapport il se rapproche des *C. brevicollis* et *tenuicollis*, Mc Coy, dont le pédicelle est beaucoup plus court et dont les polypiérites ont une disposition beaucoup plus régulière.

Localité. — Cette espèce n'a encore été trouvée que dans le calcaire carbonifère de Tournai.

Musées de Bruxelles, de Louvain et de Paris.

IV. — **PERFORATA**, *Milne Edw.* et *J. Haime.*

—

Famille II. — MADREPORIDAE, *Milne Edw.* et *J. Haime* [1].

—

A. — EUPSAMMINAE, *Milne Edw.* et *J. Haime.*

Genre **PALAEACIS**, *J. Haime.*

HYDNOPORA?	Phill., 1836. *Geol. of Yorks.*, t. II, p. 202.
ASTRAEOPORA?	Mc Coy, 1844. *Syn. of the carb. foss. of Irel.*, p. 191.
PROPORA (pars).	Milne Edw. et J. Haime, 1849. *Comptes rend. de l'Ac. des sc.*, t. XXIX, p. 252.
PALAEACIS.	J. Haime, 1860. Milne Edw., *Hist. nat. des Corall.*, t. III, p. 171.
SPHENOPOTERIUM.	Meek and Worthen, 1860. *Proceed. of the Acad. of nat. sciences of Philad.*, t. XII, p. 447.
PTYCHOCHAETOCYATHUS.	Ludwig, 1866. *Palaeontographica*, t. XIV, p. 189.

Polypier ordinairement cunéiforme, fixé à l'aide d'un petit pédoncule et composé de la réunion d'un petit nombre de polypiérites; calices subcirculaires et infundibuliformes ou bien polygonaux lorsqu'ils sont trop rapprochés les uns des autres, entourés d'une épithèque complète et mince. Multiplication par gemmation intercalicinale; murailles du calice formées d'un tissu solide, quoique d'apparence spongieuse; appareil septal uniquement représenté par un grand nombre de séries rayonnantes de trabicules subégales entre elles et se transformant, près du bord du calice, en d'autres séries beaucoup plus minces, mais aussi beaucoup plus nombreuses que les premières; le fond des calices percé de pores communiquant de l'un à l'autre. Surface externe finement vermiculée ou chagrinée.

Ce genre, créé par J. Haime peu de temps avant sa mort, ne lui a été connu que par des contre-moules. Son savant collaborateur, M. Milne Edwards, l'a adopté et publié dans l'*Histoire naturelle des Coralliaires*, tout en faisant observer que la structure des fossiles pour lesquels le genre avait

[1] La première famille (PORITIDAE, Dana) n'a pas de représentants dans les couches carbonifères.

été établi, ne lui était que très-imparfaitement connue et qu'il ne lui paraissait pas bien certain que ce fussent même des Coralliaires.

Vers la même époque, MM. Meek et Worthen communiquèrent à l'Académie des sciences naturelles de Philadelphie une notice sur quelques nouvelles espèces de fossiles carbonifères de l'Illinois, dans laquelle ils décrivirent, de leur côté, les mêmes espèces de fossiles qui avaient fait l'objet des recherches de J. Haime et ils proposèrent de les réunir sous le nom générique de *Sphenopoterium*. Leur notice n'ayant été publiée qu'en 1861, quoiqu'elle eût été lue à l'Académie au mois d'octobre 1860, il n'y a pas de doute que le nom de *Palaeacis* n'ait la priorité et que ce ne soit ce nom qui doit être conservé, la publication de l'ouvrage de M. Milne Edwards datant de l'année 1860.

Dans cette première notice, les auteurs ont émis l'opinion que le groupe décrit par eux avait plus de rapports avec le genre *Cyathoseris*, Milne Edwards et J. Haime, qu'avec aucun autre genre vivant ou fossile qui leur fût connu. Il résulte de là qu'ils le considéraient comme appartenant à la section des MADREPORARIA APORA et à la famille des FUNGIDAE.

Néanmoins, lorsque, en 1866, les savants paléontologistes américains entreprirent la publication de leurs recherches paléontologiques dans l'Illinois, ils consultèrent M. le professeur Verrill, l'un des meilleurs actinologistes des États-Unis, sur les affinités du genre *Sphenopoterium*. Celui-ci fut d'avis que les fossiles soumis à son examen devaient être classés parmi les SPONGIAIRES et ne présentaient de l'analogie qu'avec certaines espèces jurassiques de cette division. Cette opinion semble avoir été adoptée par MM. Meek et Worthen. C'est dans ces conditions et avant même que l'ouvrage sur l'Illinois de ces derniers auteurs lui fût connu, que M. von Siebach reprit l'étude des *Palaeacis*.

Dans un mémoire publié d'abord dans les *Nachrichten der Königlichen Gesellschafft der Wissenschaften zu Göttingen* (1866, p. 235) et inséré ensuite, accompagné d'une planche, dans le *Zeitschrift der deutschen geologischen Gesellschaft* (1866, p. 304), il démontra l'identité du genre *Palaeacis* avec le genre *Sphenopoterium* de MM. Meek et Worthen. Il conclut ensuite de ses propres observations, que les *Palaeacis* sont de véritables ZOANTHAIRES appartenant à la section des MADRÉPORAIRES PERFORÉS et dont la place est bien celle que MM. Milne Edwards et J. Haime lui ont assignée parmi les TURBINARINAE.

Vers la même époque, M. Ludwig découvrit le moule d'une espèce de ce genre dans le schiste carbonifère de Rothwaltersdorf, près Glatz, le décrivit et le figura sous le nom de *Ptychochartocyathus laxus* [1], mais il ne se préoccupa nullement de ses affinités zoologiques.

Dans ces derniers temps, le Dr Kunth, dont j'ai déjà souvent eu l'occasion de citer le nom, s'est occupé à son tour de l'étude des *Palaeacis* et s'est livré à de nouvelles recherches relativement à leur organisation. Il a fait observer que la plupart des espèces déjà connues étaient cunéiformes, qu'il était difficile de savoir exactement si elles avaient été sessiles ou non; mais qu'en revanche il y en avait d'autres pour lesquelles ce doute n'était pas possible et qui avaient la propriété d'adhérer par une assez grande surface à des corps étrangers; l'*Hydnopora? cycoclostoma* de M. Phillips, qui me paraît identique au *Ptychochartocyathus laxus* de M. Ludwig, est au nombre de ces dernières. D'après lui encore, par l'enlèvement de la surface interne du calice, on met à nu un assez grand nombre de pores traversant la muraille, mais dont la direction et la disposition n'offrent rien de régulier.

Ces pores correspondent à des canaux qui s'entre-croisent et traversent en tous sens le tissu sclérenchymateux et lui communiquent une apparence spongieuse; au fond des calices les pores sont ouverts et mettent les cavités en communication directe avec les calices adjacents. Il est probable que l'animal, en se développant, a fermé successivement les pores supérieurs et n'a conservé que ceux qui se trouvaient à sa base. J'ai eu l'occasion de confirmer la plupart de ces observations et de les compléter même sur quelques points. C'est ainsi que j'ai pu constater que sur les échantillons mis à ma disposition, le système septal est un peu plus régulièrement et un peu mieux développé que sur les échantillons allemands, observés par le Dr Kunth, mais qu'en revanche, ces mêmes échantillons ne portent pas la moindre trace de columelle, ce dont le savant paléontologiste allemand n'est pas parvenu à s'assurer d'une manière bien positive. J'ai pu me convaincre, en même temps,

[1] *Palaeontographica* von Meyer u. Dunker, t. XIV, p. 231.

qu'il n'existe pas de traces des deux grandes cloisons indiquées par J. Haime sur les échantillons qu'il a fait figurer et qui semblent être les mêmes que ceux que MM. Meek et Worthen ont décrits et figurés sous le nom de *Sphenopoterium cuneatum* [1]. M. von Siebach, au reste, avait déjà fait la même remarque concernant cette cloison.

Je suis en outre d'accord avec le Dr Kunth, qu'il résulte de l'inspection des figures de la plupart des espèces connues et de l'observation directe des échantillons, que, contrairement à l'opinion de J. Haime, les *Palaeacis* ne possédant pas de caenenchyme indépendant et par suite ne pouvant faire partie des Turbinarinae, leur place se trouve naturellement indiquée parmi les Eupsamminae. Mais ici une nouvelle question se présente pour savoir quel est le genre avec lequel les *Palaeacis* ont le plus de rapports. Le Dr Kunth est d'avis qu'il faut les rapprocher du genre *Astroïdes* de MM. Milne Edwards et J. Haime. Je me permettrai de faire observer néanmoins que la conformation générale des *Caënopsammia* a beaucoup plus d'analogie avec celle des *Palaeacis* que n'en a celle des *Astroïdes*, et qu'il me semble que c'est entre ce premier genre et le genre *Stereopsammia* qu'il convient de les ranger, ce dernier n'étant pas non plus pourvu de columelle. Comme l'on voit, la divergence d'opinion à cet égard est si faible, qu'il n'y a pas lieu de s'y arrêter davantage.

Toutes les espèces actuellement connues appartiennent au terrain carbonifère. Quoique peu nombreuses, il est probable que leur nombre devra encore être réduit lorsqu'on aura pu se procurer des matériaux suffisants pour en faire une étude approfondie.

En attendant, il me semble que les quatre espèces indiquées par MM. Meek et Worthen sont les seules qui présentent des différences de conformation suffisantes pour les maintenir et y rapporter celles qui ont été décrites par la suite. Elles comprennent :

1° *Palaeacis cuneiformis*, J. Haime; *Sphenopoterium cuneatum*, Meek et Worthen;

2° *Palaeacis compressa*, Meek et Worthen;

---

[1] *Geological survey of Illinois*, t. II, p. 262, pl. 19, fig. 1.

3° *Palaeacis obtusa*, Meek et Worthen ; *Palaeacis cymba* et *P. umbonata*, von Siebach ;

4° *Palaeacis cyclostoma*, Phill. ; *Sphenopoterium enorme*, Meek et Worthen ; *Ptychochartocyathus laxus*, Ludwig.

La première n'a encore été trouvée qu'aux États-Unis. Le musée de Bruxelles possède un échantillon de la seconde ; j'ai reçu de Hook-Point, en Irlande, un échantillon de la troisième, ayant douze cavités calicinales ; la quatrième a été découverte en 1836 dans le Northumberland par M. Phillips, et il s'en trouve au musée de Liége un échantillon provenant du calcaire carbonifère de Tournai.

1. PALAEACIS COMPRESSA.

(Pl. XV, fig. 7.)

SPHENOPOTERIUM COMPRESSUM. Meek and Worthen, 1860. *Proceed. of the Acad. of nat. sc. of Philad.*, t. XII, p. 448.

PALAEACIS COMPRESSA.   von Seebach, 1866. *Zeits. der deutsch. geol. Gesells.*, t. XVIII, p. 308.

SPHENOPOTERIUM COMPRESSUM. Meek and Worthen, 1866. *Geol. survey of Illinois*, t. II, p. 234, pl. 17, fig. 1.

Polypier ordinairement composé de plusieurs polypiérites, irrégulièrement disposés les uns par rapport aux autres, mais se développant sensiblement dans un même plan. Les jeunes échantillons sont assez généralement formés de la réunion de deux ou de trois polypiérites placés à côté les uns des autres, ont leur base comprimée, souvent adhérente et sont cunéiformes. Plus tard, chaque polypiérite peut donner naissance par bourgeonnement à d'autres, dont la disposition n'a plus rien de régulier, mais dont la direction est ordinairement verticale (fig. 7). Les calices sont subcirculaires, profonds et ornés de plus de quarante rayons cloisonnaires, armés de petites pointes et dont le nombre s'augmente encore considérablement vers les bords, par la bifurcation qui s'y opère. Au fond de chaque calice, on remarque quelques pores dont le nombre et le diamètre sont variables. Les polypiérites, en croissant, sont ou coalescents ou se développent librement sur une partie de leur longueur. En tous cas, les bords de leurs calices sont libres et nettement séparés les uns des autres. La surface extérieure est ornée de quelques rides assez prononcées provenant de l'accroissement successif des polypiérites. Le diamètre des calices varie de 5 à 8 millimètres et la longueur de chaque polypiérite de 6 à 17 millimètres.

Cette espèce me paraît l'une des mieux caractérisées. Elle diffère de la suivante par son développement considérable en hauteur et des *P. cuneiformis* et *obtusa* par sa forme générale et par la propriété que possèdent ses polypiérites de se développer librement sur une assez grande étendue.

Localités. — Cette espèce a été découverte par MM. Meek et Worthen, à Nauvoo, dans l'Illinois. M. le capitaine Henne a trouvé le bel échantillon représenté planche XV, figure 7, dans l'argile carbonifère de Crèvecœur, près Tournai.

Musée de Bruxelles.

2. PALAEACIS CYCLOSTOMA.

(Pl. XV, fig. 8.)

HYDNOPORA CYCLOSTOMA.	Phill., 1836. *Geol. of Yorks.*, t. II, p. 202, pl. 2, fig. 9 et 10.
ASTRAEOPORA ANTIQUA?	Mc Coy, 1844. *Syn. of the carb. foss. of Irel.*, p. 191, pl. 26, fig. 9.
PROPORA? CYCLOSTOMA.	Milne Edw. et J. Haime, 1851. *Polyp. des terr. paléoz.*, p. 225.
— —	*Id.*, 1852. *Brit. foss. Cor.*, p. 152.
SPHENOPOTERIUM ENORME.	Meek and Worthen, 1860. *Proceed. of the Acad. of nat. sc. of Philad.*, t. XII, p. 448.
— —	Meek and Worthen, 1866. *Geol. survey of Illinois*, t. II, p. 146, pl. 14, fig. 1 et 2.
PTYCHOCHARTOCYATHUS LAXUS.	Ludwig, 1866. *Palaeontographica*, t. XIV, pp. 189 u. 231, pl. 47, fig. 14, et pl. 69, fig. 2.
PALAEACIS ENORMIS.	von Seebach, 1866. *Zeitschr. der deuts. geol. Gesells.*, t. XVIII, p. 309.
— LAXA.	Kunth, 1869. *Ibid.*, t. XXI, 185, pl. 2, fig. 2.

Polypier simple ou composé, réunissant jusqu'à six ou peut-être un plus grand nombre encore de calices sur un même échantillon, adhérant par une surface plus ou moins grande à d'autres corps. Calices de forme circulaire ou ovale, à bords isolés et relevés, assez profonds et dont la surface interne est garnie de vingt à vingt-deux petites côtes cloisonnaires, ornées de fines épines; vers les bords, ces côtes se dédoublent et deviennent beaucoup plus nombreuses. Le fond est percé d'un grand nombre de petits pores arrondis, ayant tous à peu près le même diamètre, mais irrégulièrement disposés entre eux.

La surface externe est finement vermiculée sur les bords des calices, mais principalement dans les interstices qui les séparent les uns des autres, et grenue partout ailleurs.

Lorsque le polypier n'est composé que d'un seul polypiérite, comme c'est le cas pour l'échantillon que j'ai pu observer, il adhère par une grande surface aux corps sur lesquels il se développe. L'échantillon représenté par M. Philips possède six calices, tandis que celui du Dr Kunth n'en a que cinq et que le nombre des calices de celui de MM. Meek et Worthen ne s'élève qu'à quatre; mais ni l'un ni l'autre n'affectent la forme régulière que M. Ludwig attribue à cette espèce, qui a été représentée par lui, d'après un moule incomplet, comme une demi-sphère, du centre de laquelle rayonneraient sept calices autour d'un huitième placé au sommet; cette forme est tout à fait hypothétique et rien n'autorise à admettre la possibilité de son existence réelle. La forme bien prononcée des autres espèces et leur faible surface d'adhérence ne permettent pas de les confondre avec celle-ci.

Je n'ai aucun doute sur l'identité du *Palaeacis* dont je viens de faire la description avec celui qui a été figuré par M. Phillips sous le nom de *Hydnopora? cyclostoma*, et c'est pour cette raison que j'ai cru devoir substituer le nom spécifique sous lequel l'auteur anglais a été le premier à le décrire, à ceux qui lui ont été imposés plus tard. Je suis persuadé que mon avis sera partagé par tous ceux qui voudront bien se donner la peine de comparer la description succincte et les figures qui ont été données par le savant professeur d'Oxford, avec celles des auteurs qui l'ont suivi [1]. Je n'ai pas la même certitude relativement à l'*Astraeopora antiqua* de M. Mc Coy, quoiqu'il soit probable que ce fossile appartient au même genre.

Localités. — Ce *Palaeacis* a été recueilli dans le calcaire carbonifère de Tournai. MM. Meek et Worthen l'ont découvert dans une couche carbonifère à Goniatites de Rockford (Indiana), de Clarksville (Missouri) et de Salt-Lick-Point (Illinois). M. Ludwig en a obtenu des moules du schiste carbonifère inférieur (Culm) de Rothmaltersdorf, près Glatz, en Silésie, et le Dr Kunth du

---

[1] Voici cette définition : « Incrusting shells; all the exposed surfaces covered with vermicular ridges, or insulated points : in the large circular celles they form radiating lines. »

carbonifère de Hausdorf. M. Phillips le cite du Northumberland. Il est rare partout.

Musées de Liége et de Breslau.

V. — APORA, *Milne Edwards* et *J. Haime.*

—

Famille I. — FUNGIDAE, *Dana.*

—

A. — LOPHOSÉRIENS, *Milne Edw.* et *J. Haime.*

Genre MORTIERIA, *de Kon.*

Mortieria. de Kon., 1842. *Descript. des anim. foss. du terr. carb. de Belgique*, p. 12.
Mortiera. Milne Edw., 1860. *Hist. nat. des Corall.*, t. III, p. 454.

Polypier simple, ayant la forme d'une lentille biconcave, plus ou moins régulière et d'une épaisseur variable; les deux surfaces concaves sont garnies d'une épithèque mince, sous laquelle apparaissent des côtes rayonnantes, ordinairement bifurquées vers le milieu de leur longueur. Tout autour, on observe de nombreux rayons cloisonnaires transverses, sensiblement droits, s'étendant jusqu'au centre et réunis entre eux par une quantité considérable de petites traverses ou synapticules.

J'ai établi ce genre en 1842 pour un fossile que l'on prendrait volontiers, au premier aspect, pour une vertèbre d'un poisson de l'ordre des PLAGIOS-TOMES, comme il s'en rencontre souvent dans les terrains tertiaire et crétacé. Mais en l'examinant de plus près, on s'aperçoit immédiatement que sa structure ne correspond nullement à celle de ces vertèbres. Aussi n'ai-je pas hésité à le rapporter à la classe des POLYPES proprement dits et à le décrire à la suite des autres espèces appartenant à cette classe.

En 1846, Michelin [1] partagea mon opinion, qui fut confirmée en 1854 par MM. Milne Edwards et J. Haime [2]; mais aucun de ces savants actino-logistes n'émit son avis sur la classification de ce genre. Ces derniers se

---

[1] *Iconographie zoophytologique*, p. 253.
[2] *Polyp. foss. des terr. paléoz.*, p. 467.

bornèrent à l'introduire parmi les groupes dont *les affinités leur parurent douteuses*. Plus tard, dans son *Histoire naturelle des Coralliaires*, M. Milne Edwards [1] le comprit dans l'Appendice, réservé aux *Polypiers de la sous-classe des* Cnidiaires, *dont les caractères sont mal connus et dont les affinités sont très-douteuses*. M. J. Morris est le seul de tous les paléontologistes qui l'ait classé, mais avec doute, parmi les Cyathophyllidae [2].

Comme on le voit, depuis 1842 la question n'a pas fait un pas, et sauf le doute émis par le savant paléontologiste anglais, je la retrouve dans le même état où je l'ai laissée alors. J'ai donc cherché à la résoudre et voici les résultats auxquels mes recherches m'ont conduit.

Il me parait incontestable que les lames transversales si apparentes sur le pourtour du fossile et qui rayonnent du centre vers la circonférence, constituent l'appareil septal du polypier. S'il en est ainsi, on peut admettre que dans l'embryon la muraille rudimentaire, au lieu d'avoir été représentée par un simple disque calcaire, a été composée de deux petits disques légèrement bombés et soudés entre eux par leur centre de courbure, et a pris ainsi la forme d'une petite poulie, dont la rainure a été occupée par le Polype. Cela me parait d'autant plus facile à concevoir, que parmi les *Flabellum*, il y a des espèces dont la forme représente assez bien celle d'un demi-disque et qui, en supposant deux individus soudés par leurs bords, ne ressembleraient pas mal aux *Mortieria*.

D'un autre côté, on sait que chez les Fongides le sclérenchyme dermique des faces latérales des cloisons tend à se développer par places au delà du plan de ces lames verticales et forme des saillies semblables à des verrues ou à des tubercules qui s'avancent vers celles de la cloison voisine et s'y soudent; il en résulte que les loges viscérales sont plus ou moins traversées par des sortes de barreaux souvent très-étendus en hauteur, mais ne sont jamais complétement fermées [3]. Or, cette structure est précisément celle que j'ai pu observer chez les *Mortieria*, et je n'hésite pas un instant à les comprendre dans la famille dont je viens de parler.

[1] Tome III, p. 450.
[2] J. Morris, *Cat. of brit. foss.*, p. 60.
[3] Milne Edwards, *Hist. nat. des Coralliaires*, t. III, p. 2.

D'un autre côté, cette famille étant divisée en FONGIENS, dont la muraille ou le plateau commun est plus ou moins poreux et ordinairement échinulé, et en LOPHOSÉRIENS, dont la muraille ou le plateau commun n'est ni perforé ni échinulé [1], il est évident que c'est à ce dernier groupe qu'appartiennent les *Mortieria*. Mais ce groupe étant lui-même partagé en un grand nombre de genres, il reste à examiner quel sera celui de ces genres dont les fossiles en question se rapprochent le plus.

Il m'a semblé que le genre *Cyclolites* est celui qui offre le plus d'analogie. Il suffit en effet de supposer que les espèces de ce genre fussent pourvues d'une double muraille, dont l'une située en dessus et l'autre en dessous, pour qu'elles eussent la ressemblance la plus frappante avec les *Mortieria*. L'inspection de quelques espèces orbiculaires, telles que les *C. discoïdea*, Goldf., *Haueriana* et *rugosa*, Michelin, permet de s'en convaincre. Cette dernière surtout, avec ses cloisons nombreuses et inégales, en a tout à fait l'apparence, lorsqu'on la regarde de profil.

Il est remarquable que ce genre, dont on ne connaît qu'une seule espèce, n'ait pas encore été rencontré dans les couches carbonifères si largement représentées en Russie, en Irlande et aux États-Unis, et qu'il ne se trouve même pas dans les diverses couches des terrains paléozoïques un seul autre genre dont celui-ci puisse être rapproché. Le genre *Palaeocyclus* eût été le seul qui se fût trouvé dans ce cas, si, dans un travail récent, M. le professeur Martin Duncan n'eût prouvé que les espèces de ce genre possédaient tous les caractères des *Cyathophyllum* et devaient désormais en faire partie [2].

1. MORTIERIA VERTEBRALIS.

(Pl. XV, fig. 9.)

MORTIERIA VERTEBRALIS. de Kon., 1842. *Descr. des anim. foss. du terr. carb. de Belg.*, p. 12, pl. B, fig. 5.
 — — Michelin, 1846. *Iconogr. zooph.*, p. 253, pl. 59, fig. 1.
 — — Bronn, 1848. *Nomencl. palaeont.*, p. 745.
 — — A. d'Orb., 1850. *Prodr. de paléont.*, t. I, 159.

[1] MILNE EDWARDS, *Hist. nat. des Coralliaires*, t. III, p. 4.
[2] *Philosophical Transactions*, t. CLVII, p. 651.

Mortieria vertebralis. Milne Edw. et J. Haime, 1851. *Polyp. foss. des terr. paléoz.*, p. 467.
— — Id., 1852. *Brit. fossil Corals*, p. 209.
— — J. Morris, 1854. *Cat. of brit. foss.*, p. 60.
Mortiera vertebralis. Milne Edw., 1860. *Hist. nat. des Corall.*, t. III, p. 454.
— — de Fromentel, 1861. *Introd. à l'étude des polyp. foss.*, p. 319.

Polypier ayant la forme d'une roulette ou d'une vertèbre biconcave qui est celle des vertèbres d'un grand nombre de Plagiostomes, un peu irrégulière et souvent un peu usée sur ses bords; il est très-mince dans son milieu et ses deux surfaces concaves sont presque lisses ou simplement ornées de quelques rides circulaires et concentriques d'accroissement, qui ne s'observent que sur les exemplaires bien conservés. Lorsque l'épithèque est enlevée, on voit apparaître les côtes des rayons cloisonnaires et l'on aperçoit en même temps les nombreux synapticules qui relient les cloisons les unes aux autres. Le nombre de ces rayons est très-considérable et dépasse même ordinairement le chiffre de cent. Le diamètre et la hauteur sont très-variables; le premier est de 4 à 6 centimètres et la seconde oscille entre 4 et 60 millimètres; souvent un côté du polypier est plus élevé que l'autre et le diamètre de l'une des surfaces concaves dépasse celui de la surface opposée.

Localités. — Calcaire carbonifère de Tournai, dans lequel cette espèce n'est pas très-rare. Je doute fort que l'échantillon envoyé par lady Hastings au Muséum de Paris, et dont MM. Milne Edwards et J. Haime font mention, ait été recueilli dans le Derbyshire. Je n'ai jamais rencontré cette espèce dans les nombreuses collections publiques ou privées que j'ai visitées dans les trois royaumes des îles Britanniques.

Musées de Bruxelles, de Liége, de Paris et de Cambridge (Massachusetts).

APPENDICE.

Je fais suivre ici la description d'un fossile singulier qui provient certainement d'un être organisé, mais auquel il m'a été impossible d'assigner une place convenable dans la méthode. Peut-être appartient-il à une autre division que celle des espèces précédentes. Il ne sera possible de s'en assurer que lorsque l'on aura pu réunir un plus grand nombre de matériaux que ceux que j'ai eus à ma disposition et qui ne consistent qu'en deux échantillons, dont l'un même est assez incomplet. Je désignerai ce fossile sous le nom de

TETRAGONOPHYLLUM PROBLEMATICUM.

(Pl. XV, fig. 10.)

Corps allongé, ayant la forme d'un prisme à quatre pans, à base rhomboïdale, terminé en pointe, mais dont les faces sont légèrement creusées en gouttière. La partie tégumentaire de ce corps est excessivement mince et ne laisse apercevoir que quelques petites rugosités à sa surface. L'intérieur du prisme n'a conservé aucune trace de cloison, ni d'organisation quelconque.

Localité. — Ce corps a été découvert dans le calcaire carbonifère de Tournai par M. le major Le Hon; il est très-rare.

Musée de Bruxelles.

RÉSUMÉ GÉOLOGIQUE ET GÉOGRAPHIQUE DES ESPÈCES DÉCRITES.

Le nombre des espèces carbonifères de Polypes proprement dits n'est que de cent quatre-vingt-douze en y comprenant même les nouvelles espèces décrites dans le travail actuel [1]. De ce nombre, on n'en cite que quatre-vingt-neuf provenant des îles Britanniques, malgré l'immense développement de

---

[1] Voir la liste dans les *Bulletins de l'Académie*, t. XXXI, p. 519.

leur terrain carbonifère et la grande abondance de fossiles que ce terrain contient. En Belgique, où cette formation est renfermée dans des limites bien plus étroites, j'en ai rencontré soixante-dix-neuf espèces parfaitement définies et une espèce douteuse, tandis qu'en 1851, MM. Milne Edwards et J. Haime, à qui j'avais communiqué cependant tous les matériaux que j'avais recueillis à cette époque, n'en ont fait connaitre que trente-quatre [1] et que moi-même, en 1842, je n'en ai décrit que seize [2]. Ce nombre eût été probablement encore plus considérable, si j'avais rencontré auprès de tous ceux qui recueillent des fossiles, l'empressement avec lequel la plupart de mes savants compatriotes ont mis à ma disposition les objets qu'ils ont eu l'occasion de se procurer, ou qui se trouvent dans les musées placés sous leur direction.

Ainsi qu'il ressort du tableau ci-après, trente-cinq seulement de ces espèces, dont deux laissent encore exister quelque doute, se trouvent à l'étranger; les diverses assises de notre terrain carbonifère en renferment donc quarante-trois, c'est-à-dire les 4/7 qui jusqu'ici leur appartiennent exclusivement. Il est probable cependant qu'on en retrouvera un certain nombre en Irlande et surtout dans le calcaire des environs de Hook-Point, que je considère comme identique avec le calcaire de Tournai, lorsque l'on étudiera plus complétement le massif dont ce calcaire fait partie ou lorsque le hasard y fera découvrir une couche d'argile ou de calcaire friable, analogue à la couche qui, dans le Hainaut, recèle les nombreux et superbes fossiles dont la plupart des collections paléontologiques se sont enrichies depuis un certain nombre d'années. Il est probable aussi que l'on finira par trouver dans le calcaire carbonifère de la Russie, dont j'aurai plus tard l'occasion de faire ressortir l'analogie avec le nôtre, un plus grand nombre d'espèces identiques que celles qui y sont actuellement connues et dont le total ne s'élève qu'à dix-sept, en y comprenant deux qui n'ont pu être identifiées qu'avec doute.

Le terrain carbonifère de France est encore un peu plus pauvre en Polypes que celui de Russie et ne contient que douze espèces identiques aux nôtres, tandis qu'en Angleterre j'en trouve vingt et deux douteuses; en

---

[1] *Polypiers fossiles des terrains paléozoïques.*
[2] *Description des animaux fossiles du terrain carbonifère de la Belgique.*

Irlande dix-huit et en Écosse seulement six. L'Allemagne, dont le terrain carbonifère n'a pas encore été suffisamment étudié sous le rapport paléontologique, ne nous offre jusqu'ici que huit espèces de Polypes identiques aux nôtres, quoiqu'il soit probable qu'une grande partie des roches carbonifères de Silésie soit de l'âge du massif de Tournai. Ici encore, de grands efforts devront être tentés avant d'arriver à constater la présence d'une faune actinologique carbonifère aussi riche que celle que possède la Belgique. Le terrain carbonifère qui, en Amérique, occupe un horizon immense et dans lequel les fossiles abondent, est très-pauvre en Polypes. Parmi le petit nombre d'espèces qui y ont été signalées, six cependant sont identiques avec les espèces belges. Cette pauvreté relative est d'autant plus remarquable, que ce même terrain est très-riche en Crinoïdes d'une conservation parfaite et dont les formes sont généralement différentes de celles qui se rencontrent sur le continent européen.

Si l'on veut bien se rappeler qu'ordinairement les Polypes vivent et se développent dans des eaux peu profondes et agitées, que les Crinoïdes, au contraire, recherchent les eaux profondes et tranquilles, on sera porté à conclure des faits observés, que les eaux des mers carbonifères européennes ont été généralement moins profondes que celles qui, à la même époque, recouvraient le sol américain, ou tout au moins que ces dernières étaient plus calmes et que leur fond était moins sujet à l'action des courants et aux mouvements des vagues. Le faible dérangement des roches sédimentaires déposées pendant cette époque est une preuve de plus en faveur de cette dernière proposition.

En examinant l'ensemble des résultats que j'ai obtenus au point de vue du développement progressif des êtres, et en tenant compte de l'époque de l'apparition des espèces, je trouve que la section des Rugosa est représentée dans chacune des assises de M. Dupont, par le nombre d'espèces indiquées ci-dessous :

	I.	II.	III.	IV.	V.	VI.
soit :	4	0	40	5	7	15
sur :	4	0	57	5	7	17
c'est-à-dire :	$\frac{100}{100}$	0	$\frac{70}{100}$	$\frac{100}{100}$	$\frac{100}{100}$	$\frac{88.23}{100.00}$

tandis que la section des Tabulata que l'on admet généralement comme appartenant à une organisation supérieure, ne renferme dans ces mêmes assises que le nombre d'espèces suivantes :

	I.	II.	III.	IV.	V.	VI.
soit :	0	0	15	0	0	2
sur :	4	0	57	5	7	17
c'est-à-dire :	0	0	26,32 / 100,00	0	0	11,76 / 100,00

L'assise III est la seule qui renferme deux espèces de Perforata, possédant l'organisation la plus développée de toutes les espèces citées.

Je ne me permettrai pas de tirer la moindre conséquence des données que je me borne à inscrire ici, parce que je n'ignore pas que ce n'est point à l'aide d'une faune locale aussi restreinte que celle dont je viens de m'occuper, qu'il est permis d'établir des principes dont un examen plus approfondi, fait sur des matériaux plus considérables et provenant d'une source plus générale, ferait facilement justice.

Je me bornerai, pour le moment, aux observations générales que je viens de présenter sommairement, mais je compte bien y revenir et les développer, dès que j'aurai terminé la revue complète des animaux que recèle notre terrain carbonifère, revue dont le travail actuel ne constitue que la première partie.

L'inspection du tableau ci-joint, dans lequel toutes les espèces de Polypes carbonifères belges sont énumérées méthodiquement, suffira pour constater immédiatement les localités principales du pays dans lesquelles elles ont été trouvées et les étages auxquels, selon M. Ed. Dupont, appartiennent les roches qui les renferment.

Tableau méthodique des espèces décrites dans ce travail, avec l'indication des auteurs qui, les premiers, les ont fait connaitre, de l'année de leur publication, des principales localités belges et des pays étrangers dans lesquels elles ont été trouvées.

| N° D'ORDRE | NOMS DES ESPÈCES | NOMS DES AUTEURS | ANNÉES | ASSISES, D'APRÈS M. DUPONT. | | | | | | | | | | | | | |
				I Etroung	II Avesnelles	III Tournai, Celles, Wisn	IV Waulsort	V Namur, Namèche	VI Visé	France	Irlande	Angleterre	Ecosse	Allemagne	Russie	Amérique	Inde et Australie
1	Lonsdaleia rugosa.	M° Coy.	1849						+			+					
2	Axophyllum expansum	M. Edw. et Haime.	1851						+								
3	Axophyllum radicatum	de Koninck.	1849						+								
4	Axophyllum? Konincki	M. Edw. et Haime.	1851						+								
5	Lithostrotion junceum	Fleming.	1828						+			+		+	+		
6	Lithostrotion irregulare.	Phillips.	1836					+	+		+	+					
7	Lithostrotion caespitosum	Martin	1809					+	+	+	+	+		+	+		
8	Lithostrotion Portlocki	Bronn.	1848						+		+	+			+		
9	Diphyphyllum concinnum	Lonsdale.	1845						+			+			+		
10	Clisiophyllum turbinatum	M° Coy.	1851				+			+					+		
11	Clisiophyllum Keyserlingi	M° Coy.	1849						+								
12	Clisiophyllum Verneuilianum	de Koninck.	1871						+								
13	Clisiophyllum Haimei	Milne Edwards.	1860	+						+							
14	Campophyllum Murchisoni.	M. Edw. et Haime.	1851			+						+			+		
15	Campophyllum analogum	de Koninck.	1871			+											
16	Cyathophyllum multiplex	de Keyserling.	1846			+						+		+	+		
17	Cyathophyllum Konincki	M. Edw. et Haime.	1851					+									
18	Hadrophyllum Edwardsianum.	de Koninck.	1871			+											
19	Lophophyllum Koninckii	M. Edw. et Haime.	1851			+											
20	Lophophyllum Dumonti.	M. Edw. et Haime.	1851			+									?		
21	Lophophyllum tortuosum	Michelin.	1846			+											
22	Lophophyllum breve.	de Koninck.	1871	+						+							
23	Pentaphyllum armatum.	de Koninck.	1871			+											
24	Pentaphyllum caryophyllatum.	de Koninck.	1871			+											
25	Monophyllum tenuimarginatum.	M. Edw. et Haime.	1851			+											

N° D'ORDRE.	NOMS DES ESPÈCES.	NOMS DES AUTEURS.	ANNÉES.	ASSISES, D'APRÈS M. DUPONT.													
				I Eifrenne.	II Avesnelles.	III Tournai, Celles, Wive.	IV Wedinct.	V Namur, Engis.	VI Visé.	France.	Irlande.	Angleterre.	Ecosse.	Allemagne.	Russie.	Amérique.	Inde et Australie.
26	Pbryganophyllum Duncani.	de Koninck.	1871			+										+	
27	Amplexus coralloïdes	Sowerby.	1814	+		+	+		+	+	+	+	+			+	→
28	Amplexus ibicinus	Fischer.	1857			+					+	?				+	+
29	Amplexus cornuformis	Ludwig.	1865			+				+					?		
30	Amplexus cornu-arietis	de Koninck.	1871			+											
31	Amplexus nodulosus	Phillips	1841						+		+	+					
32	Amplexus spinosus	de Koninck.	1842			+						+	+				
33	Amplexus lacrymosus	de Koninck.	1871			*	+										
34	Amplexus Henslowi	M. Edw. et Haime.	1851						+							+	
35	Amplexus robustus	de Koninck.	1871			+											
36	Amplexus Haimeanus	de Koninck.	1871			+											
37	Zaphrentis Edwardsiana	de Koninck.	1871			+											
38	Zaphrentis cylindrica	Scouler.	1844		+	+				+	+	+	+			+	+
39	Zaphrentis bullata	de Koninck.	1871			+											
40	Zaphrentis patula.	Michelin.	1846			+				+		+	+	+			
41	Zaphrentis Herculina	de Koninck.	1871			+											
42	Zaphrentis tortuosa	M. Edw. et Haime.	1851			+											
43	Zaphrentis Guerangeri	M. Edw. et Haime.	1851			+				+							
44	Zaphrentis excavata.	M. Edw. et Haime.	1851			+				+							
45	Zaphrentis Omaliusi.	M. Edw. et Haime.	1851	+		+	+	+		+							
46	Zaphrentis vermicularis.	de Koninck.	1871			+											
47	Zaphrentis Phillipsi	M. Edw. et Haime.	1851			+		+		+	+						
48	Zaphrentis Konincki.	M. Edw. et Haime.	1851			+		+									
49	Zaphrentis intermedia	de Koninck.	1871			+											
50	Zaphrentis cornucopiae.	Michelin.	1846			+											
51	Zaphrentis Delanouei	M. Edw. et Haime.	1851			+	+	+									
52	Zaphrentis cyathina.	de Koninck.	1871			+											
53	Zaphrentis Nystiana	de Koninck.	1871			+											
54	Zaphrentis Cliffordana	M. Edw. et Haime.	1851			+		+,								+	

| N° D'ORDRE | NOMS DES ESPÈCES. | NOMS DES AUTEURS. | ANNÉES. | ASSISES, D'APRÈS M. DUPONT. | | | | | | France. | Irlande. | Angleterre. | Écosse. | Allemagne. | Russie. | Amérique. | Inde et Australie. |
				I Strenng.	II Avesnelles.	III Tournai, Celles, Wévs.	IV Waulsort.	V Namur, Engis.	VI Visé.								
55	Zaphrentis Le Honiana	de Koninck.	1871			+											
56	Duncania simplex	de Koninck.	1871					+									
57	Cyathaxonia cornu	Michelin.	1846			+					+	+		+			
58	Cyathaxonia Konincki	M. Edw. et Haime.	1851			+											
59	Petraia Benedeniana	de Koninck.	1871			+											
60	Rhizopora tubaria	de Koninck.	1871			+											
61	Syringopora distans	Fischer.	1828			+									+		
62	Syringopora reticulata	Goldfuss.	1826			+					+	+					
63	Syringopora ramulosa	Goldfuss.	1826			+					+	+	+		+		
64	Syringopora geniculata	Phillips.	1836			+					+	+			+		
65	Emmonsia alternans	M. Edw. et Haime.	1851			+											
66	Michelinia favosa	Goldfuss.	1826			+					+	+		+			+
67	Michelinia tenuisepta	Phillips.	1826			+				+	+	+					
68	Michelinia megastoma	Phillips.	1836			+						+			+		
69	Michelinia antiqua	Mc Coy.	1844			+						+					
70	Favosites parasitica	Phillips.	1836			+						+		+		+	
71	Favosites Haimeana	de Koninck.	1871			+											
72	Beaumontia senilis	de Koninck.	1842					+									
73	Monticulipora tumida	Phillips.	1836			+						+	+		+	?	+
74	Monticulipora inflata	de Koninck.	1842					+									
75	Aulopora gigas	Mc Coy.	1844			+				+							
76	Cladochonus Michelini	M. Edw. et Haime.	1851			+											
77	Palaeacis compressa	Meek et Worthen.	1860			+											
78	Palaeacis cyclostoma	Phillips.	1836			+									+	+	
79	Mortieria vertebralis	de Koninck.	1842			+						?					
80	Tetragonophyllum problematicum	de Koninck.	1871			+											
	Totaux des espèces contenues dans chaque division.			4	1	59	5	8	17	12	18	20 et 2?	5	8	16 et 2?	7 et 1?	2

TABLE

ALPHABÉTIQUE ET SYNONYMIQUE DES ESPÈCES DÉCRITES DANS CET OUVRAGE.

NOTA. — Les noms en caractères romains sont ceux qui ont été adoptés; ceux imprimés en italique sont cités comme synonymes.

A

B

C

D

E

F

H

J

L

M

N

P

Z

EXPLICATION DES PLANCHES.

PLANCHE I.

—

Lonsdaleia rugosa, *Mc Coy*, p. 20.

1. Échantillon de grandeur naturelle, vu de face.
1a. Section transversale grossie d'un individu un peu déformé.
1b. Section transversale grossie d'un autre échantillon.
1c. Section longitudinale du précédent.
1d. Section longitudinale grossie d'un échantillon plus petit.

Axophyllum expansum, *Milne Edwards* et *J. Haime*, p. 23.

2. Échantillon de grandeur naturelle, vu de face.
2a. Calice du même.

Axophyllum radicatum, *de Koninck*, p. 24.

3. Échantillon de grandeur naturelle, vu de face.
3a. Section longitudinale du même.
3b. Échantillon plus petit, de grandeur naturelle, vu de face.
3c. Calice du même.

Axophyllum? Koninckianum, *Milne Edwards* et *J. Haime*, p. 25.

4. Échantillon de grandeur naturelle, vu de face.
4a. Calice du même, grossi.
4b. Section longitudinale du même.

Lithostrotion irregulare, *J. Phillips*, p. 30.

5. Échantillons de grandeur naturelle, vus de face.
5a. Calice grossi.
5b. Section longitudinale grossie.

———

Pl. I.

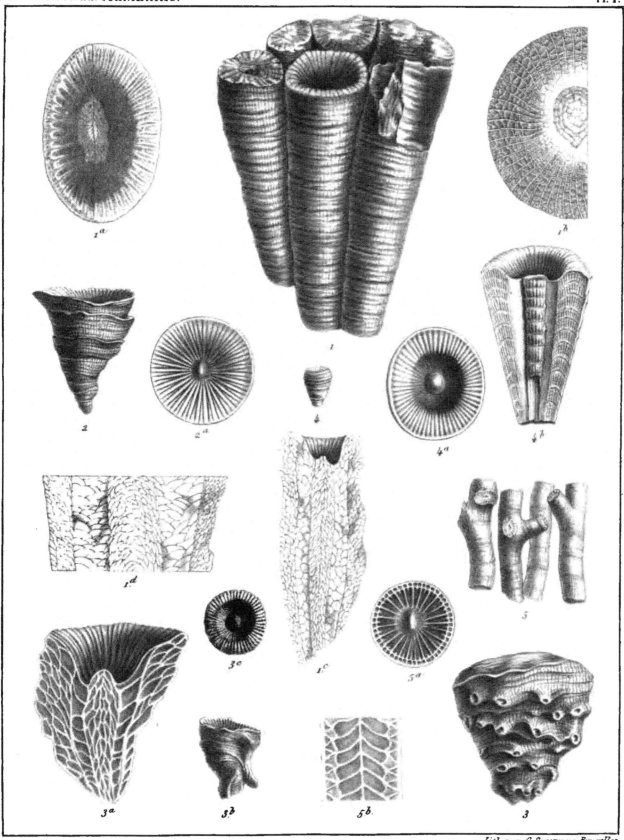

Pl. II.

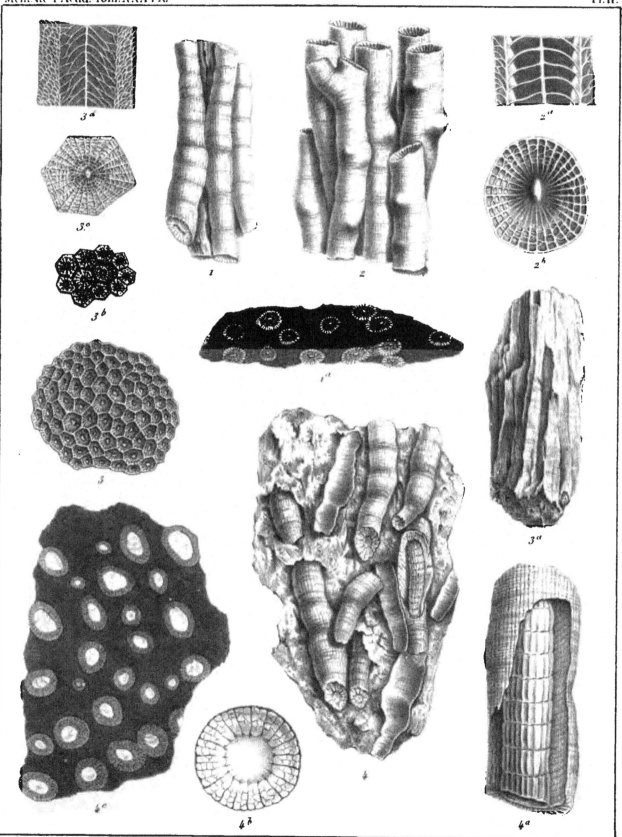

Lith. par G. Severeyns, Bruxelles

PLANCHE II.

LITHOSTROTION IRREGULARE, *J. Phillips*, p. 30.

1. Échantillon de grandeur naturelle, vu de face.
1a. Section horizontale d'une colonie, de grandeur naturelle.

LITHOSTROTION CAESPITOSUM, *Martin*, p. 32.

2. Fragment de grandeur naturelle, vu de face.
2a. Section longitudinale, grossie.
2b. Section horizontale du même.

LITHOSTROTION PORTLOCKI, *Bronn*, p. 34.

3. Échantillon de grandeur naturelle, vu du côté des calices.
3a. Fragment de polypier de grandeur naturelle, vu de profil.
3b. Section horizontale d'une partie du même.
3c. Section horizontale, grossie.
3d. Section longitudinale du même, même grossissement.

DIPHYPHYLLUM CONCINNUM, *Lonsdale*, p. 36.

4. Échantillon de grandeur naturelle, vu de profil.
4a. Individu grossi, en partie privé de son aire extérieure
    et montrant la disposition des planchers.
4b. Section horizontale d'un individu, même grossissement.
4c. Section transversale d'une colonie, de grandeur naturelle.

PLANCHE III.

—

LITHOSTROTION JUNCEUM, *Fleming*, p. 29.

1. Colonie de polypiérites de grandeur naturelle, vue de face.
1a. Section horizontale d'un individu fortement grossie.

CLISIOPHYLLUM TURBINATUM, *Mc Coy*, p. 39.

2. Échantillon de grandeur naturelle, vu de profil.
2a. Le même, vu du côté du calice.
2b. Section horizontale d'un autre échantillon.

CLISIOPHYLLUM KEYSERLINGI, *Mc Coy*, p. 41.

3. Échantillon de grandeur naturelle, vu de profil.

CLISIOPHYLLUM VERNEUILIANUM, *de Koninck*, p. 42.

4. Échantillon de grandeur naturelle, vu de profil.
4a. Section horizontale du même.
4b. Autre section horizontale du même opérée plus près de la base et grossie.

CAMPOPHYLLUM MURCHISONI, *Milne Edwards* et *J. Haime*, p. 44.

5. Échantillon de grandeur naturelle, vu de profil.
5a. Le même vu du côté du calice.

CAMPOPHYLLUM ANALOGUM, *de Koninck*, p. 45.

6. Échantillon de grandeur naturelle, vu de profil.
6a. Le même, vu du côté du calice.

CYATHOPHYLLUM MULTIPLEX, *de Keyserling*, p. 48.

7. Échantillon de grandeur naturelle, vu de profil.
7a. Section horizontale grossie du même.
7b. Section longitudinale du même.

———

Pl. III.

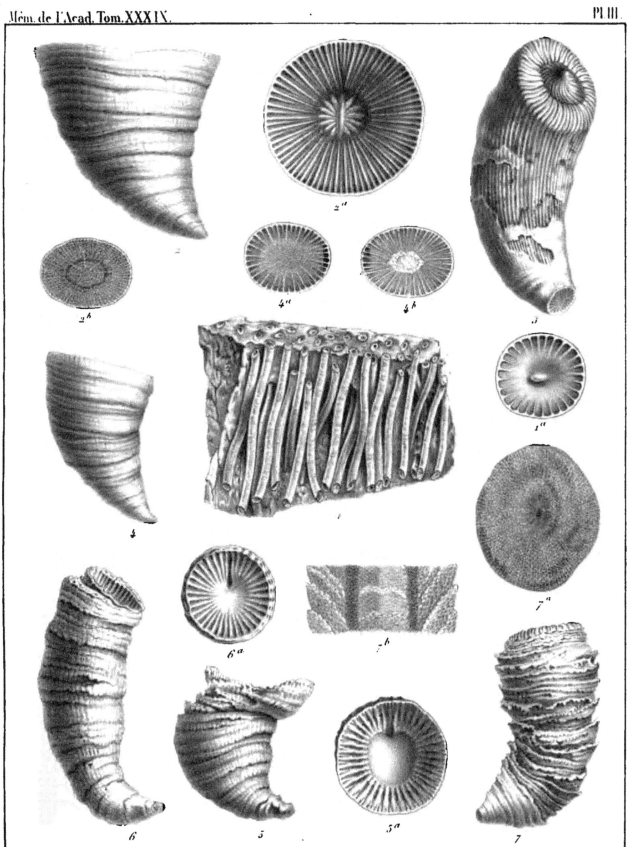

Pl. IV.

PLANCHE IV.

CYATHOPHYLLUM KONINCKI, *Milne Edwards* et *J. Haime*, p. 50.

1. Échantillon de grandeur naturelle, vu de profil.
1a. Section horizontale grossie d'un autre échantillon.

HADROPHILLUM EDWARDSIANUM, *de Koninck*, p. 52.

2. Échantillon vu de profil, grossi.
2a. Calice du même, grossi.

LOPHOPHYLLUM KONINCKI, *Milne Edwards* et *J. Haime*, p. 54.

3. Échantillon de grandeur naturelle, vu de profil.
3a. Calice du même, grossi.

LOPHOPHILLUM? DUMONTI, *Milne Edwards* et *J. Haime*, p. 55.

4. Échantillon de grandeur naturelle, vu de profil.
4a. Calice grossi du même.

LOPHOPHYLLUM TORTUOSUM, *Michelin*, p. 56.

5. Échantillon adulte de grandeur naturelle, vu de profil.
5a. Calice du même.

LOPHOPHYLLUM TORTUOSUM, *Michelin*, p. 56.

6. Jeune individu de grandeur naturelle, vu de profil.
6a. Calice grossi du même.

LOPHOPHYLLUM BREVE, *de Koninck*, p. 57.

7. Échantillon de grandeur naturelle, vu de profil.
7a. Calice grossi du même.
7b. Autre échantillon de grandeur naturelle, vu de profil.
7c. Le même vu du côté de la petite courbure.

PANTAPHYLLUM ARMATUM, *de Koninck*, p. 59.

8. Échantillon de grandeur naturelle, vu de profil.
8a. Calice du même.
8b. Section longitudinale du même.

PENTAPHYLLUM CARYOPHYLLATUM, *de Koninck*, p. 60.

9. Échantillon grossi, vu de profil.
9a. Calice du même.

MEMOPHYLLUM TENUIMARGINATUM, *Milne Edwards* et *J. Haime*, p. 61.

10. Échantillon de grandeur naturelle, vu de profil.
10a. Calice grossi du même.

PHRYGANOPHYLLUM DUNCANI, *de Koninck*, p. 62.

11. Échantillon légèrement grossi, vu de profil.
11a. Le même, vu du côté de la petite courbure.
11b. Calice du même.

AMPLEXUS CORALLOÏDES, *Sowerby*, p. 65.

12. Jeune individu, vu de profil et portant des traces d'adhérence
à son extrémité inférieure.
12a. Autre individu moins jeune, vu de profil.

PLANCHE V.

Amplexus coralloïdes, *Sowerby*, p. 65.

1a. Fragment d'un échantillon adulte, vu de profil.
1b. Plancher du même.
1c. Fragment d'un autre échantillon, vu de profil.
1d. Fragment d'un autre échantillon, montrant les côtes cloisonnaires en relief.
1e. Fragment d'un autre échantillon sur lequel les côtes sont moins prononcées.
1f. Fragment d'un échantillon dont la surface est ornée d'un grand nombre de petits plis transverses d'accroissement.
1g. Échantillon malade, à croissance irrégulière, vu de profil.
1h. Autre échantillon malade, vu de face.
1i. Le même, vu du côté opposé.
1k. Autre échantillon jeune, dont la croissance a été irrégulière.
1l. Jeune individu à gros bourrelets, qui s'est assez régulièrement développé.
1m. Jeune individu, dont la croissance s'est effectuée dans deux directions différentes.

(Toutes ces figures sont de grandeur naturelle.)

Pl V.

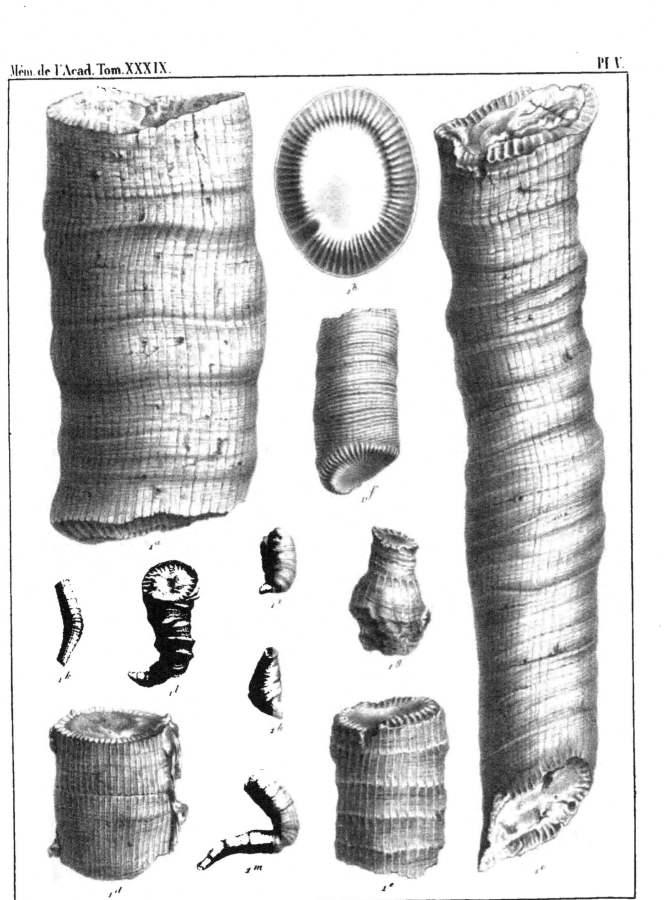

Pl. VI.

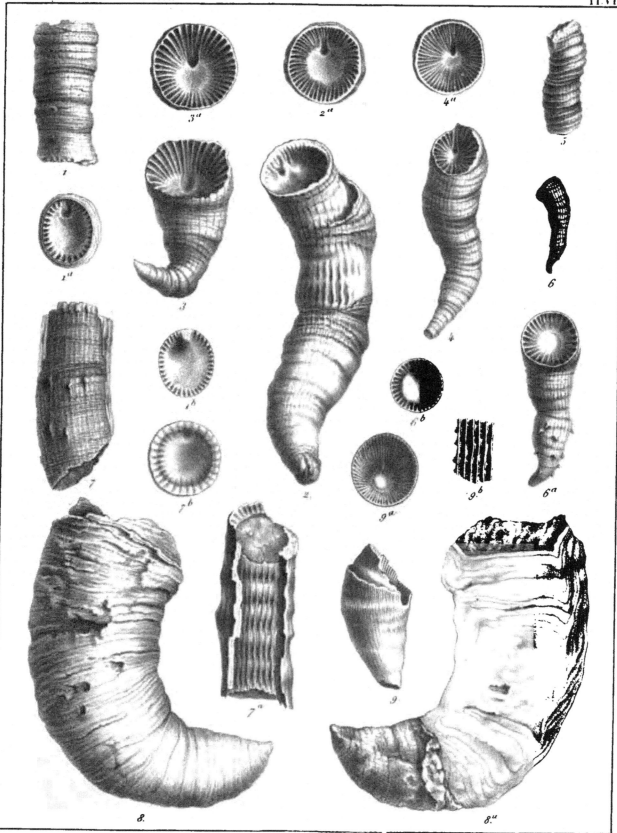

Lith. par G. Severeyns, Bruxelles.

PLANCHE VI.

—

Amplexus coralloïdes, *Sowerby*, p. 65.

1. Fragment de grandeur naturelle, muni de son calice.
1a. Calice du même.
1b. Plancher du même, vu en dessous.

Amplexus ibicinus, *Fischer de Waldheim*, p. 67.

2. Échantillon de grandeur naturelle, vu de profil.
2a. Calice du même.

Amplexus cornuformis, *Ludwig*, p. 71.

3. Échantillon de grandeur naturelle, vu de profil.
3a. Calice du même.

Amplexus cornu-arietis, *de Koninck*, p. 72.

4. Échantillon de grandeur naturelle, vu de face.
4a. Calice du même.

Amplexus nodulosus, *J. Phillips*, p. 74.

5. Échantillon de grandeur naturelle, vu de profil.

Amplexus spinosus, *de Koninck*, p. 75.

6. Échantillon de grandeur naturelle, vu de profil.
6a. Le même grossi, vu de face.
6b Calice du même, de grandeur naturelle.

Amplexus lacrymosus, *de Koninck*, p. 76.

7. Échantillon de grandeur naturelle, vu de profil.
7a. Le même, en partie dépouillé de son aire extérieure et montrant la disposition des planchers.
7b. Plancher du même, vu en dessus.

Amplexus robustus, *de Koninck*, p. 78.

8. Échantillon de grandeur naturelle, vu du profil.
8a. Section longitudinale du même.

Amplexus Haimeanus, *de Koninck*, p. 79.

9. Échantillon grossi, vu de profil.
9a. Calice du même.
9b. Partie grossie du calice montrant les fossettes pariétales.

———

PLANCHE VII.

—

AMPLEXUS CORALLOÏDES, *Sowerby*, p. 65.

1. Échantillon de grandeur naturelle, montrant une grande partie de son
   calice et ses planchers.
1a. Jeune individu assez régulièrement développé.
1b. Autre individu très-jeune, vu de face.

AMPLEXUS HENSLOWI, *Milne Edwards* et *J. Haime*, p. 77.

2. Échantillon de grandeur naturelle, vu de profil.
2a. Calice du même.

AMPLEXUS HAIMEANUS, *de Koninck*, p. 79.

3. Échantillon grossi, spinigère, vu de profil.

ZAPHRENTIS EDWARDSIANA, *de Koninck*, p. 83.

4. Échantillon légèrement grossi, vu de profil.
4a. Calice du même.
4b. Section longitudinale, montrant la disposition des planchers et des
   fossettes septales.

ZAPHRENTIS CYLINDRICA, *Scouler*, p. 84.

5. Échantillon de grandeur naturelle, vu de profil.

ZAPHRENTIS BULLATA, *de Koninck*, p. 86.

6. Échantillon de grandeur naturelle, vu du côté de la petite courbure.
6a. Calice du même.
6b. Jeune échantillon? vu de profil.
6c. Calice du même.

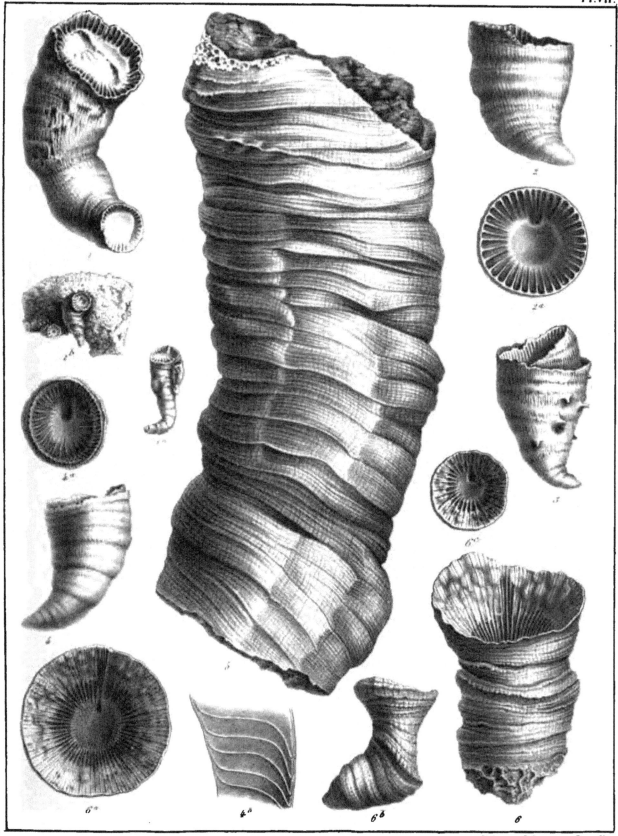

Lith. par G.Severeyns, Bruxelles.

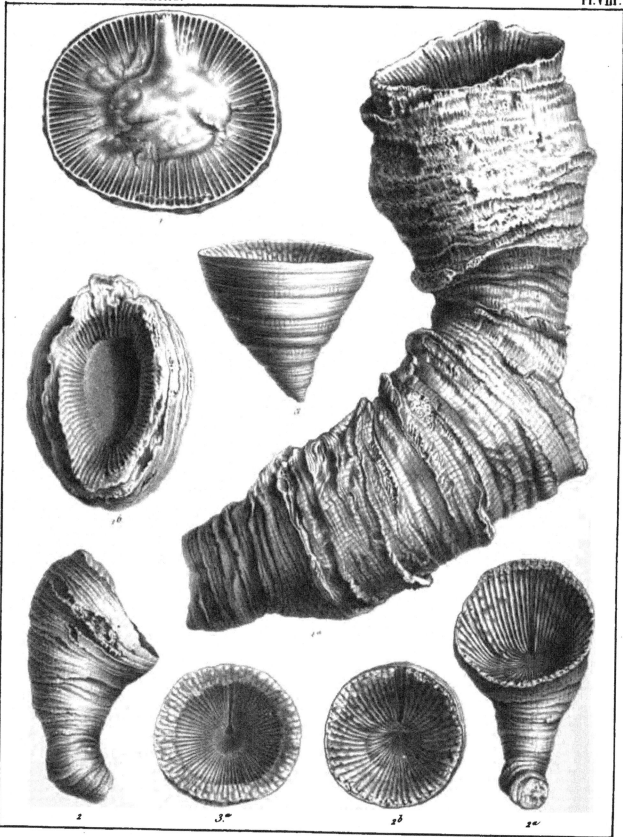

Lith. par G. Severeyns, Bruxelles.

PLANCHE VIII.

—

ZAPHRENTIS CYLINDRICA, *Scouler*, p. 84.

1. Plancher de l'échantillon représenté pl. VII, fig. 5, vu en dessous.
1a. Autre échantillon de grandeur naturelle, en partie déformé et vu de profil.
1b. Calice du même.

ZAPHRENTIS PATULA, *Michelin*, p. 87.

2. Échantillon de grandeur naturelle, vu de profil.
2a. Le même vu du côté de la petite courbure.
2b. Calice du même.

ZAPHRENTIS EXCAVATA, *Milne Edwards* et *J. Haime*, p. 94.

3. Échantillon de grandeur naturelle, vu de profil.
3a. Calice du même.

25

PLANCHE IX.

—

ZAPHRENTIS HERCULINA, *de Koninck*, p. 89.

1. Échantillon de grandeur naturelle, vu de profil.
1*a*. Calice du même.

ZAPHRENTIS TORTUOSA, *Milne Edwards* et *J. Haime*, p. 91.

2. Échantillon de grandeur naturelle, vu de profil.
2*a*. Calice du même.

ZAPHRENTIS GUERANGERI, *Milne Edwards* et *J. Haime*, p. 92.

3. Échantillon de grandeur naturelle, vu du côté de la grande courbure.
3*a*. Calice du même.

ZAPHRENTIS OMALIUSI, *Milne Edwards* et *J. Haime*, p. 94.

4. Échantillon de grandeur naturelle, vu de profil.
4*a*. Calice du même, grossi.

AULOPORA GIGAS, *Mc Coy*, p. 149.

5. Échantillon de grandeur naturelle, adhérent au *Z. Herculina*.

Pl. IX

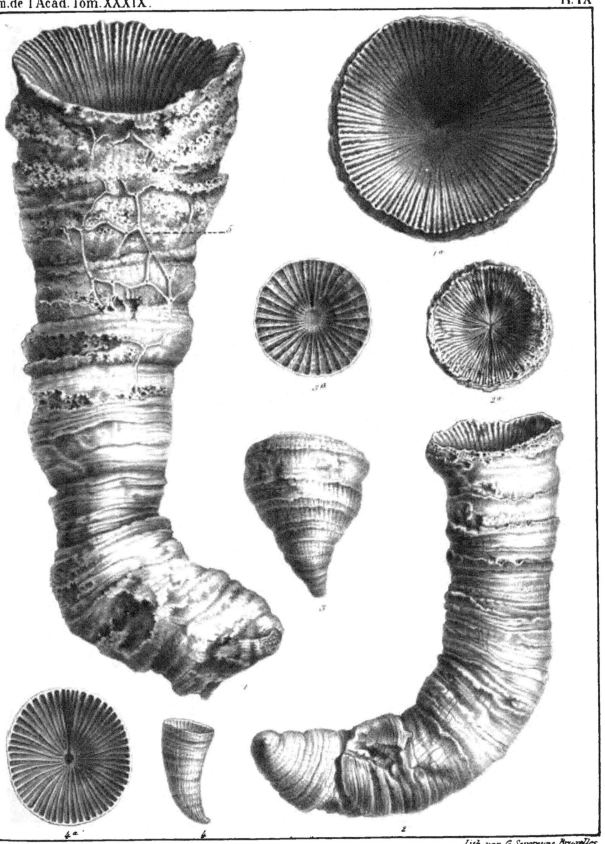

Pl. X.

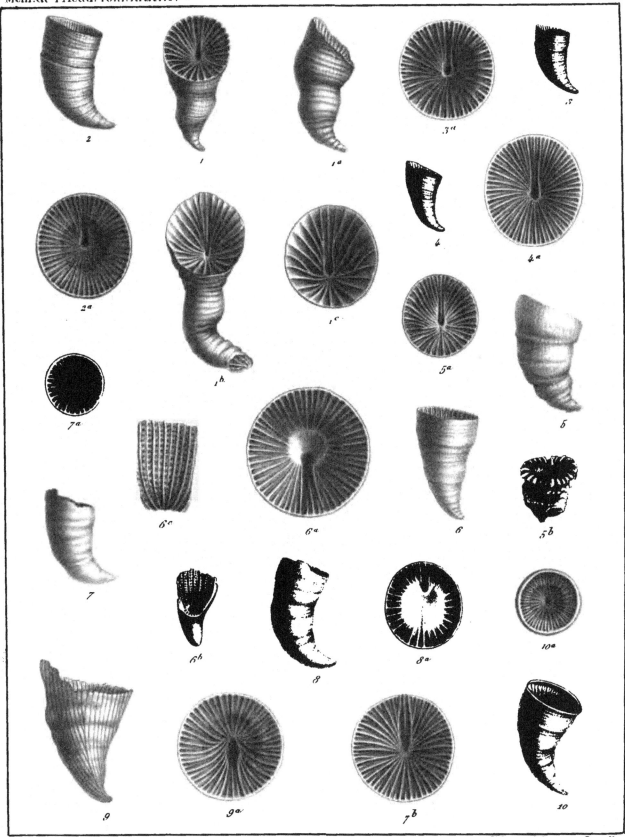

PLANCHE X.

ZAPHRENTIS VERMICULARIS, *de Koninck*, p. 95.

1. Échantillon grossi, vu du côté de la petite courbure.
1a. Le même, vu de profil.
1b. Autre échantillon grossi, vu du côté de la petite courbure.
1c. Calice du même.

ZAPHRENTIS PHILLIPSI, *Milne Edwards* et *J. Haime*, p. 96.

2. Échantillon de grandeur naturelle, vu de profil.
2a. Calice grossi, du même.
2b. Partie du calice grossie pour montrer les traverses intercloisonnaires.

ZAPHRENTIS KONINCKI, *Milne Edwards* et *J. Haime*, p. 98.

3. Échantillon de grandeur naturelle, vu de profil.
3a. Calice grossi, du même.

ZAPHRENTIS INTERMEDIA, *de Koninck*, p. 99.

4. Échantillon de grandeur naturelle, vu de profil.
4a. Calice grossi, du même.

ZAPHRENTIS CORNUCOPIAE, *Michelin*, p. 100.

5. Échantillon grossi, vu de profil.
5a. Calice du même, fortement grossi.
5b. Fragment montrant la disposition relative des planches et des cloisons.

ZAPHRENTIS DELANOUEI, *Milne Edwards* et *J. Haime*, p. 101.

6. Échantillon de grandeur naturelle, vu de profil.
6a. Calice du même, grossi.
6b. Fragment d'un échantillon montrant les fossettes pariétales des loges intercloisonnaires.
6c. Partie grossie du précédent.

ZAPHRENTIS CYATHINA, *de Koninck*, p. 103.

7. Échantillon grossi, vu de profil.
7a. Calice du même.

ZAPHRENTIS NYSTIANA, *de Koninck*, p. 103.

8. Échantillon de grandeur naturelle, vu de profil.
8a. Calice grossi du même.

ZAPHRENTIS CLIFFORDANA, *Milne Edwards* et *J. Haime*, p. 105.

9. Échantillon grossi, vu de profil.
9a. Calice du même.

ZAPHRENTIS LE HONIANA, *de Koninck*, p. 106.

10. Échantillon de grandeur naturelle, vu de profil.
10a. Calice du même.

PLANCHE XI.

—

Duncania simplex, *de Koninck*, p. 107.

1. Échantillon de grandeur naturelle, vu de profil.
1a. Calice grossi du même.
1b. Section longitudinale du même.

Cyathaxonia cornu, *Michelin*, p. 110.

2. Échantillon de grandeur naturelle, vu de profil.
2a. Calice grossi, du même.
2b. Échantillon grossi, auquel il a été enlevé une partie de la muraille, afin
de montrer la disposition des cloisons.

Cyathaxonia Konincki, *Milne Edwards* et *J. Haime*, p. 112.

3. Échantillon de grandeur naturelle, portant en α une petite surface
par laquelle il a été fixé.

Petroïa Benedeniana, *de Koninck*, p. 116.

4. Échantillon de grandeur naturelle, vu de profil, avec traces d'adhérence.
4a. Échantillon grossi, vu de profil.
4b. Calice grossi du même.
4c. Section longitudinale du même.

Rhizopora tubaria, *de Koninck*, p. 118.

5. Échantillon de grandeur naturelle, vu de profil.
5a. Calice du même.

Syringopora distans, *Fischer de Waldheim*, p. 121.

6. Échantillon de grandeur naturelle, vu de face.
6a. Autre échantillon de grandeur naturelle, vu de face et montrant la forme
géniculée des polypiérites à leur origine.
6b. Disposition des polypiérites dans la roche.

Syringopora reticulata, *Goldfuss*, p. 123.

7. Échantillon à polypiérites dégagés, vu de face. Grandeur naturelle.
7a. Le même, vu en dessus.
7b. Autre échantillon de grandeur naturelle, vu en dessous.

Syringopora geniculata, *J. Phillips*, p. 127.

8. Échantillon de grandeur naturelle, vu de face.
8a. Le même vu en dessus.

———

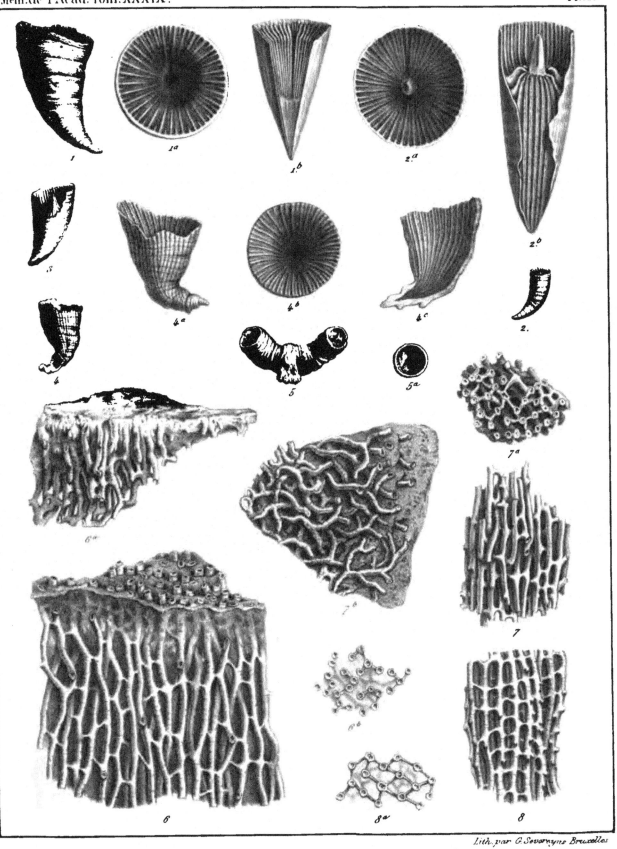

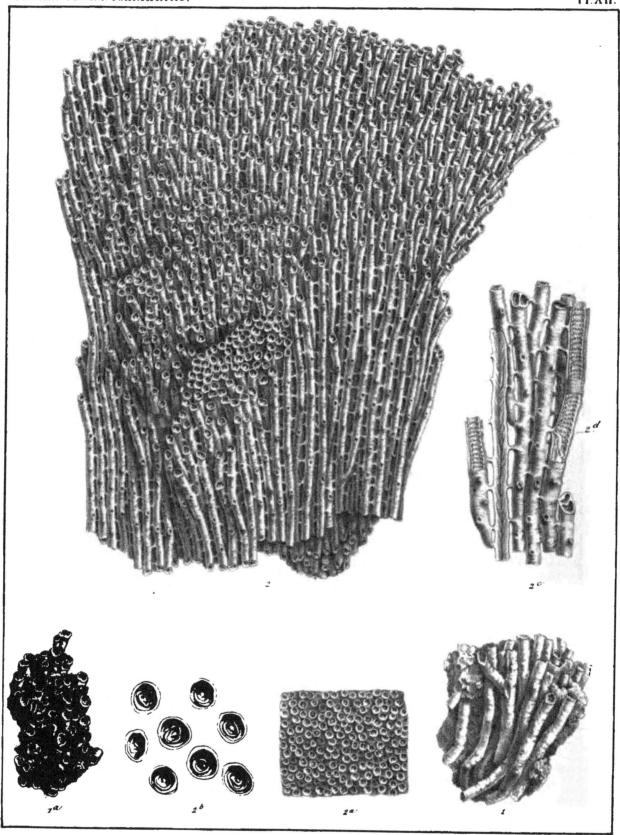

Lith. par G. Severeyns, Bruxelles.

PLANCHE XII.

—

Syringopora reticulata, *Goldfuss*, p. 123.

1. Échantillon de grandeur naturelle, vu de face.
1a. Section horizontale du même.

Syringopora ramulosa, *Goldfuss*, p. 126.

2. Échantillon de grandeur naturelle, vu de face.
2a. Le même, vu de dessus.
2b. Section horizontale de quelques polypiérites grossis.
2c. Section longitudinale d'un polypiérite grossi.
2d. Partie intérieure de la muraille d'un polypiérite ornée de petits tubercules spiniformes.

PLANCHE XIII.

—

Michelinia favosa, *Goldfuss*, p. 131.

1. Échantillon de grandeur naturelle, vu de profil.
1*a*. Le même, vu en dessus.
1*b*. Le même, vu en dessous.
1*c*. Autre échantillon, composé de plusieurs colonies superposées les unes
aux autres, vu de profil; grandeur naturelle.

Michelinia tenuisepta, *J. Phillips*, p. 133.

2. Échantillon fixé par son extrémité inférieure sur un fragment de tige
de *Poteriocrinus*, vu de profil; grandeur naturelle.
2*a*. Le même, vu du côté des calices.

Michelinia megastoma, *J. Phillips*, p. 134.

3. Échantillon de grandeur naturelle, vu de profil.
3*a*. Le même, vu en dessus.
3*b*. Le même, vu en dessous.

Pl. XIII.

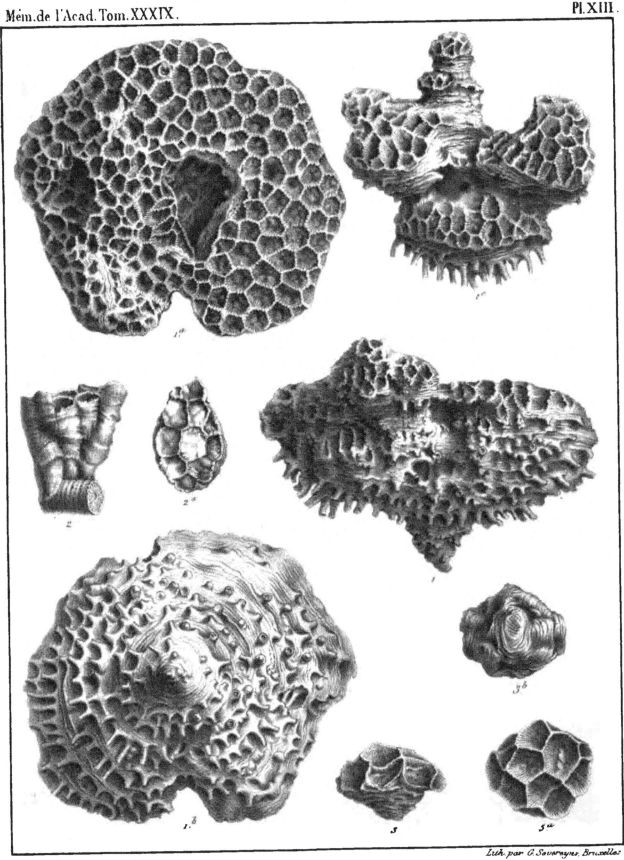

Lith. par G. Severeyns, Bruxelles.

Pl. XIV.

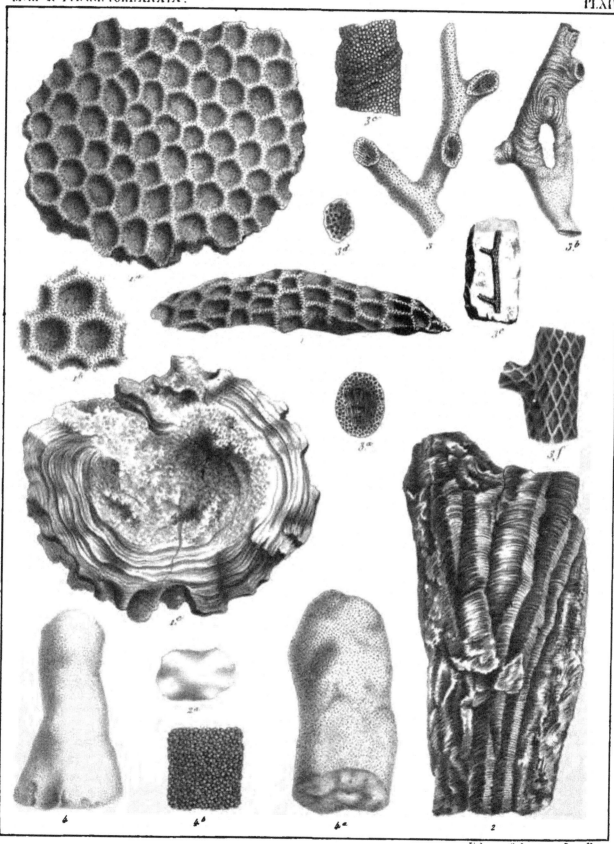

PLANCHE XIV.

—

MICHELINIA ANTIQUA, *Mc Coy*, p. 135.

1. Échantillon de grandeur naturelle, vu de profil.
1a. Le même vu en dessus.
1b. Quelques calices grossis, du même.
1c. Le même, vu en dessous.

BEAUMONTIA SENILIS, *de Koninck*, p. 140.

2. Échantillon de grandeur naturelle, vu de face.
2a. Plancher grossi d'un polypiérite.

MONTICULIPORA TUMIDA, *J. Phillips*, p. 143.

3. Échantillon de grandeur naturelle, vu de face.
3a. Extrémité brisée du même, grossie, afin de montrer la disposition des polypiérites.
3b. Autre échantillon, avec parties anastomosées, grandeur naturelle.
3c. Partie du même grossie.
3d. Partie grossie du même, indiquée par α.
3e. Jeune individu de grandeur naturelle.
3f. Partie du même, fortement grossie.

MONTICULIPORA INFLATA, *de Koninck*, p. 146.

4. Échantillon de grandeur naturelle, vu de face.
4a. Autre échantillon de grandeur naturelle, vu de face.
4b. Partie du même, fortement grossie.

———

PLANCHE XV.

—

ZAPHRENTIS CYLINDRICA, *Scouler*, p. 84.

1. Échantillon à développement irrégulier; grandeur naturelle.

ZAPHRENTIS CORNUCOPIAE, *Michelin*, p. 100.

2. Échantillon de grandeur naturelle, vu du côté de la petite courbure.

ZAPHRENTIS CYATHINA, *de Koninck*, p. 105.

3. Échantillon de grandeur naturelle, vu de profil.
3a. Calice grossi, du même.

FAVOSITES PARASITICA, *J. Phillips*, p. 137.

4. Échantillon de grandeur naturelle, vu en dessus.

FAVOSITES HAIMEANA, *de Koninck*, p. 138.

5. Échantillon de grandeur naturelle, vu de face.
5a. Partie grossie d'une section longitudinale.
5b. Partie d'une section horizontale du même; grandeur naturelle.

CLADOCHONUS MICHELINI, *Milne Edwards* et *J. Haime*, p. 155.

6. Échantillon grossi, vu de profil.
6a. Calice grossi, montrant les stries cloisonnaires.

PALAEACIS COMPRESSA, *Meek* et *Worthen*, p. 158.

7. Échantillon composé de cinq calices, vu de face; grandeur naturelle.
7a. Échantillon composé de deux calices fixés sur un fragment de *Cyathaxonia Konincki*; grandeur naturelle.
7b. Calice grossi, du même.

PALAEACIS CYCLOSTOMA, *J. Phillips*, p. 159.

8. Individu de grandeur naturelle, fixé à la surface d'un Zaphrentis.

MORTIERIA VERTEBRALIS, *de Koninck*, p. 163.

9. Échantillon de grandeur naturelle, vu de profil.
9a. Le même vu en dessus.

TETROGONOPHYLLUM PROBLEMATICUM, *de Koninck*, p. 165.

10. Individu de grandeur naturelle, vu du côté de l'un de ses angles.
10a. Le même vu en dessus.
10b. Autre individu de grandeur naturelle, vu du côté de l'un de ses angles.
10c. Le même vu du côté opposé.
10d. Le même vu d'un troisième côté.
10e. Le même vu par une de ses extrémités.
10f. Le même vu par le côté opposé.

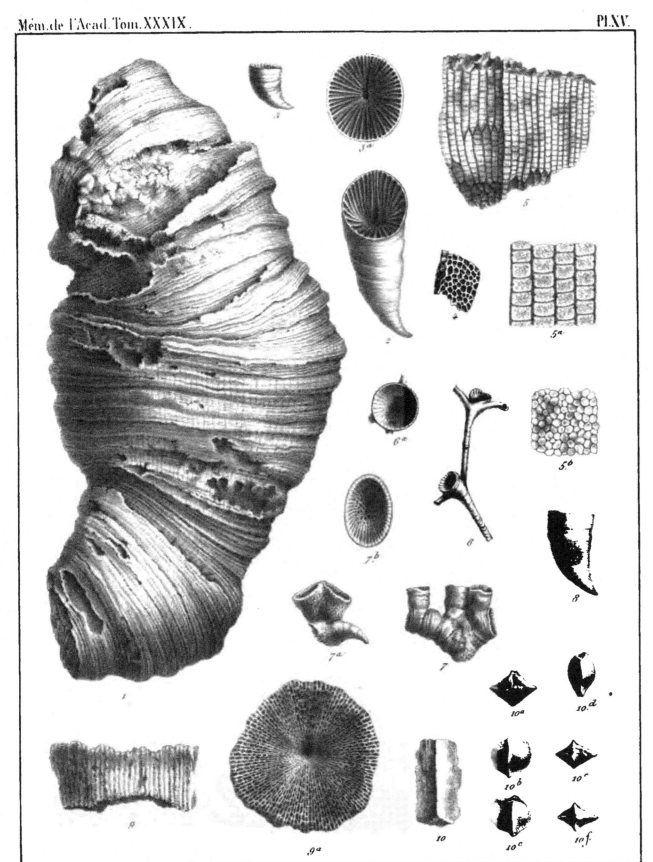

CPSIA information can be obtained
at www.ICGtesting.com
Printed in the USA
BVOW04s1509110917
494561BV00002B/21/P

9 781167 567056